U0514368

广视角·全方位·多品种

权威·前沿·原创

皮书系列为
"十二五"国家重点图书出版规划项目

中国社会科学院创新工程学术出版项目

北京蓝皮书
BLUE BOOK OF BEIJING

北京市社会科学院/编　谭维克/总　编　许传玺　赵　弘/副总编

北京社会发展报告
（2013~2014）

ANNUAL REPORT ON SOCIAL DEVELOPMENT OF BEIJING
(2013-2014)

主　编／缪　青
副主编／李伟东　江树革　包路芳

社会科学文献出版社
SOCIAL SCIENCES ACADEMIC PRESS (CHINA)

图书在版编目（CIP）数据

北京社会发展报告. 2013～2014/缪青主编. —北京：社会科学文献出版社，2014.5
（北京蓝皮书）
ISBN 978 - 7 - 5097 - 5937 - 0

Ⅰ.①北…　Ⅱ.①缪…　Ⅲ.①社会发展 - 研究报告 - 北京市 - 2013～2014　Ⅳ.①D671

中国版本图书馆 CIP 数据核字（2014）第 078190 号

北京蓝皮书
北京社会发展报告（2013～2014）

主　　编 / 缪　青
副 主 编 / 李伟东　江树革　包路芳

出 版 人 / 谢寿光
出 版 者 / 社会科学文献出版社
地　　址 / 北京市西城区北三环中路甲 29 号院 3 号楼华龙大厦
邮政编码 / 100029

责任部门 / 皮书出版分社（010）59367127　　责任编辑 / 周映希
电子信箱 / pishubu@ ssap. cn　　　　　　　责任校对 / 王立华
项目统筹 / 周映希　　　　　　　　　　　　责任印制 / 岳　阳
经　　销 / 社会科学文献出版社市场营销中心（010）59367081　59367089
读者服务 / 读者服务中心（010）59367028

印　　装 / 北京季蜂印刷有限公司
开　　本 / 787mm×1092mm　1/16　　　　印　张 / 20
版　　次 / 2014 年 5 月第 1 版　　　　　　字　数 / 326 千字
印　　次 / 2014 年 5 月第 1 次印刷
书　　号 / ISBN 978 - 7 - 5097 - 5937 - 0
定　　价 / 79. 00 元

主要编撰者简介

缪　青　博士，北京市社会科学院研究员，博士后指导老师。研究方向：社会政策、公民文化、社会福利、城市发展、社会工作理论和老年服务研究。主持"社会学视野下的公民文化""马克思主义社会学理论"等国家社会科学基金项目，主持"社会保障指标体系研究""加拿大社会福利和社会政策""公民素养、制度化建构和参与环境""社区养老照顾"等多项重点课题。主要代表作：《走向民主化社区——中国城市自下而上公民参与的兴起》（英文专著）、《中国科技兴市的大趋势》（合著/副主编）、《走向封闭的美国精神》（译著）、《公民文化在21世纪中国社会的凸显》（论文）、《推进食品安全诚信建设：理顺政府、企业和公民的合作治理》（论文）、《反腐治本之道：制度推进、参与氛围和常态化反腐路径》（论文）、《公共生活参与素质和社会良好治理》、《社区养老照顾势在必行》（论文）、《社区养老服务：幸福民生的工程和扩大内需的产业》（论文）、《应当重视20世纪中国发展学说史的研究》（论文）；在《中国社会科学》《求是》《社会学研究》《马克思主义与现实》《中国特色社会主义研究》等期刊以及《光明日报》《解放日报》《学习时报》等报刊发表论文逾百篇。

李伟东　博士，副研究员，北京社会科学院社会学所副所长，北京市社会学会理事、北京市城市科学研究会理事。主要研究农民工问题、城市化理论及社会记忆，主持"北京市社会建设管理创新研究""新生代农民工城市适应研究"等重点课题，主要代表作：《清华附中高631（1963~1968）》（专著）；《新生代农民工的城市适应研究》（论文）、《消费、娱乐和社会参与——从日常行为看农民工与城市社会的关系》（论文）、《北京市外来工权利保障状况调查》（调研报告）等。已出版专著1部，发表论文30余篇。

江树革 北京市社会科学院社会学所副所长、副研究员。研究方向：社会政策、社会救助、民营经济和私营企业主阶层。主持"北京市城镇社会弱势群体的社会支持体系研究""人文北京的内涵与外延研究"等重点课题。主要代表作：《人文北京与社会建设》（专著）、《完善首都低保制度的社会政策研究》（研究报告）等；发表论文、译文、研究报告多篇。

包路芳 博士，北京市社会科学院社会学所副研究员，北京市人口学会理事。主要研究领域为城乡社会学和民族社会学。主持过北京市哲学社会科学规划项目；主持或参加过北京市人口与计划生育委员会、北京市委研究室、北京市流动人口管理委员会、北京市委宣传部、北京市民委事务委员会（北京市宗教局）等部门委托的多项课题。出版有专著3部，论文和调研报告40余篇。专著《社会变迁与文化调适》曾获得北京市第十届哲学社会科学优秀成果二等奖。

摘　要

本书是以北京市社会科学院社会学所研究人员为主，由政府部门、高等院校、研究机构及媒体等多方专家参与所撰写的研究成果。

全书分为"总报告""社会建设和发展篇""社会福利和养老服务篇""社会治理和城乡一体化发展篇"及"城市热点问题篇"五大部分。报告对2013年北京社会发展各个领域的概况、问题及其成因进行了分析，提出了新的见解和建议。

2013年，人民生活稳步提高，北京城乡居民收入持续增加。城乡收入分配差距低于全国水平，但差距仍较大。职工各项权益保障状况不断得到改善，需要进一步构建和谐的劳动关系。北京科技型中小企业要成为技术创新的主体，还需要解决税负重、融资难等困难，优化政策环境。

近年来，北京妇女儿童发展环境不断得到优化。微博、微信和手机等新媒体正在对社会的发展和社会公共领域的构建发生重要影响。

2013年，社会福利正在开创新局面，大力推进社区养老已成共识。搞好社区养老还应关注支撑社区照顾愿景的两大协调机制。首都的社会工作已经上规模，社会工作专业的就业困境仍须改善。加快养老服务业的发展，专业人才培养是关键。北京总体医疗资源较丰富，公共卫生服务体系较完善，但仍然存在资源分布不均、医疗成本高等问题。

北京正在完善城乡发展一体化体制。作为特大城市，北京应通过构建全市人、户和房的新型人口服务管理机制等举措逐步消除区域间基本公共服务的差异。乡镇统筹是城乡统筹的实施路径，北京应从推进土地政策体系创新等方面着手，继续改进乡镇统筹模式。在人口管理的改进方面，国外诚信体系建设和香港同乡会在移民社会的融入方面为北京提供了有益经验。

2013 年，北京加大了生态文明建设的力度，积极打造健康城市。然而，水资源匮乏、食品安全、环境污染等仍是公众关注的议题。多位专家学者提出了从节水、宜居出行到人文之都也应是休闲之都等见解和应对方案。

目 录

Ⓑ Ⅴ 城市热点问题篇

皮书数据库阅读 **使用指南**

总 报 告

General Report

B.1

在深化改革和民生改善中
加强首都社会建设[*]

缪 青

　　2013年的北京进入了全面深化改革的新时期，随着社会建设的各项措施有条不紊地落实，人民生活水平继续提高，社会福利特别是养老服务正在开创新局面，城乡一体化的发展进一步协调，有关城市生态、宜居和健康城市的议题日益受到关注，这些都为全面建成小康社会奠定了基础。

　　2013年的北京，在增长方式转变和经济运行压力较大的情况下，城乡居民收入仍持续增加。北京人均地区生产总值达到93213元，以常住人口2114.8万人计算，按平均汇率折合15052美元，已经达到中上等发达水平。与此同时，我们还应当清醒地看到，当前首都经济社会发展仍面临诸多挑战，例如在构建公平合理的分配体制方面须进一步缩小收入差距，在社会福利方面

＊ 本文的撰写得益于北京市社会科学院社会学所冯晓英研究员、包路芳副研究员和李金娟博士提供的栏目综述资料，这里对她们的辛勤劳动致以诚挚的谢意。

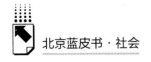

需要加快推进养老服务业的发展，在改善城市生态方面诸如水资源、交通和雾霾治理等方面仍然任重而道远。

党的十八届三中全会提出，创新社会治理，必须着眼于维护最广大人民根本利益，最大限度增加和谐因素，增强社会发展活力，提高社会治理水平。只有进一步推进社会治理能力现代化，才能切实解决社会发展中存在的现实问题，为经济社会发展创造良好环境。北京市委在《关于认真学习贯彻党的十八届三中全会精神全面深化改革的决定》中也强调指出，要按照完善和发展中国特色社会主义制度，推进国家治理体系和治理能力现代化的总目标，全面深化经济体制、政治体制、文化体制、社会体制、生态文明体制改革。

一 2013 年北京的社会建设与发展

进入 21 世纪，中国的发展在注重效率的同时开始更多地强调社会公平和正义。全面深化改革的重要层面就是强调发展的整体性和协同性，包括解决经济快速发展后在社会建设方面的短板问题，这既包括形成合理有序的收入分配格局，努力实现劳动报酬增长和劳动生产率提高同步，蛋糕不仅要做大而且要分得合理，也包括关注职工生活、妇幼保障、关注中小企业的发展，以及扩大公众有序参与和提升政府治理能力。

1. 人民生活稳步提高，城乡居民收入持续增长

收入分配问题既是经济问题，又是社会问题。一个社会的收入分配状况是否合理，直接关系到资源与机会的配置、社会公平正义以及不同群体之间的社会关系，影响社会建设的主体成长，并最终影响社会现代化目标的实现。为此，党的十八大报告提出"两个倍增"计划，即国内生产总值倍增、城乡居民收入倍增。

2013 年，在关注增长方式转变和经济运行压力较大情况下，北京城乡居民收入持续增加，其中，城镇居民家庭人均可支配收入40321 元，比上年增长10.6%；扣除价格因素后，实际增长7.1%，按不变价格计算，是 1978 年365元的 110 倍。农村居民家庭人均纯收入18337 元，比上年增长11.3%，扣除价格因素后，实际增长 7.7%，按不变价格计算，是 1978 年 225 元的 81 倍。同时，农村居民家庭人均纯收入已经连续五年超过城镇居民家庭人均可支配收入增速（见表1）。

表1 北京城镇居民人均可支配收入与农村居民人均纯收入增速

单位：%

年份	2009	2010	2011	2012	2013
城镇居民人均可支配收入实际增长	9.7	6.2	7.2	7.3	7.1
农村居民人均纯收入实际增长	13.5	8.1	7.6	8.2	7.7

资料来源：《北京统计年鉴2013》（电子版）。

北京的城乡收入分配差距低于全国水平，但差距仍较大。2013 年的北京在缩小收入差距以及形成合理有序的收入分配格局方面仍需很大努力。主要表现在以下几个方面。

第一，城镇居民之间的收入分配差距以及农村居民之间的收入分配差距都在缩小，但缩小幅度放缓。相对于城镇而言，农村居民之间的收入分配差距要大一些。在未来，北京城镇与农村大岛指数下降到 3 左右，应该是下一步工作的努力目标（见图1）。

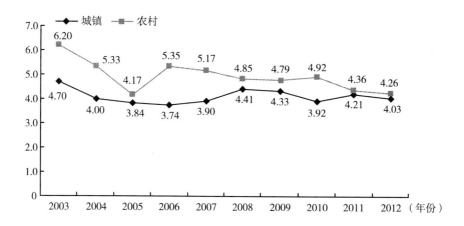

图1 北京市城镇居民、农村居民大岛指数

数据来源：相关年份《北京统计年鉴》（电子版）。

第二，城乡收入分配差距低于全国水平，但差距仍然较大。北京城与乡居民的收入分配差距低于全国水平（见表2）。还应当看到，北京城乡收入比在2003～2013年间有所起伏，城乡差距缩小趋势缓慢。2003年，北京城乡收入比为2.14，这表明城镇居民人均可支配收入是农村居民人均纯收入的2.14倍。由于城乡一体化的发展有待完善，近十年城乡收入比一直维持在2∶1以上。在未来，城乡收入比逐步下降到2以下，应该是北京缩小城乡收入分配差距的努力目标（见表3）。

表2　全国、北京市城乡收入比情况

年份	2003	2004	2005	2006	2007	2008	2009	2010	2011	2012	2013
全国	3.23	3.21	3.22	3.28	3.33	3.32	3.33	3.23	3.13	3.10	3.10
北京	2.14	2.18	2.25	2.32	2.30	2.30	2.23	2.19	2.23	2.21	2.20

资料来源：相关年份《中国统计年鉴》（电子版）、《北京统计年鉴》（电子版）、《2013年北京市经济运行情况》（电子版）。

表3　北京市城镇单位在岗职工年平均工资情况

单位：元

年份	2003	2005	2007	2008	2009	2010	2011	2012
全部平均	25312	34191	46507	54913	58140	65683	75834	85307
最高工资	J61713	J92764	J129982	J178322	J180816	J200349	J198409	J209438
最低工资	A14981	A16125	A22160	A23836	O25198	O27806	A34439	O39186
中间工资	O25742	L31699	O41712	G54048	G55076	S60303	S71272	G76642
最高/最低	4.12	5.75	5.87	7.48	7.18	7.21	5.76	5.34

注：①按照2003年以后统计年鉴的19个行业大类划分，表中相关字母分别对应下列行业：A农、林、牧、渔业，B采矿业，C制造业，D电力、热力与煤气燃气及水的生产和供应业，E建筑业，F交通运输、仓储和邮政业，G批发和零售业，H住宿和餐饮业，I信息传输、软件和信息技术服务业，J金融业，K房产业，L租赁和商务服务业，M科学研究与技术服务（和地质勘探）业，N水利、环境和公共设施管理业，O居民服务、修理和其他服务业，P教育业，Q卫生和社会工作（社会福利）业，R文化、体育和娱乐业，S公共管理、社会保障和社会组织。②2003年以前的统计年鉴仅为15个行业大类，即缺少H、I、L、P这4类。

资料来源：相关年份《北京统计年鉴》（电子版）。

第三，在行业收入分配差距方面，最高行业工资收入增速快于最低行业工资收入，而且两者工资收入差距不断扩大，在岗职工工资"被平均"的问题突出。在未来，北京金融业仍将成为收入最高行业，由于第三产业结构升级，农业现代化及农村城镇化，最低行业可能出现农、林、牧、渔业和居民服务、修理和其他服务业交替现象。在行业工资收入差距缩小方面，如何使得最低行业工资收入提高增速，解决在岗职工工资被平均的问题需要做出多方面的努力。

导致上述问题的出现原因，首先是在收入分配制度改革方面需要深化改革；其次是收入增长滞后于经济增长、财政增长、物价上涨，在居民、政府、企业共有的收入分配空间中，政府、企业是收入分配改革的最大受益者；最后，收入分配格局还有待理顺，目前存在初次分配不合理、再次分配不公平、权力与资本介入收入分配过程等因素。

党的十八届三中全会，强调"紧紧围绕更好保障和改善民生、促进社会公平正义深化社会体制改革，改革收入分配制度，促进共同富裕"的战略思想。为此，需要进一步深化收入分配制度改革的力度，主要包括四项内容：第一，必须将缩小差距实现共同富裕作为深化收入分配制度改革的出发点和归宿。第二，需要将社会公平正义作为深化收入分配制度改革的指导性原则。第三，需要加快社会体制改革作为深化收入分配制度改革的前提。例如打破垄断，加快制定创新型财富积累的引导性方针和政策，加大对科技、生产型服务业、制造业等领域的创新扶持力度。第四，需要将保障和改善民生建设作为深化改革的落脚点，例如，继续推进在住房、教育、医疗、养老等领域的民生建设，加大政府购买社会组织服务力度，支持、引导社会组织参与民生服务项目，实现共同富裕，加快建成全面小康社会。

2. 与首都发展相适应的职工队伍分布基本形成，科技型中小企业获得了平稳较快发展

党的十八届三中全会提出健全促进就业创业体制机制，建立经济发展和扩大就业的联动机制，健全政府促进就业责任制度。近年来，北京市经济一直保持着平稳较快增长，经济增长为职工队伍发展壮大提供了广阔的空间。随着产业结构调整，就业容量大的服务业、中小企业和民营经济快速发展，新增了大量就业岗位。在政策层面上，为应对国际金融危机对就业的冲击，在保增长、保民生、保稳定的同时，制定和实施了一系列稳定就业和扩大就业的政策举措，化解了金融危机对劳动用工总量的冲击，使就业总数不断增加。

在首都社会建设中，广大职工是推动首都社会发展的主力军和维护和谐稳定的中坚力量。《北京市"十二五"时期职工发展规划》强调要落实好全心全意依靠工人阶级的根本方针，解决好收入分配等涉及职工切身利益的民生问题。

在职工劳动经济权益实现方面：首先要看到职工就业状况总体稳中趋好，社会保险覆盖面不断扩大。同时还要看到，职工工资收入增速放缓、一线职工工资水平总体偏低。近五年来，北京市职工享受了奥运会创造的就业机会，也经历了国际金融危机带来的就业压力，但总体上就业态势稳中趋好，城镇新增就业人员214.45万人（见图2）。

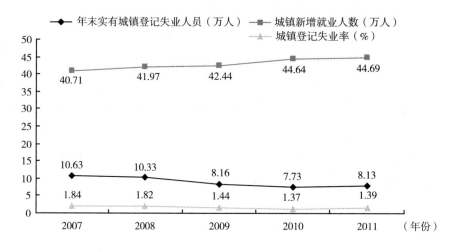

图2　北京市近五年城镇新增就业人数

由图2可见，城镇登记失业率一直控制在1.84%以下，且呈逐年下降趋势，2011年失业率为1.39%，比2007年下降0.45个百分点。第三产业成为吸纳就业的主渠道，国有和集体经济就业比重有所下降。调查显示，52.3%的职工通过单位招工或应聘就业，70.8%的职工对目前工作满意，55%的职工不担心自己会失业。2007～2011年的5年间全市基本养老、基本医疗、失业、工伤、生育保险参保人数呈显著上升趋势。

在深化改革的新时期，北京职工队伍的深刻变化主要表现在以下方面。首先是职工队伍规模不断壮大，外来务工人员成为职工队伍的重要组成部分。其次是与首都发展阶段特征相适应的职工队伍分布基本形成，从产业结构看，适应"三二一"产业发展方针的职工产业分布基本定型。从2006到2011年，第三产业从业人员由634万人增长到791.4万人，第三产业从业人员占比达74.0%，比2006年上升7.4个百分点。再次是与创新驱动相适应的人力资源布局正在形成。其中制造业职工规模仍高居国民经济各行业的首位，职工规模增长最快的则是信息传输、计算机服务、软件业，五年间从19.7万人增长到47.7万人，增长了142%。这些新变化，对于首都经济社会发展具有重要的推动作用。

与此同时，职工民主政治权益的制度保障也在不断完善。首先是职工民主参与面不断扩大。调查显示，58.2%的职工表示单位建立了职代会制度，比2007年调研数据增长7.8个百分点；76.6%的职工参加过职代会；60.1%的职工认为职代会作用发挥很好或较好，比2007年调研数据增长了22.4个百分点；47.4%的职工表示单位实行了厂务公开，53.7%的职工表示有机会表达意见或反映愿望。其次是职工民主参与内容和形式不断丰富。例如在内容方面，参与活动在企业经营决策、产品开发、工程项目招投标、人事管理、质量管理、财务管理等领域不断延伸。在参与形式和渠道上，许多单位利用QQ群、微博、民主议事会、劳资恳谈会等多种形式，丰富了厂务公开和民主管理的载体。

还应当看到，在职工思想动态和文化需求层面，一方面职工对首都经济社会发展现状满意，另一方面职工的思想呈现复杂多元特征。在职工科学文化技术技能素质层面，一方面职工学历教育在稳步提升。另一方面高技能人才比较紧缺，企业对职业技能培训的投入相对不足，职业技能培训任重道远。在工会组织建设层面，一方面工会组织覆盖面进一步扩大，另一方面工会组织的社会影响力还需要进一步提高。

针对目前北京职工队伍建设中存在的问题，第一，要落实好全心全意依靠工人阶级的根本方针，解决好收入分配等涉及职工切身利益的民生问题。第二，要畅通职工各种诉求反映渠道，积极搭建各种平台促进不同群体的联系互动。第三，要以培育和践行社会主义核心价值观为着力点，全面提升首都职工道德素质。第四，要进一步加强源头参与和协调劳动关系机制建设，构建和发展和谐劳动关系。第五，要建立一支高素质的职工人才队伍，为推进中国特色世界城市建设奠定坚实的人才基础。第六，要充分发挥工会组织作用，大力推进服务型工会组织建设。

与此同时，北京市的科技型中小企业获得了平稳较快发展。目前，全市共有科技型企业两万余家，其中95%以上为中小企业，绝大多数分布在中关村国家自主创新示范区的一区十六园内。大力发展科技型中小企业关系到全市经济的结构调整，对于推动民营经济的科学发展，促进科技进步，更多更快地把科技成果转化为现实生产力具有重要的现实意义。

北京作为我国的科技创新中心，一直是推进科技体制改革的排头兵。北京以服务国家创新战略和促进首都经济社会发展为导向，以建设中关村国家自主创新示范区为动力，以提高自主创新能力为核心，在优化和完善北京科技型中小企业创新政策环境方面做了大量工作，取得了突出成效。首都科技型中小企业已经成为北京市转化科技成果、培育战略性新兴产业以及吸纳和促进就业、涵养税源的主要群体。它们既为首都创新体系建设注入生机和活力，也为推动首都经济社会平稳较快发展、建设中国特色世界城市提供了重要支撑。近年来，北京市大力推动科技创新，着力建设科技北京，不断加大科技投入的力度，使其承接科研成果转化与利用首都优势科技资源的能力不断增强。但北京科技型中小企业创新发展政策服务中存在一定的不足，制约着企业的发展。要真正成为技术创新的主体，还迫切需要政府和企业共同努力，不断优化和完善政策环境，促进科技型中小企业健康发展。

当前，北京市科技型中小企业依然感到税负重、融资难；受首都特殊功能定位及资源环境影响，科技型中小企业的人才困局难以突破；中关村国家自主创新示范区的政策体系需要进一步优化和完善；部分政策不够协调有力，影响了企业自主创新的积极性。因此，要进一步优化科技型中小企业创新政策环境：一是要定向援助科技型中小企业，大力加强财税金融政策的扶持力度；二是要破解首都人才发展的瓶颈，不断创新和完善首都人才政策体系；三是要在先行先试中不断突破，强化中关村国家自主创新示范区的政策优势；四是要完善并落实相关扶持政策，为企业发挥自主创新主体作用创造条件。

3. 妇女儿童事业健康发展，发展水平居全国前列

党的十八大将"坚持男女平等基本国策，保障妇女儿童合法权益"首次写入工作报告，十八届三中全会对进一步深入改革提出了明确的路线图，并将发展成果更多更公平地惠及包括广大妇女儿童在内的全体公民，不断健全妇女儿童的服务机制和体系，更好满足人民需求。2013 年，北京市妇女儿童工作委员会对市、区（县）两级实施"十二五"妇女儿童规划情况进行了中期评估督导工作，分析梳理妇女儿童发展现状和趋势，以促进规划目标的如期实现。

"十二五"以来，北京市各级政府以妇女儿童发展为本，以促进妇女儿童发展与首都经济社会同步发展为目标，不断加强组织领导，切实履行政府职能，构筑"五个体系"，推动了全市妇女儿童事业的健康发展。从中期评估督导结果看，妇女儿童在政治、经济、文化、教育、卫生保健、法律保护、生存环境及生活质量等方面都取得了显著成就，并取得了突破性进展，妇女儿童事业总体发展水平居全国前列。当前，搞好首都妇女儿童事业需要多层面推进，包括进一步完善北京市女干部培养选拔机制。充分发挥优秀女干部在经济社会发展中的重要作用。同时，要进一步加强妇幼保健机制和体系建设。创新妇幼保健服务模式，强化机制建设；加强基层妇幼保健人员队伍建设，提升服务能力。此外，强化保障机制，进一步维护女性劳动者的合法权益也是重要方面。

流动人口子女教育问题是当今社会关注的一个热点，也是当前各级政府社会工作的重点和难点。在流动人口子女教育政策的演变上清晰地反映了国家宏观教育政策价值理念的变迁：从 20 世纪 80 年代中后期的"限制"，到 90 年代的"差别对待"，再到 21 世纪以来的"以人为本，追求公平"。确立"以人为本，追求公平"的政策理念只是解决流动人口子女教育问题的一个必备条件，问题能否真正得到解决主要取决于政策执行的有效性。流入地政府作为政策的主要执行者，在政策执行过程中面临的困境会直接影响到政策的落实。

流动人口子女的教育问题的解决是一个长期的、复杂的过程，在政策的执行中，尤其是流入地政府会遇到很多的困难和不可预测的问题。问题的真正解决还有赖于切实可行的政策体系的确立和政策的有效执行，既需要中央政府的顶层设计，也需要地方政府建立以实有人口为基础的社会服务和管理体制。

4. 重视新媒体环境下的公民有序参与，增强政府治理能力

在深化改革的过程中，建立与市场相匹配的国家治理体系变得非常重要。这一方面要增强政府的治理能力，另一方面也要增强社会的自组织能力，推动有序的公众参与。当前，以微博、微信、手机为代表的社会化媒体的兴起驱动着公民参与，并促进着政府治理的改善。

微博、微信和手机等新媒体既为民意表达提供了相对自由的平台，又为利益群体参与博弈提供了可能性，同时也对公民从线上参与走向现实参与起到了驱动作用。在这些新的技术支撑下出现的媒体形态具备强大的信息传播功能，已成为重要的信息载体和传播媒介，同时对社会的发展和社会公共领域的构建产生了重要影响。扩大公民有序政治参与是推进中国特色民主政治的重要内涵和基本途径，但现有的公民参与制度还不完善，传统的参与途径可操作性有限。而信息技术的发展，尤其是web2.0时代新媒体的发展为公民参与提供了新途径。对政府来说，新媒体既是挑战也是搞好社会善治——政府与公民合作治理的机遇。

因此，要积极引导和改善社会化媒体环境下的公民有序参与，运用新媒体加强和创新社会管理，促进社会和谐。这包括，第一，转变管理理念，运用新媒体平台来畅通社情民意。第二，重视和发挥意见领袖的作用，营造文明的网络环境。第三，提高网络媒介素养，增强理性参与能力。第四，运用新媒体来创新社会管理，化解社会矛盾，促进社会和谐。

二　社会福利的水平不断提升，养老服务业的发展开创新局面

十八届三中全会强调加快社会事业改革，解决好人民群众最关心最直接最现实的利益问题。其中特别提到了，要积极应对人口老龄化，加快建立社会养老服务体系和发展老年服务产业。

建设适度普惠的社会福利体系，是建设"人文北京、科技北京、绿色北京"的重要举措。2009年，北京通过推出城乡一体化居民养老保障制度，率先实现了城乡养老保障的全覆盖。伴随着经济社会稳定发展。与民生需求相呼应，就业保障、养老福利、医疗福利等也在进一步推进。与此同时，也要看到在当前社会福利发展中养老服务的短板相当突出。当下的中国正面临着快速老龄化和未富先老的严峻挑战。在2013年中国60周岁以上老年人口已过两亿，并且正在以每年10万人的速度猛增。与此同时，人口老化过程中高龄、空巢和失能老人的数量持续增长，长期照顾和护理的问题已十分突出。

在 2012 年北京 60 岁及以上户籍老年人口已达 262.9 万，较 2011 年新增 15 万老人，平均每天增加至少 400 名老人。其中，80 岁以上户籍老年人口 42.6 万人，在 2011 年的基础上增加了 4 万人，占到全市户籍人口的 3.3%。① 此外，"相比全国的老龄化趋势，北京市的老龄化现象更加凸显与严峻，60 岁及 65 岁占比分别高出 6 个和 5 个百分点。"② 预计到 2015 年和 2020 年，全市老年人口将分别达到 360 万和 450 万，人口老龄化形势将更为严峻。

上述形势要求中国在推进社会化养老服务体系时，不能不审慎地选择一条成本低、覆盖广和效益好的道路。本书从多个视角出发讨论了加快养老服务业的途径，包括多功能社区照顾的愿景和实现路径、社会工作专业就业困境及其克服、养老服务行业人才的培养。此外，也就医疗卫生领域的民生服务议题展开了论述，为推进北京社会福利事业的发展，为通过社会创新机制来解决老有所养提供对策。

（一）以社会创新解决老有所养，多功能的社区养老照顾有待推进

作为民生问题的重要构成，关于"老有所养"的讨论是当下最能牵动大众心弦的热点问题之一。党的十八大报告指出应"健全社会福利制度，支持发展慈善事业"，"积极应对人口老龄化，大力发展老龄服务事业和产业。健全残疾人社会保障和服务体系，切实保障残疾人权益"。十八届三中全会提出了进一步加快服务业发展的要求，"放开育幼养老、建筑设计、会计审计、商贸物流、电子商务等服务业领域外资准入限制"。本书《以社会创新解决老有所养：社区照顾的愿景和实现路径》一文沿着创新社会管理体制机制的思路，针对北京当前社区照顾的供给不足提出了对策建议。

北京市委、市政府近年来高度重视老龄化问题，针对老年人居家养老社会化服务需求，出台并实施了老年人优待办法、居家养老"九养政策"等 20 多项为老惠老政策和措施，推动老年福利由补缺型向普惠型转变；并建立了政府服务购买机制，改变了传统福利供给和递送模式。在着重从福利政策、福利供

---

① 国务院研究发展中心信息网：《北京市户籍人口老人首超两成》，2013 年 9 月 25 日。
② 北京市民政局、北京市老龄协会、北京理工大学、中国心理卫生协会妇女健康与发展专业委员会：《老年心理健康调查报告》，2013 年 3 月 18 日。

给方式入手来进行养老模式调整的同时，北京还积极改善社区为老服务的各项硬件设施。此外，基于现代化的科技平台、信息化发展的优势，北京社区服务平台还开通了96156系列服务热线，以通过电话或者上门的方式为老年人提供心理和精神关怀服务。

面对快速老龄化和未富先老的挑战，社会化养老的重心是推进多功能的社区照顾。这在当前已经达成共识，这一共识需要具体化为可操作的路径，透过多功能的社区照顾愿景勾勒出应对老龄化难题的创新机制：①围绕着社区照顾所展开的养老服务体系，是为老年人提供专业化的服务产品，包括上门护理、日托、全托以及信息服务等；②营造一个使社区居民和老年人能自立和有尊严地生活的环境；③社区养老服务需要整合行政、医疗和社区资源，使照顾服务的福利运行与老龄产业形成互动。

上述愿景一方面提供了社区养老的前台要素，包括从养生康复到精神慰藉的多功能服务产品、涵盖上门护理及全托服务等多功能服务样式。另一方面，这一愿景的实现还需要借助规范的服务流程、专业化配置和资源整合等协调性要件才能有效运行。

从北京市居家养老照顾的供求关系来看，在家庭支持、家政服务以及机构养老等服务板块分流后，北京的社区照顾服务直接面对的老年群体需求大约在20万~30万人，需要养老护理员3万名左右。面对这一需求，当下社区从事养老照顾服务的专业人员严重短缺。社区照顾供给不足的表现是：①功能单一，难以满足老年人就近获取照顾的多元需求；②资金缺乏，照顾需求与养生健康以及养老消费市场尚未形成良性互动；③社区居委会应成为吸纳各类专业养老资源的平台，却力不从心。服务短缺的原因在于：一是对于社区照顾的认识有待深化，包括对愿景和前台要素的了解。二是对于支撑在愿景背后的两个系列的协调机制和政策环节认识不足，其一是在社区一级构建协调机制来搞好社区照顾的规范化流程、专业化配置和养老资源的整合；其二是社区外部的政策和市场环境，并落地到行业协会和市一级的政策协调，形成研究、规划、培训的互动平台。

因此，搞好社区养老，让愿景中的各个要素能够有效运行，十分重要的是在社区一级构建协调机制，即通过在社区老年活动中心设置专职社工与专项基金的方式，来搞好社区照顾的规范化流程、专业化配置和养老资源的整合。首先，专业化支持的照顾服务不仅包括多功能社区照顾的服务样式和产品，还涉及建立在此基础之上的规范化服务流程与对于居家照顾的需求评估；其次，在社区照顾的起步阶段，规模化、系统性、持续性的专业培训，包括有关养老服务的专业教育和职业培训也是多功能社区照顾的核心支撑因素；最后，协调社区内外的专业资源，整合社区内外的医疗资源与福利资源并基于养老服务项目的运作进行资源整合。以上环节均需要通过社区老年活动中心的专职社工与专项基金协调运行。

搞好社区养老还要协调好社区外部的政策和市场环境，并落地到行业协会和市一级的政策协调，形成研究、规划、培训的互动平台。首先，充分发挥专家团队的专业化介入参与养老照顾的重要作用；其次，在政策环境层面，应该在市一级形成社区养老照顾的专门协调机制以协同公共政策和养老资源；再次，在市场环境层面，一方面要尽快出台利于养老服务组织发育的各种养老优惠政策，另一方面也要在政府和行业联盟指导下做好服务质量的监控工作。

2013 年 3 月习近平在人大第一次会议上讲话谈到，"我们要随时随刻倾听人民呼声、回应人民期待"，在"病有所医、老有所养、住有所居上持续取得新进展"。很明显，只要认识到位、政策跟进，"老有所养"作为中国梦的重要构成，在很大程度上可以通过社区养老照顾的社会创新来一步一步地得到实现。

（二）首都社会工作已经上规模，社工专业的就业困境仍须改善

在创新社会管理中增强社会活力，是十八届三中全会强调的内容。社会工作作为一门迅速发展的专业，在推进社会福利、解决社会问题和应对社会风险等方面具有重要作用。其专业应用涉及养老服务、妇幼保障、弱势救助、心理疏导、行为矫治、关系调适等广泛的社会服务领域。截至目前，全国已有 330 多所高校设置了社会工作专业，其中北京有 27 家。目前，北京市的社区专职工作者有 3 万余人，其中持证的社会工作者（指通过社会工作者职业水平考试的社工师和助理社工师）已超过 15000 人，每年还以 2000 人左右的速度增长，其中在社区工作的占 60%。社会工作者在养老服务、妇幼保障、弱势救

助、心理疏导、行为矫治等社会福利领域发挥了重要作用。

鉴于社会发展对社会工作专业的大量需求，2010年国务院发布了《国家中长期人才发展规划纲要（2010～2020年)》，提出要统筹推进社会工作人才队伍的建设。2012年民政部《社会工作专业人才队伍建设中长期规划》提出到2015年，社会工作专业人才总量增加到50万人。而目前通过社会工作者职业水平考试的持证社工还只有十几万人。

值得注意的是，面对社会的大量需求，高校在加快培养社会工作人才，在职人员的社工专业培训也在加强，而社会工作毕业生的就业形势却相当困难：一方面是毕业生的专业对口率相当低，另一方面是即便找到了与社会工作专业对口的岗位，由于种种原因许多毕业生也没有能够持续在岗，人才流失严重。这种人才需求和人才流失同时存在的悖论构成了社会工作专业的就业困境。这种矛盾现象应引起政府、教育界和社会工作相关人士各方的高度关注。

就业困境形成的原因：一是中国社会工作的发展路径和慈善事业的发展不足；二是由于历史的影响，政府体制内社会工作岗位的更替也存在一定困难；三是社会工作岗位待遇偏低以及社会工作专业毕业生自身素质不高。要有效摆脱社会工作专业的就业困境，一方面需要政府大力投入，给予社会工作以政策支持，促进民间组织的发展；另一方面，还应逐步推进社会工作岗位的专业准入制度。此外，还应加大社会工作的专业教育力度，在做好质量控制的同时逐步提高社会工作毕业生的自身素质。

（三）加快养老服务业的发展，专业人才的培训需要加强

养老服务专业人才建设不仅关乎着我国老年人能否获得专业化照护，而且关乎着老龄产业的成败，养老服务人才建设在整个老龄产业发展过程中起着至关重要的作用。医学、心理学、管理学及社会工作等方面的专业人才是养老服务体系发展必不可少的专业支撑。目前，不管是从养老服务业的职业教育或者说院校教育的现状来看，还是从养老照顾在职业培训或者说社区培训的状况来看，还远不能满足社会需求。急速老龄化与养老服务人才匮乏的结构性矛盾已成为制约北京养老服务体系发展的瓶颈。对此，本书中《专业院校在养老服务人才培养方面的问题与对策分析》与《养老服务职业培训的现状及反思》

两篇文章分析了养老服务人才培养的现状及存在的问题，从长程的专业教育和短程的职业培训的不同层面提出了专业人才的培养对策。

老年服务与管理专业教育是应我国人口老龄化而生的新兴专业。早在1999年，长沙民政职业技术学院和大连职业技术学院就率先增设了老年服务与管理专业，开始培养为老服务专业人才。发展至今日，全国已经有40余所院校增设了老年服务与管理专业，这些院校毕业的学生在养老服务业中发挥了积极的作用。一些毕业生已经开始在养老服务工作中崭露头角，担任院长或部门主任，以及任院长助理和部门主任助理等，然而，院校在人才培养方面也存在诸多问题，主要体现在人才培养过程中的定位不准，课程设置缺乏系统性、缺乏适用的专业教材，专业师资不足等。此外，由于养老服务业社会认同偏低，老年服务与管理专业的扩大招生和就业仍存在困难。

之所以形成养老服务人才培养瓶颈问题，一是缺乏政策上的顶层设计，二是资源上的优化组合不到位。当前关于养老服务人才的培养，首先，要以政府的政策保障为主导，健全完善关于教育培训、实习基地建设及职业规划方面的法律法规，并在可操作性上予以进一步细化加强。其次，还要以院校整合资源培养专业人才为核心，进一步整合优势教学资源并形成专业联盟，开发、完善课程设计体系及培训流程。再次，企业也要通过加大人力资源投入体现其对于养老服务人才的责任。作者指出，通过以上多项举措的共同作用，形成政府、院校及企业多方联动的支撑体系，才能破解我国老龄事业发展的人才瓶颈。

与院校人才培养相比，养老服务职业短训以其培训周期短、服务范围广、收益见效快、内容针对性强等特点成为当前应对我国为老服务人才短缺的有效途径。北京作为老龄化程度发展较快的城市之一，在养老服务职业培训方面，形成了技能型知识培训、专题知识讲座和继续教育以及普及型知识培训等多种形式的培训，在养老服务人才培养方面取得一定成效。但也遇到了一些困境，其表现是培训缺乏系统规划、师资流动性大、培训的生源异质性较大；而且由于培训经费不足，项目可持续性较差。对此，建议政府从资金扶持、加强社会组织的发展以及引入行业协会强化监管等方面着手，构建规模化的养老服务职业培训体系。这包括：①制订完善的职业培训体系与加大经费投入；②发展养老服务组织，注重组织和公司内部的员工培训，并以社区和居家服务为平台，开

展社区养老服务培训；③鼓励职业院校与企业合作开展职业培训；④在质量监管方面引入行业协会，强化培训质量。

总之，加快养老服务业的发展，养老服务专业人才队伍建设是关键。政府应当尽快出台政策、加大投入，建立以职业需求为导向的多层次、可持续的培训体系，形成职业短训与院校教育相结合的人才培养结构，从而加快养老服务专业人才的输送。

（四）医疗卫生领域的民生服务有待继续加强

在全球化的语境中，应对老龄化危机一方面离不开专业养老服务人才的培养，另一方面也需要通过行政、医疗等福利资源与市场资源的整合促进养老服务体系的发展，这也是全球社会应对养老照顾的一个难题。十八大报告中把完善医疗卫生领域的民生服务作为社会建设的重要内容提出来，十八届三中全会又进一步强调了取消医疗机构行政级别、促进优质医疗资源纵向流动的重要性。

2008~2012年间，北京社区卫生服务中心（站）及门诊部的数量呈现逐年递增的状态。无论是从医院、专业公共卫生机构以及其他疗养康复机构在全市的分布来看，还是从机构人员及床位数量来看，北京总体医疗资源较优越、公共卫生服务体系较完善，是全国医疗资源密度最高的城市，在不少方面接近发达社会的水平。但与此同时，也存在医疗资源分布不均衡、医疗成本较高、大医院医疗服务获取困难、医疗资源投入不足、医疗基础设施城乡差异较大等问题。

基于此，本书《医疗卫生领域民生服务的问题与对策》一文提出了医疗领域公共服务的建设方向，即医疗保障体系一体化、公立医院医疗服务去赢利化、社区卫生服务保障化、农村医疗卫生服务城市化、医疗资源分散化等，为当前北京医疗卫生领域问题的解决提供了富有建设性的对策。

三 创新社会治理体制、健全城乡发展一体化体制

党的十八届三中全会明确提出创新社会治理体制和创新人口管理，健全城

乡发展一体化体制以及稳步推进城镇基本公共服务常住人口全覆盖等要求，上述领域的实践也是当前北京在社会发展中需要努力的领域。围绕上述主题有以下三个议题值得关注：其一是针对北京人口管理现状，就人户分离问题展开对策分析；其二是从乡镇统筹和农转非安置的角度切入，探讨北京城乡统筹发展的实施路径；其三是借鉴香港在社会治理方面的经验，讨论流动人口城市融入的改进思路。

（一）北京人口管理中人户分离及流动人口的对策分析

北京是一个有着 2100 万常住人口的特大型国际都市，人口管理作为社会管理的重中之重，始终是党和政府以及社会各界高度关注的领域。由于人口管理涉及经济、政治、文化、社会、生态五大领域，许多问题牵一发而动全身，因此成为当前北京社会发展中面临的一大难题。在这方面，有关人户分离管理和老年流动人口的社会融入的讨论，从一个侧面凸显了北京现有人口管理模式的困境。

人户分离是中国特色的传统户籍属地管理模式的产物，特指"现居住地不是户籍所在地"的人口。按照我国人口普查的统计口径，"人户分离"人口是指居住在本乡、镇、街道，户口登记地在其他乡、镇、街道的人。它包括两类情况：一是北京户籍人口的人户分离；二是非北京户籍的人户分离。通常学者们的研究主要集中在非北京户籍的人户分离，俗称的"流动人口"问题上。

就北京户籍人口的人户分离而言，呈现了五大特征：①人户分离人口规模日益扩大，且分离时间趋于延长；②人户分离人口聚集分布在城市功能拓展区和城市发展新区；③中青年是人户分离人口的主体，且呈现年轻化态势；④人户分离人口婚姻状况主要以有配偶为主，教育水平处于中上水平；⑤跨区县人户分离现象居多。

由此可见，传统的户籍属地管理模式已经无法应对人户分离产生的管理冲突，其突出表现在四个方面：一是人口属性呈现多元性，城市人口管理成本和风险骤增；二是人口信息难以准确采集和及时变更，人口管理协作机制待建立；三是属地化管理与公共服务目标难以落实到位，人口服务管理模式待改进；四是人户分离人口难以完全融入社区，社会协同公众参与机制待创新。

由以上讨论可见，解决人户分离首先应以健全信息共享机制为抓手，探索构建全市人、户和房的新型人口服务管理机制，信息共享着眼点在于实现户籍、身份证、房产等信息的联网，并初步实现信息的动态更新。其次是以居住证制度为突破口，创新基本公共服务属地化模式，即将所在地的居住证与基本公共服务挂钩，逐渐剥离以往以户籍为基础的基本公共服务模式。再次是加强对城市总体规划的评估与完善，注重住宅聚集地区城与业的衔接，特别是加强对这些地区规划实施过程的评估和监督，并以此调整未来住宅聚集区的布局和发展思路。最后是构建区县服务管理合作机制，全面推进区域间基本公共服务和基础设施均等化，特别是要逐步消除区县之间基本公共服务和基础设施方面存在的巨大差异。

流动人口服务与管理是近年来北京社会建设与管理的重点。老年流动人口对于非北京户籍的流动人口来说，虽然在流动人口中所占比例不高，但是随着北京老龄化问题的日益突出以及流动人口家庭化趋势的增强，老年流动人口群体逐渐纳入社会关注的视野。由于这个群体以家庭团聚的方式在京生活，其面临的困境不仅影响着个人的生活方式，也对其家庭和社会结构产生了重要影响。

与劳动年龄的流动人口相比，老年人流动的特殊性在于其首要动因并非出于职业发展和改善生活环境的追求，而更多的是一种家庭决策。统计数据表明，一半以上的老人是出于子女的生活需要被邀请而来，承担的是照顾者的角色，其中有强烈的市场因素，因为北京雇用保姆的成本很高，加上中国传统的家庭伦理观念，邀请父母来照顾孩子、料理家务成为一种理性而经济的选择，并且父母照料子女的同时也得以通过家庭团聚实现情感满足。而老年流动人口对居住地城市核心家庭的介入必然带来家庭关系的变化，包括住房空间紧张，居住格局影响生活质量等，进而引起了家庭秩序和家庭伦理的调整和重组。一般来说，流动老人遇到的问题主要来自三个方面：一是依靠子女与眷恋故乡的情感矛盾；二是社会保障制度的异地对接存在制度性障碍；三是社会融入与社会认同的困境。针对上述困境，一方面需要从制度层面统筹规划，推进老年流动人口服务与管理市民化，包括建立健全相关法律政策，从制度层面推动流动老年人口服务管理的创新工作，促进流动老年人口融入北京，安享晚年。另一方面应创新公共服务体系，落实老年流动人口社会保障与社会支持工作，包括建立和完善方便退休老人异地生活的医疗保障跨地区转移接续等基本制度，加快对老年人社会保障、社会福利等政策改革，方便老人退休后实现跨区域流动。同时呼吁子女和社会关注流动老年人群体的心理健康，以社区为依托，整合社会资源，为老年人搭建精神文化生活的平台。

（二）从乡镇统筹和农转非安置来看北京城乡统筹发展的实施路径

城乡一体化不是概念，更不是口号，它需要找准突破口，在实践探索中寻求解决之道。北京的城乡一体化不仅需要通过农村产业转型实现经济腾飞，更需要在城乡一体化进程中同步实现农民的市民化。

乡镇统筹是城乡统筹的重要内容。作为集体土地利用的一种新方式，乡镇统筹主要是在充分保障农民集体资产所有权和收益权的前提下，采取市场手段，通过土地股份联社等统筹平台，建立乡镇域内的集体土地利益平衡机制，消除规划影响，逐步缩小各村利益差距，实现乡镇域集体土地的集约利用，促进农村城镇化、农民市民化和城乡一体化。《北京市城乡一体化进程中乡镇统筹发展方式研究》一文，首先总结了目前北京郊区正在采取的三种乡镇统筹方式：一是土地统筹，主要是以集体土地的所有权和经营收益权为基础，建立土地股份合作公司或土地股份合作联社，以此为平台在本乡镇域内多个村或整个乡镇开展集约利用集体建设用地。二是项目统筹，其本质上也是对各村集体土地的统筹，特点是以项目为依托，采取股权合作等多种手段，实现项目范围内各村利益的平衡，促进规划项目的落地。三是全面统筹，即除了针对土地之外，对集体资产也采取乡镇统筹方式，例如变集体经济三级所有为乡一级所有，开展乡级专业化经营。作者认为北京的乡镇统筹已经取得了一些成效，包括促进了规划落实、加快了产业升级、进一步推动了集体经济发展和农民增收等，但同时还存在一些障碍，例如：改变现有利益格局难度较大、规划与区域发展存在一定冲突、面临较强的政策约束、统筹机制仍需完善等。作者认为乡镇统筹的经验值得肯定，但仍需继续完善相关做法，并建议从四个方面加以改进，一是推进土地政策体系创新，包括认真总结各地集体建设用地改革创新经验、围绕土地承包经营权的资本化展开乡镇统筹、处理好集体建设用地使用权与地上物产权的关系等；二是适当调整规划适应统筹需求，避免出现规划刚性导致的发展瓶颈；三是重视农民在乡镇统筹中的主体地位，建立各村股东代表组成的董事会，重大决策要在董事会表决通过，并由乡镇政府审批；四是因地制宜完善乡镇统筹机制，包括完善土地股份合作联社为载体的乡镇统筹模式和探索以土地资产化为基础的乡镇统筹模式等。

农业户口转为非农业户口是农民市民化、享受城市化改革成果的重要途径之一。《顺义区转非安置问题研究》一文以顺义区农转非工作为切入点，分析了当前顺义区在城乡一体化进程中，加快推进城乡居民户籍一体化进程的主要政策、主要措施、取得成效以及下一步工作思路，为北京市及各区县推进农转非工作，打破城乡户籍制度的二元结构提供了借鉴和参考。顺义是农业大区，农业户籍人口占全区户籍人口的45%，在城市化进程中农转非的压力较大。文章从政策的角度梳理了顺义区农转非工作的特点，包括按照国家户籍管理政策的规定，执行好高等学校及中等职业学校学生农转非、投靠转非等传统的农转非政策；按照北京市有关规定，开辟小城镇、卫星城相关人员农转非等政策渠道；加大征地拆迁转非、新生儿登记入非，以及二三产业稳定就业农民转非等工作的力度。作者认为，顺义区之所以在农转非工作上取得突出成绩是在三个方面把握到位：一是领导重视是加快农转非工作的关键。顺义区的经验在于区政府高度重视农转非工作，加大了政策和人力、财力上的支持力度，最终形成了区属职能部门和各镇村工作合力。二是政策创新是加快农转非工作的核心，顺义区正是在确定征地转非人员名单以及整建制转非等方面创新了政策，才破解了征地转非工作中的难题。三是保护和增进农民利益是农转非工作的根本。顺义区按照城乡一体化必须"见物见人"的理念，把保护和增进农民利益作为农转非工作的出发点和落脚点，在就业和社会保障等方面构建了长效机制，并在其他方面采取了鼓励措施，维护了转非人员的权益，从而形成了转非的拉力，让农民在权衡利弊后自愿选择转非。

（三）解决流动人口的城市融入：国外和香港的经验借鉴

创新社会治理体制和人口管理，一是要改进社会治理方式；二是要激发社会组织活力。在这方面，国外发达国家诚信体系建设和香港同乡会的移民社会融入提供了有益的经验。

就人口的有序管理而言，诚信体系建设是人口管理的核心要素之一，它既能为有序管理提供准确的信用信息，又能营造有序管理的良好社会氛围，是实现人口管理持续良性运行的制度基础。根据国外发达国家诚信体系建设的模式特点、核心要素以及路径依赖，针对诚信体系影响人口管理的不同路径，将发达国家人口有序管理的诚信基础分为三种模式，即以市场为主导的美国模式、以企业为主导的日本模式和以中央银行为主导的德国模式。同时，以我国目前人口管理中存在的诚信问题为导向，提出了国外经验对北京的几点启示。

美国模式的核心要素包括诚信教育和宗教的社会基础，信用卡与社会安全的信息载体，以利益引导为主的诚信体系建设的管理机制等。

日本模式的核心要素包括诚信教育的社会基础，企业、征信机构和信用卡的信息载体，以及失信责任追究严厉的管理机制。

德国模式的核心要素包括诚信功能强大的社会基础，信用保障机构与中央银行的信息载体，以及个人信用监督制度健全的管理机制。

移民的社会融入是一个移民国家或者移民城市都会面临的问题，也是社会治理体系建设的重要组成部分。北京和香港都是具有移民性质的国际大都市，其城市发展和社会结构上有许多相似性，而香港的社会组织在移民社会融入方面发挥着举足轻重的作用。以香港同乡会为例，通过实地考察和对以香港福建同乡会为代表的十余家社团组织的负责人，以及不同职业、不同社会背景、在港工作生活的内地移民等的专访，梳理出香港同乡会发展的历史脉络、特征以及在移民社会融入中的作用，从创新社会治理体系的角度，提出了北京可以学习借鉴的建议。

在香港同乡会的变迁中指出，香港同乡会在近百年的发展历程中，早期在为同乡济贫扶危、解孤悬异地之苦、助学兴商、服务当地等方面曾经发挥了积极的作用。随着时代的发展，今天的香港同乡会已经与时俱进地呈现三个新的特征：一是积极吸引年轻同乡，组建"青年军"；二是每个同乡会都是一个小社会，通过活动为新移民社会融入搭建一个广阔的平台；三是通过与内地开展互动活动，回馈家乡。文章以香港第二大族群闽籍同胞作为分析对象，用具体事例介绍了香港福建社团发展的简史和基本情况，并将香港福建同乡会的工作概括为四个显著特征，即爱国爱港爱乡；从"寓居"到"扎根"，同乡会传承发展；企业家履行社会责任；以及政府信任与搭建平台。正是由于香港福建同乡会的积极努力和与政府、企业、社会建立的社会治理体系发挥了重要作用，才使占香港人口1/5的闽籍同胞能够团结协作、守望相助，在香港经济社会生活中占有举足轻重的地位。

尽管北京同乡会发展的政治环境和社会环境都不同于香港，短期内也难以形成如香港同乡会服务乡亲、凝集人心、共谋发展的局面。但是透过香港同乡会的经验，我们还是可以找出一些突破口，为在京工作和生活的流动人口提供一个社会融入的接口：一是应转变观念，支持同乡会组织发展。乡亲乡情文化是一种无形的财富，其作用往往能够超越主流社会的服务资源，尤其是情感交流，更有不可替代的地位。如果能够因势利导，支持和鼓励有才干、有活力、有奉献精神的领袖式人物通过组建同乡会，为父老乡亲服务，其效果会远远好于传统的人口管理模式，特别是在以地缘聚居的流动人口集中住地，相比简单的居住地管理模式，发挥同乡会的作用也可以收到事半功倍的效果。二是创新社会治理体系，构筑政府与同乡会之间的合作平台，特别提出以信任为基础，政府应主动搭建与同乡会之间的合作平台。三是积极发挥企业家在流动人口社会融入中的作用，通过名誉授予、税前扣除等方式鼓励企业家投身社会事业，先从服务乡亲做起。

四 持续推进生态文明建设，促进健康城市发展

改革开放以来，中国都市迈向现代化的快速步伐是举世瞩目的。2013年8月27日，由联合国开发计划署发布的《2013中国人类发展报告》中数据显示，到2030年，中国将新增3.1亿城市居民，城镇化水平将达到70%。与此同时也要看到，在城市规模不断扩张的现代社会，水资源匮乏、交通拥堵、环境污染、食品安全等城市治理问题也日益凸显，这些问题不仅影响了城市社区的生活质量和居民的身体健康，还不利于经济的可持续发展。

深化改革的重要环节是更加注重改革的整体性和协同性，在转变增长方式的同时重视生态文明建设，强调用制度保护生态环境，以期形成人与自然和谐

发展的新格局。与此同时，整个社会都需要对粗放式增长包括那种以为忙碌和挣钱多就是幸福等误区进行反思，"不能搞杀鸡取卵式的增长"的共识已经形成。还应当看到，在迈向全面小康的过程中，今天的都市人关于财富——幸福的观念正在发生着深刻变化，人的发展本身就是财富的理念将越加凸显。这就是为什么有关健康城市的品质例如生活质量、慢生活、休闲、食品安全、养生健康等议题日益受到关注的社会原因，这也是人文北京和绿色北京的应有之义。

（一）城市水资源治理和追寻老北京满井美景任重道远

水是生命的源泉，是万物存在的依据。向前追溯不过数百年，北京还是一个水资源相当丰沛的城市。例如，在明朝袁宏道的散文《满井游记》中，对北京的满井美景曾有过生动的描写："于时冰皮始解，波色乍明，鳞浪层层，清澈见底，晶晶然如镜之新开而冷光之乍出于匣也。山峦为晴雪所洗，娟然如拭，鲜妍明媚，如倩女之靧面而髻鬟之始掠也。"曾几何时中国社会进入了工业时代，随着经济的快速增长和城市人口的急剧膨胀，水资源的分布不均与水资源需求不断扩大的矛盾日益凸显。当前，北京市的人均水资源量已降至100立方米左右，仅为全国的1/8，世界的1/30。而国际公认极度缺水标准为人均水资源量500立方米，人均水资源量300立方米被认为是危及人类生存生活底线的灾难性标准。北京当前实际供水缺口已达11亿立方米。据估算，到2020年平水年份将缺水23.76亿立方米。

也正是看到了健康城市的建设与管理，不仅要求转变传统城市发展模式，还对城市治理和生态资源保护提出精细化的要求，十八届三中全会从加强生态文明制度建设的高度，明确提出要实行资源有偿使用制度和生态补偿制度，以及改革生态环境保护管理体制。特别是将水资源管理、水生态修复、水价改革、水权交易等纳入生态文明制度建设的重要内容。

尤其是在水资源严重短缺的北京，城市治理面临着一系列挑战与难题。当前，由于现代工业社会的粗放式发展、水资源开发方式的落后，我国水资源短缺、水污染、水土流失和洪涝灾害四大水问题正在呈现出相互交织、相互影响的复杂特征。首当其冲的是水资源不足与用水浪费并存。在此背景下，水利规划既要适应经济社会发展要求，又要与民生要求相顺应，不仅需要从客观层面对自然条件进行现实分析，还要着眼于主观层面，对人们的用水意识、用水习惯以及不合理的开发活动等给予约束，才有利于水资源问题的逐步解决。

北京目前常住人口已达2000多万，虽然工业用水与农业用水在不断压缩，但是第三产业及生活等其他领域的用水量却在不断增长。北京市统计局调查数据表明，2013年居民家庭用水已经达到了总用水量的49%以上。水资源匮乏正在成为北京经济社会发展的短板，因而，搞好居民节约用水对北京经济社会的可持续发展有着举足轻重的意义。

面对水资源紧缺的严峻局面，节约用水是每一个市民应该具备的良好习惯。结合配额抽样的调查数据，本书中《北京市居民用水行为调查报告》一文对北京市城市居民的用水行为、对水价的认识、节水意识及节水空间进行了分析，并建议应该多层面、多举措地推动居民形成节约用水的良好习惯。这包括：①水价作为影响居民用水量的重要因素，应尽快试行阶梯水价，对用水量超过一定额度的家庭予以补偿性收费。也就是说，应通过适当提高水价的方式，促进公众客观认识水资源的重要价值，从而形成良好的节水意识。②加大目前的节水宣传教育力度。节约水资源，首先需要公众具有良好的节水意识，从每个人做起，节约每一滴水。针对目前节水宣传工作还不充分的现状，节水教育工作首先要从日常点滴做起、从青少年抓起。其次，由于北京有40万左右的家政从业人员因其生活环境、习惯的影响，节约水资源的观念意识还比较淡薄，因此节水资源的宣传教育工作重要的是还要覆盖北京为数不少的家政人员。③改善居民节约水资源的方式。考虑到大多数居民由于水资源的二次利用较为麻烦而放弃行动，因此很有必要在节水器具的研发上下功夫，以便于居民在认识到水的二次利用的必要性基础上能够将此付诸实践。④逐步适应电子支付新形势，增强用水情况通知功能。近年来，在生活消费电子支付为公众带来便捷的同时，公众对自己消费数量和价格的感知也越来越弱化。作者指出，应该通过手机短信、电子邮箱、缴纳单信箱投递等方式，将每月的水消费具体情况明确地告知居民，以让用水量大的居民对于消费水量形成具体的感知。

中央城镇化工作会议提出"依托现有山水脉络等独特风光，让城市融入大自然，让居民望得见山、看得见水、记得住乡愁"。很明显，北京要实现这一目标，让昔日的满井美景再现，还需大量的努力。

（二）重视食品安全，发挥好媒体的"瞭望"作用

食品安全已经成为影响人民群众身心健康的一个重要民生问题。自 2006 年首次将食品安全问题写入政府工作报告之后，政府部门对于食品安全的关注也日益增强。2009 年 6 月 1 日施行的《食品安全法》强调了由"卫生"向"安全"转变的监管理念，确立了食品安全风险监测、问题产品召回、民事赔偿优先等制度。2013 年国务院又组建成立了国家食品药品监督管理总局，这一举措通过对食品的生产、流通、餐饮服务等环节进行统筹监管，终结了多年来饱受诟病的多头监管模式。2013 年 6 月 1 日起正式实施的《食品中污染物限量》，规定了关于食品安全的国家标准，这从制度层面为食品安全问题的监管提供了外在保障。

与此同时，媒体作为问题的发现者，也担负着推进这一问题解决的重任。一方面近年来媒体有关食品安全的新闻报道，例如 2008 年《东方早报》对于"三鹿奶粉添加三聚氰胺"的披露，就导致食品免检制度最终被取缔以及一批失职官员的下台。另一方面，目前媒体在食品安全的报道中也存在问题：例如背离新闻真实、夸大问题、混淆概念以及草率论断等。通过对一系列具体案例的形象剖析，例如 2007 年"纸箱馅包子"事件，2010 年的婴幼儿奶粉致性早熟、知名饮料含汞，2011 年的豆浆机使用工业润滑油等一系列轰动性的虚假新闻等，我们发现，媒体的积极介入虽然一定程度上保护了消费者的合法权益，但是在实践工作中存在的上述问题，值得认真反思。媒体人应以"科学精神"担当起"瞭望者"的重任：其一要"告知"公众以客观准确的量效关系，其二还应不断充电，增强媒体人自身的科学素养。在此基础上，还应当通过健全完善法律法规，一方面为监管过程中实现执法必严、违法必究提供保障，另一方面为媒体客观、准确的新闻报道提供参考依据。要加强诚信制度约束，透过媒体舆论增加失信企业的违法成本，即在对诚信缺失的企业进行道德谴责、法律惩处的同时，通过媒体对诚信企业予以褒奖、表彰。此外，还需要食品领域专家的积极发声，对食品安全进行科学定位。可以由相关行业协会、

学术团体给予专业支持，使食品专家可以最大限度地将有价值的信息传递给媒体，进而直接影响到公众的价值取向和实践行动。

（三）人文之都也应当是休闲之都和健康之都的思考

经过30年的改革与发展，中国都市迈向现代化的快速步伐是举世瞩目的。今天，面对日益繁荣的城区、满街的轿车、琳琅满目的商品和种种便捷的服务，在很多层面中国人已经找到了置身发达社会的感觉。在这一过程中，由于经济发展的不断提速，北京也成了一座名副其实的"快城"：每天上下班步履匆匆的人流、人们跑步进电梯的紧张节奏、忽略环境的高增长所带来的雾霾频发……与这种对"快"的热衷相呼应的是那种对粗放式增长的迷恋，包括一些学者反复论证中国的发展速度无论如何不能低于8%。

大约也正是由于都市人普遍体验到粗放式增长的代价以及对快节奏感到疲惫，在近年来有关都市生活的言谈中，下述议题正在越来越多地吸引眼球：绿色GDP、生活质量、慢生活、休闲、养生健康，以及有关健康城市和"你幸福吗"的反思等。那么，这些话语的汇聚又意味着什么呢？是人们试图缓解大都市压力的谈资，还是一些怀旧者包括文人学者对老北京好时光的慨叹，抑或是凸显都市发展和社会生活在未来的一些新变化？

当下的中国法定假日已达到每年115天，这意味着国人每年约有1/3的时间可以在假期中度过，开始向发达水平趋近。调查数据也显示北京人近些年加班加点工作时间呈现出下降的趋势，而用于闲暇的时间增多。导致这一趋势的因素在于，一方面随着经济的快速发展，人们收入水平的不断提高，不再需要利用较多的业余时间去从事兼职等工作；另一方面随着社会的发展，人们越来越注重自身的全面发展，因此，人们将更多的时间用于有利于自身发展的休闲活动。

谈论休闲社会，一些论者喜欢援引欧美的例子。例如希腊人通过娱乐和体育发展了文化，发起了奥林匹克运动。其实，中国文化中的休闲传统也相当发达。从道家的顺其自然和归隐山水的飘逸情怀，到儒家推崇的"六艺"都涵融了娱乐和健身。而田园诗人陶渊明笔下的那个世外桃源，则把如何享有那份"闲"发挥到了极致。

由此看来，随着空闲时间的增多，小康中国的一只脚已经踏入了"普遍有闲的社会"。不过，在大都市生活的人似乎对于舒缓、放松所带来的惬意乃至休闲对于个体的完善等还少有感觉。究其原因，整个社会都需要对粗放式增长包括那种以为忙碌和挣钱多就是幸福的误区进行反思。在传统增长的眼界下，"快"是赢利的前提，而挣钱越多意味着幸福指数越高。随着市场经济的快速进展，人们开始有钱了，而在"快"的光鲜之下积累的问题也开始暴露出来，伴随着对蓝天碧水的渴望，国人也开始了不要使"需要"膨胀为永远无法填满的"欲壑"、"不能搞杀鸡取卵式的增长"等反思，但节奏似乎仍然慢不下来。这是因为，这种反思需要和崇尚品质的生活方式以及新的财富追求结合起来，需要和新的经济增长点结合起来，才能形成新的社会风气。

回顾 2013 年，北京市的社会发展在深化改革和民生改善方面取得了持续进展，在保持经济平稳较快发展的同时更加注重社会建设，努力构建公平合理的分配体制、加快推进养老服务业的发展、进一步推进城乡一体化和城市生态建设。此外，在全面深化改革和追求品质生活的新平台上，北京正在努力实现经济发展与人民幸福指数提升同步，这也是在拓展人文之都也是休闲和健康之都的空间，也是建设人文北京、绿色北京和美丽北京的应有之义。

社会建设和发展篇

Social Construction and Development

B.2

北京市职工队伍发展状况研究

北京市总工会研究室*

摘 要:

> 首都职工,特别是广大一线职工,是推动首都科学发展的主力军和维护和谐稳定的中坚力量。研究职工队伍发展状况,对于做好新形势下党的职工群众工作具有重要意义。本文以2012年北京市第七次职工队伍状况调查数据为基础,全面分析了2007年第六次全市职工队伍状况调查以来的我市职工队伍新变化、新特点,如实反映了职工劳动经济权益、民主政治权利、精神文化权益和社会权利实现情况,以及职工思想动态、道德和价值观念的现况,并针对广大职工群众的诉求和劳动关系领域存在的突出问题向有关方面提出了意见和建议。

---

* 调研课题主持人为曾繁新、王北平;执行主持人为何广亮;执笔人为何广亮、张磊、刘幽燕、高媛、张鹏、孙越。

关键词：

　　职工　权益维护　劳动关系　工会组织

　　根据中华全国总工会《2012 年全国职工队伍状况调查方案》的安排，北京市作为本次全国调查选定的 15 个省（区、市）之一，于 2012 年 7 月下旬正式启动职工队伍状况调查，即北京市第七次职工队伍状况调查。

　　本次调查的主要方法包括：问卷抽样调查、典型单位调查、职工个案访谈。北京市承担问卷总量 3470 份。朝阳、东城、西城、海淀、丰台 5 个城区及昌平、大兴、平谷、怀柔、密云 5 个郊区县作为调查地区。每个城区调查已建工会单位职工 400 名、工会主席 40 名、未建工会单位职工 100 名；每个郊区县调查已建工会单位职工 100 名、工会主席 10 名；朝阳区作为全总统计调查网点城市增加 200 个职工样本和 20 个工会主席样本。与此同时，全市安排了 26 家典型单位调查和近百名职工的个案访谈。此外，我们还安排了一些分课题，包括职工劳动经济权益、民主政治权利实现情况和全市劳动关系现状以及劳动关系调整机制建设情况、工会法律服务工作情况、职工科学文化技术技能素质情况、职工劳动保护与安全卫生情况、职工队伍思想动态和职工文化建设情况等。

　　本次调查共回收有效问卷 3238 份，其中职工问卷 2989 份（填答问卷职工的基本情况见表 1），此外，在调研报告起草中还参考了近年来市总工会各方面调研成果。本报告所做分析及结论均基于上述资料。

表 1　填答问卷职工的基本情况

单位：人，%

类别		人数	百分比
产业类别	第一产业	103	3.5
	第二产业	536	18.4
	第三产业	2279	78.1
单位类别	企业	1859	62.3
	事业单位	389	13.0
	机关	172	5.8
	个体经营户	153	5.1
	其他	410	13.7

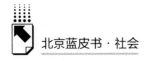
续表

类别		人数	百分比
所有制成分	国有	868	30.0
	集体	338	11.7
	私有	1556	53.8
	港澳台商	51	1.8
	外商	81	2.8
年龄分组	16 岁及以下	7	0.2
	16～18(含)岁	22	0.7
	18～30(含)岁	1172	39.4
	30～40(含)岁	863	29
	40～50(含)岁	626	21.1
	50～60(含)岁	277	9.3
	60 岁以上	6	0.2
性别	男职工	1302	43.8
	女职工	1670	56.2
户籍情况	本地非农业户口	1521	51.2
	本地农业户口	247	8.3
	外地非农业户口	577	19.4
	外地农业户口	628	21.1
受教育程度	小学及以下	33	1.1
	初中	368	12.3
	高中(职高)	421	14.1
	中专(中技)	266	8.9
	大专(高职)	775	26.0
	大学本科	981	32.9
	研究生及以上	137	4.6

一 五年来北京市职工队伍整体变化

1. 职工队伍不断壮大，外来务工人员成为职工队伍重要组成部分

2007 年第六次职工队伍状况调查以来的五年，全市经济保持平稳较快增长。经济增长为职工队伍发展壮大提供了广阔的空间，随着产业结构调整，就业容量大的服务业、劳动密集行业、中小企业和民营经济快速发展，新增了大量就业岗位；在政策层面上，为应对国际金融危机对就业的冲击，在保增长、保民生、保稳定的同时，制定和实施了一系列稳定就业和扩大就业的政策举措，化解了金融危机对劳动用工总量的冲击，使就业总数不断增加。

同时，北京城镇化进程不断加快，大量农村富余劳动力向非农部门转移并融入职工队伍。北京统计局从 2007 年起将乡镇企业职工纳入"城镇单位在岗职工"进行统计，使统计数字大幅飙升。

在以上因素影响下，截止到 2011 年底，全市从业人员总数为 1069.7 万人，比上次职工队伍状况调查的 2006 年的 919.7 万人增长了 16.3%。其中城镇单位在岗职工为 640.3 万人，比 2006 年的 453.1 万人增长了 41.3%（见图 1）。

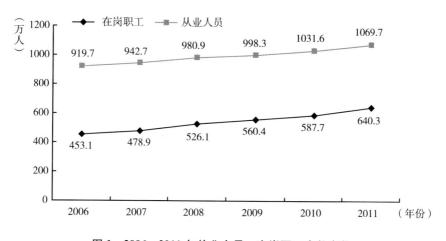

图 1　2006～2011 年从业人员、在岗职工人数变化

以农民工为主体的外来务工人员大量涌入。截至 2011 年底，北京市常住外来人口 742.2 万人，其中务工经商比例超过七成，据本次调查，近半数外来务工人员在京居住三年以上，近三成居住六年以上，部分外来务工人员来京站稳脚跟后，召集亲友或同乡共同来京发展，甚至出现举家迁移的现象。

外来务工人员呈现年轻化特点，他们的涌入延缓和推迟了北京人口老龄化进度；外来务工人员受教育程度明显提高；职业层次有所提升，按照国家职业分类标准，脑力劳动者所占比重达到 25.6%，其中的专业技术人员占了半壁江山；行业结构改善，在第三产业就业的比重达 71.0%，其中从事现代服务业的人员增长较快,由"五普"时的 5.8% 升至 22.5%;虽然以农民工为主的格局没有改变,但非农户籍比重明显上升,从五普时的 25.8% 升至 32.3%。① 农民工主力处于 20～30 岁年龄段,即通常所说的"新生代农民工"。从外来务工人员来源看,比重居前的依次为河北、河南、山东、安徽、黑龙江、湖北和四川七个大省(见图2)。

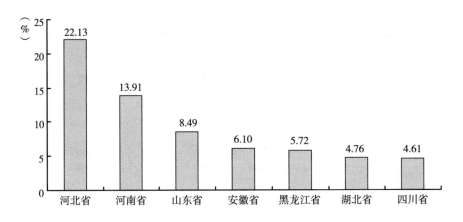

图2 "六普"北京外来常住人口来源地占比

2. 与首都发展阶段特征相适应的职工队伍分布基本形成

从产业结构上看,适应"三二一"产业发展方针的职工产业分布基本定型。从 2006 到 2011 年,第三产业从业人员由 634.0 万人增长到 791.4 万人,第三产业从业人员占比达 74.0%,比 2006 年上升 7.4 个百分点。

从所有制结构上看,非公有制企业成为新增就业的主要渠道。2011 年底,我市国有单位职工占总数的 27.7%,集体单位职工占 2.9%,分别比 2006 年下降 12.1 个和 1.7 个百分点,其他所有制单位职工占 69.4%,比 2006 年上升 13.8%。

从地区结构上看,城市功能拓展区职工最多,生态涵养区职工最少,城市发展新区职工五年来增长最快,首都核心区职工增长最慢。

---

① 冯晓英:《北京流动人口社会融入现状与路径选择》,戴建中主编《北京社会发展报告(2012～2013)》,社会科学文献出版社,2013,第 154 页。

3. 与创新驱动相适应的人力资源布局正在形成

五年来，首都职工在国民经济各行业分布发生了深刻变化。从职工人数绝对量上看，这十大行业职工总数都比 2006 年有大幅增长（见图 3）。其中制造业职工规模仍高居国民经济各行业的首位，职工规模增长最快的则是信息传输、计算机服务、软件业，五年间从 19.7 万增长到 47.7 万，增长了 142%。

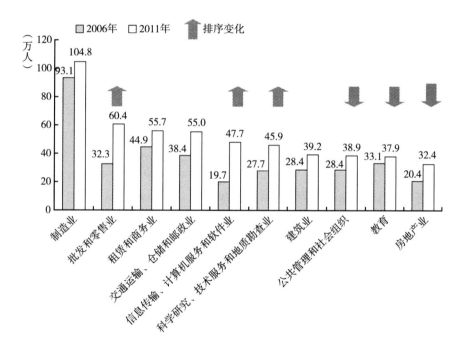

图 3　职工人数较多的十大行业五年对比（根据 2011 年人数从高到低排序）

从这十大行业职工数量排序上看，高端产业云集的信息传输、计算机服务、软件业与科学研究、技术服务和地质勘查业两大行业与五年前相比人气明显上升，其中以信息传输、计算机服务和软件业最为突出，由 2006 年的第十一跃身第五大行业；电子商务促进了批发和零售业的发展繁荣，跻身第二大行业。

从占职工总量比重上看，伴随传统产业的改造和现代服务业的发展，制造业、建筑业比重有所下降；相反，信息传输、计算机服务和软件业上升了 3.1

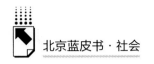

个百分点，科学研究、技术服务和地质勘查业上升 1 个百分点，批发和零售业上升 1.8 个百分点。

二 职工劳动经济权益实现状况

1. 职工就业状况总体稳中趋好，社会保险覆盖面不断扩大

五年来，我市职工享受了奥运会创造的就业机会，也经历了国际金融危机带来的就业压力，但总体上就业态势稳中趋好。城镇新增就业人员 214.45 万人（见图 4），城镇登记失业率一直控制在 1.84% 以下，且呈逐年下降趋势，2011 年失业率为 1.39%，比 2006 年下降 0.59 个百分点。第三产业成为吸纳就业主渠道，国有和集体经济就业比重有所下降。本次调研问卷调查显示，52.3% 的职工通过单位招工或应聘就业，70.8% 的职工对目前工作满意，55% 的职工不担心自己会失业。

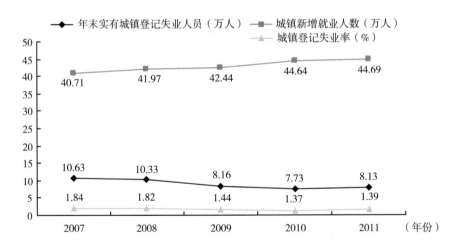

图 4 北京市近五年城镇新增就业人数

另外，2007～2011 年的 5 年间全市基本养老、基本医疗、失业、工伤、生育保险参保人数呈显著上升趋势，到 2011 年底，分别达到 1091.9 万人、1188.01 万人、881 万人、862.44 万人、395.3 万人，分别比 2006 年增加 487.8 万人、508.51 万人、398.7 万人、397.14 万人、132 万人。问卷调查显示，参加基本养老、基本医疗、失业、工伤、生育保险和缴纳住房公积金的职工比例分别为74%、83%、73%、76.2%、66.4%和51.4%。

2. 职工工资收入增速放缓、一线职工工资水平总体偏低

2011年全市职工年平均工资为56061元，比2007年的39867元增加了16194元（见图5），五年来增幅41%，明显低于2002~2006年74%、1997~2001年64%的增幅，比五年前的增幅降低了33个百分点。2011年全市城镇单位在岗职工平均工资为75834元，比2007年的46507元增加了29327元，五年来增幅63%，明显低于2002~2006年在岗职工平均工资83.6%的增幅。

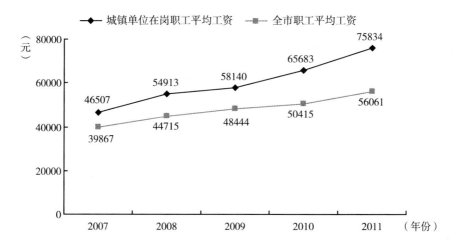

图5　2007~2011年全市职工平均工资与城镇单位在岗职工平均工资变化状况

数据来源：《北京统计年鉴》，两个指标统计包括中央在京单位。

五年间居民消费水平增幅分别是7.1%、5.1%、8.5%、9.7%、6.0%，然而这五年居民消费价格指数分别是2.4、5.1、-1.5、2.4、5.6，扣除物价增长因素，居民消费水平增长缓慢。2007~2011年人均可支配收入实际增长分别是11.2%、7.0%、9.7%、6.2%、7.2%，增速趋于放缓（见图6）。

虽然从以上数据来看，全市职工平均工资、城镇单位在岗职工平均工资等指标都处于相对较高的水平，但职工队伍内部收入差距分化严重，普通一线职工工资收入偏低。而据专业社会调查机构补充调查显示，被调查职工中收入水平低于4000元的占52.9%，收入在4000~5999元的为

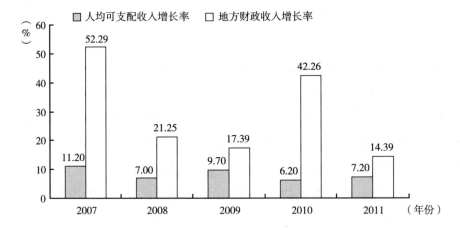

图6　2007～2011年职工可支配收入增长率与地方财政收入增长率对比

26.7%，收入水平在6000元以上的约20%，33.2%的职工认为自己收入和付出不相匹配。

三　职工的职业安全与健康状况

1. 全市安全生产处于总体稳定、趋于好转的发展态势

北京市坚持安全发展的理念，全市职业安全与健康法律法规体系基本确立，安全生产监管体系趋于完善，有利于职工职业安全与健康的社会环境逐步形成。

安全生产事故总量稳步下降，安全生产状况持续稳定好转，实现了三个显著下降。一是事故总量显著下降。2012年全市共发生安全生产死亡事故68起，比2008年的106起，下降了35.8%。二是事故死亡人数显著下降。2012年事故死亡人数为83人，比2008年的124人下降了33.1%。三是反映安全生产总体水平的主要指标显著下降。亿元地区生产总值生产安全事故死亡率由2008年的0.13下降到2011年的0.068，下降了47.7%；工矿商贸从业人员十万人生产安全事故死亡率由2008年的1.37下降到2011年的1.04，下降了24.1%。

2. 职业病防治取得初步成效

一是职业病防护法规建设形成完整体系，全社会职业病防护意识和职业病

鉴定意识增强，工伤鉴定人数增加。二是经全市各方努力，职业病防治取得初步成效。据市安监局公布的数据显示，截至 2011 年 12 月，北京市共有产生职业病危害的生产经营单位 10474 家，同比 2008 年的 11652 家，下降了 10.1%；接触职业病危害作业人员 292408 人，同比 2008 年的 340918 人，下降了 14.2%。2012 年北京市职工队伍状况调查数据显示，91.4% 的职工没有得过职业病或受过工伤；67.2% 的职工劳动合同中有关于劳动安全、劳动条件和职业危害防护的约定。

3. 部分职工的休息权和带薪休假权未落实

目前我市还存在部分职工的休息权、休假权没有落实的现象。2012 年北京市职工队伍状况调查数据显示，仍有近三成的职工每周都在加班。平均 27.1% 的职工每周工作时间超过 40 小时。特别是一线普通职工每周工作时间超过 40 小时的占 29.4%；2011 年仍有 30.4% 的职工没有享受到带薪休假，其中，34.1% 的一线普通职工没有享受到带薪休假，在各类人员中比例最高。

四 职工民主政治权益实现状况

1. 职工民主参与面不断扩大

本次调研问卷调查显示，58.2% 的职工表示单位建立了职代会制度，比 2007 年调研数据增长 7.8 个百分点；76.6% 的职工参加过职代会；60.1% 的职工认为职代会作用发挥得很好或较好，比 2007 年调研数据增长了 22.4 个百分点；47.4% 的职工表示单位实行了厂务公开，53.7% 的职工表示有机会表达意见或反映愿望。

2. 职工民主参与不断制度化、规范化

"十一五"时期及最近两年，我市国企改制重组和关闭破产工作严格按照相关程序平稳进行，未出现因民主程序不规范引发的集体上访。2011 年平稳完成了包括钢铁主业 2.2 万人、非钢单位 1.2 万人，共 3.4 万人的分流安置任务。

3. 职工民主参与内容和形式不断丰富

一是在内容方面，结合党务公开、企业文化活动等，推动从"三个重大"向企业经营决策、产品开发、物资采购、工程项目招投标、人事管理、安全管理、质量管理、财务管理等领域延伸，向企业的部室、班组等二、三级单位延伸。二是在形式、渠道上，许多单位不限于传统形式，普遍利用网络、OA 系统、ERP 平台、内刊、手机短信平台、QQ 群、微博、民主议事会、劳资恳谈会等多种形式，采取会晤、通报、协商、沟通等多种方法，不断丰富厂务公开民主管理的载体，使厂务公开民主管理工作更具活力和时代特色。三是在重点人群上，探索将厂务公开民主管理向农民工、劳务派遣工等群体延伸，积极创造条件扩大职工群众有序参与。一些企业开始选举一定比例的农民工作为职工代表；使用劳务派遣工较多的企业，也注意吸纳劳务派遣工作为列席代表旁听职代会，听取意见和建议。

五　职工思想动态和文化需求

1. 职工对首都经济社会发展现状满意，职工社会地位生活水平提升，但仍承受较大压力

调查分析表明，随着改革开放的深入推进，社会经济快速发展，我国劳动法律体系、就业保障体系逐步确立，劳动监督机制和社会保障机制进一步健全完善，企业生产条件大幅改善，职工群体收入有所增加，社会地位逐步提高，对生活状况感到满意。

在地位提高、生活改善的同时，职工群体也承受了较大生活压力。93.2%的职工承认生活"压力很大"或"有一定压力"，压力主要来自"收入低"（65.4%）、"房价越来越高"（52.3%）和"看病就医费用高"（46%），97%的职工表示物价上涨对生活"影响很大"或"有一定影响"。57.7%的职工表示家庭总收入刚刚够用，没有多少富余。此外，职工在日常生活中还面临着子女教育"费用太高"（55.7%）、担心食品安全（93.5%）和环境污染（94.8%）等问题，44%的职工表示"按目前的收入和房价，买不起房"。这些问题不仅制约职工群体生活质量的提升，如长期得不到解决有可能会助长社

会负面情绪。

2. 职工保持朴素积极的价值观，思想呈现复杂多元特征

调查表明，大多数首都职工依然保持着朴素而积极的价值观，这种价值观在一定程度上维护了当前积极健康的社会氛围。

与此同时，由于我国经济社会发展正处于转型期，职工思想也呈现出复杂多元的特征。调查数据表明，在社会转型期，社会道德评价体系存在失衡失范现象，并已经对职工群体产生了深刻影响。它们反映了市场经济发展过程中人们的思想变化，但不代表社会最主流的价值取向，也无法从根本上改变中国社会的道德基础，具有一定的必然性和阶段性。

不同职工群体在价值观和社会心态上存在差异。低龄、低学历职工缺乏社会归属感，知识性白领阶层职工缺乏对社会的认同感，劳动密集型企业职工对社会各个方面评价积极。改革开放后成长起来的"80后""90后"职工群体日趋壮大，并逐渐成为首都职工的主体力量，他们普遍文化水平较高，思想活跃，对于未来充满期待，有着更高的诉求，但市场经济发展对其人生观、世界观形成很大冲击，理想信念淡泊，追逐金钱至上、物质至上、个人利益至上，思想波动频繁，特别容易受到网络等新媒体上一些未经证实的信息和对幸福不当追求的示范效应的错误影响。新生代农民工群体比同龄城市职工群体承担更多就业、工作、生活压力，精神文化需求难以得到满足，心理落差更大，存在潜在的不稳定因素。青年白领群体面临职业、生活双重压力，普遍存在休息权、发展权无法得到保障，职业压力巨大、生活压力过高，缺乏锻炼、身体状况堪忧等问题，精神文化需求日益凸显。

六 职工科学文化技术技能素质情况

1. 职工学历教育情况稳步提升，其中非农户籍和本地户籍职工学历水平较高

职工受教育程度主要通过学历水平衡量，经过五年的发展，与2007年相比北京市职工学历水平普遍提高。本次调查数据显示，初中及以下学历职工占比缩小1.3个百分点，高中或相当高中学历职工占比大幅度缩小12.8个百分

点，大专及以上职工占比则增加了 13.8 个百分点（见表 2），被调查职工中六成以上（63.5%）接受过高等教育。

表2　2012 年与 2007 年职工受教育程度对比

单位：%

学历水平	2007	2012
初中及以下	14.7	13.4
高中或相当高中（含职高、中专、技校）	35.8	23.0
大专及以上	49.7	63.5

通过户籍性质与职工学历对比分析发现，在本次调查中，非农户籍职工学历水平高于农业户籍职工，本地户籍职工水平高于外地户籍职工（见图7、图8）。其中农业户籍职工学历水平高中低分布比较平均，农业户籍职工主要以农民工为主，农民工中加强高等学历教育的任务较重。

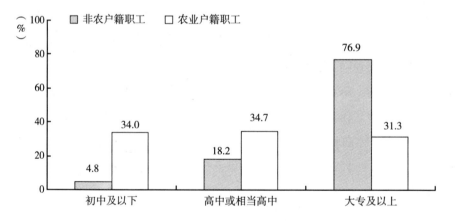

图7　非农户籍职工与农业户籍职工受教育程度对比

2. 职工职业能力情况不容乐观，高技能人才比较紧缺

职工职业能力主要通过技术等级、技术职称来衡量。五年来，职工职业能力情况不容乐观，主要指标呈现下降趋势（见图9）。拥有中级技工、高级技工和中级职称、高级职称的职工占比均呈下降趋势，而没有技术等级和职称的职工占到本次被调查职工半数以上，表明北京职工职业能力水平出现下滑，且高技能人才比例偏低。这些也说明北京需要大量高技能人才。北京良好的经

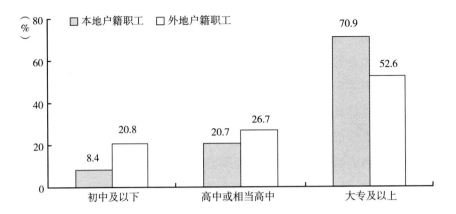

图8　本地户籍职工与外地户籍职工受教育程度对比

济、教育、医疗等条件及大量工作机遇，吸引外地大量无职业资格等级、低职业资格等级职工的大量涌入，以及本地新工人进入工作岗位（本次调查数据显示，无技术等级的职工和无职称的职工占比分别为73.4%和52.5%，农业户籍职工占比29.4%，30岁以下职工占40.4%），是北京职工职业能力下滑的主要影响因素之一。

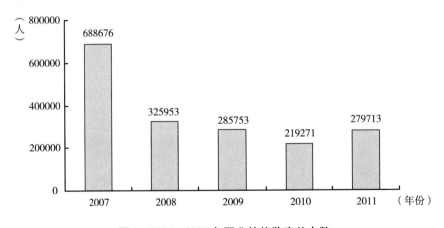

图9　2007～2011年职业技能鉴定总人数

3. 职工和单位对职业技能培训持肯定态度，但投入相对不足，职工职业技能培训任重道远

在职工层面，通过调查数据，可以分析出：职工认为培训能给自身带

来许多好处，但业余时间较少用于培训即针对培训不愿投入过多成本，这种成本包括时间、费用等。培训在提高技能与晋升职务、增加工资等方面作用的百分比相差较大，说明在"培训—提高技能—提高劳动生产率—提高收入或晋升职务"这一链条中，某个环节出现问题，培训在晋升职务、增加工作等直接好处上作用并不明显，这也可以认为是造成职工对待培训不愿主动投入更多成本的原因。职工对钻研技术认可的高比例和技能不满足需要的低比例形成鲜明对比，说明职工更适用于在实际工作中通过经验提高技能。

在单位层面，本次调查数据显示有47.5%的职工其所在单位开展过岗位练兵和技术比武等技能竞赛活动，41.7%的职工表示其单位没有开展过。从企业所有制形式看，岗位练兵和技术比武等技能竞赛活动是我国各类企业对职工进行培训和教育，提高职工技能的主要方式之一，这种活动方式也得到职工和企业的认可。但另一方面，在单位组织职工培训次数方面，本次调查数据显示超过一半的职工五年内参加培训不超过三次，平均一年不到一次。其中有18.9%的职工在五年内从未参加过培训，说明一些单位对职工培训不重视（见表3）。

表3 最近5年职工在本单位参加与工作相关的培训表格

单位：次，%

	频数	占比	有效占比
1次	339	11.3	12.0
2次	302	10.1	10.7
3次	247	8.3	8.7
超过3次	1407	47.1	49.7
没有参加过	534	17.9	18.9

从2007年至2011年我市职业技能培训总量、本市农村劳动力培训人数、来京务工人员人数、企业在职职工培训人数情况看，也都基本呈现下降趋势，这也说明职工培训情况堪忧。

从人力资源投入产出的角度分析，职工更愿意将培训看成是单位的事情，更愿意将培训当成一种福利待遇，自己不愿意过多付出业余时间和费用；单位愿意为职工培训，目前职工培训也基本以单位组织为主，但单位也不愿意再付出更多的代价，这种代价包括培训成本和培训后的人工成本（比如涨工资等）。

七 劳动争议情况及调解机制建设情况

1. 劳动争议案件数量上升明显，劳动争议案件中集体争议增多

随着劳动者法制意识增强和媒体的普法宣传及法院判决的示范作用，广大劳动者更加注重个人权益的维护，这也是导致劳动争议案件开始激增的一个重要原因。虽然2011年之后，随着劳动法律法规出台叠加效应的逐渐减弱，企业用工制度进一步规范，劳动争议案件总数整体呈下降趋势，但案件的绝对数量仍然较大，且由于地区发展差异等原因，部分区域劳动争议案件数量继续上升。综合来看，2007～2011年这五年来北京市劳动争议案件总体呈上升趋势（见表4、表5）。

表4 2007～2011年劳动争议仲裁机构受理案件情况

年份	劳动争议案件数（件）	增长率（%）	劳动争议涉及人数（人）	增长率（%）	结案率（%）
2007	22163	—	22163	—	99.44
2008	49784	124.60	49784	124.60	89.85
2009	73463	47.60	73463	47.60	88.79
2010	61050	-16.90	61050	-16.90	94
2011	59304	-2.90	59304	-2.90	95.12

数据来源：《北京市2011年人力资源和社会保障统计资料》。

表5 2007～2011年劳动争议仲裁机构受理集体案件情况

年份	集体劳动争议案件数（件）	增长率（%）	集体劳动争议涉及人数（人）	增长率（%）
2007	966	—	9193	—
2008	2656	174.9	18934	106
2009	3816	43.7	29219	54.3
2010	2973	-22.1	24081	-17.6
2011	3037	2.2	23659	-1.8

数据来源：《北京市2011年人力资源和社会保障统计资料》。

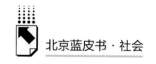
在经济结构快速转型和现代服务业加快发展，就业与社会组织日益多样化的时期，群体性纠纷案件数量居高不下，并存在矛盾触点低、集体争议多、关联性强，利益平衡难的突出特点。

2. 劳动争议案件类型复杂，案件高发人群相对集中

自从《劳动合同法》颁布后，劳动者申请仲裁的内容从传统的单一诉求逐渐发展为多元诉求，同 2007 年以前劳动争议案件大多只有单一诉求的情况不同，较多案件涉及劳动者的多项诉求，如索要加班工资的案件中同时附有要求用人单位给付迟付工资之经济补偿金、补缴社会保险和住房公积金等。此外，随着《社会保险法》的贯彻实施，社会保险的覆盖面越来越宽，劳动者对社会保险福利的关注度越来越高，社会保险类争议占案件总数的 10.6%。其中，养老保险引发的劳动人事争议案件约占社会保险争议案件数的 82.7%。

2010 年以后，随着经济不断发展和劳动合同法等相关法律法规的不断落实，涉及公司高管的薪酬奖励和股票期权等争议纠纷增多；涉及女职工案件增加，用人单位侵犯孕期、产期、哺乳期"三期"女职工的劳动权利的现象应当引起重视。

3. 劳动争议案件分布区域不均衡

城市功能拓展区和发展新区的案件数量增长快，涉及人数多。以 2011 年仲裁受理案件情况为例，在首都功能核心区（东城、西城）内发生劳动争议案件占总数 12.1%；在城市功能拓展区（朝阳、海淀、丰台和石景山）内发生案件占 41.7%；在城市发展新区（大兴、房山、昌平、顺义、通州和亦庄）内发生案件占 35.0%；在生态涵养发展区内发生案件占 11.2%。劳动争议案件总数的近八成在城市功能拓展区和城市发展新区。分析原因，主要是这两个区域经济发展迅速、人力资源相对集中，以及人才竞争激烈和流动频繁。

4. 劳动争议调解联动机制建设稳步推进

北京市劳动争议调解联动机制，由市总工会 2010 年初倡导建立，联动机制各方明确职责分工，合力推动劳动争议调解工作。其中，工会负责加强社会化维权机制建设，推动区域和企业劳动争议调解组织的规范化建设，选聘律师团队充实调解员队伍；司法行政部门依法推进人民调解组织开展劳动争议调解工作；劳动仲裁机构、信访部门和法院在处理劳动争议过程中，一方面主动宣传，引导当事人到各级劳动争议调解中心进行调解，另一方面对进入受理或处理程序的案件及职工来访件，在征得双方当事人同意的前提下，委托同级劳动争议调解中心先行调解；企联负责指导企业依法制定规章制度，规范用工管理，推动企业调解组织建设。联动各方通过信息沟通和资源整合，及时化解纠纷，形成了"政府指导，工会牵头，各方联动，重在调解，促进和谐"的大调解格局。与此同时，依托工会三级服务体系和12351职工服务平台，北京市在市和各区县职工服务中心设立劳动争议调解中心，在344个街道乡镇利用工会服务站、社保所或司法所建立劳动争议调解室。加强区域调解组织建设的同时，大力推进产业、局（总公司）和企业劳动争议调解组织建设。成立覆盖服务、交通运输、建筑、工业（国防）四大产业的劳动争议调解中心，在职工5000人以上的局（总公司）和企业集团建立劳动争议调解委员会106家（其中建立调解中心29家），职工100人以上的企业建立调解委员会12286个。区域和企业全覆盖的劳动争议调解网络基本形成。此外，在继续发挥工会调解员作用的基础上，市总工会通过购买服务方式，与21家律师事务所签订法律服务协议，聘用400多名律师参与法律服务工作。市和区县劳动争议调解中心每天有2名律师值班，每个街道乡镇工会服务站配备1名律师志愿者，为企业和职工开展劳动法律咨询、法制宣传和调解劳动争议工作。

八 工会组织建设情况

1. 工会组织覆盖面进一步扩大

针对近年来非公企业大量增加、非公企业职工队伍不断扩大的情况，全市各级工会持续加大工会组建工作力度，健全和完善产业工会体系，在全市各乡镇街道建立了总工会，着力构建地方和产业相结合的工会工作格局。依托工会三级服务体系以服务促进建会，发挥工会经费税务代收促建会作用，创新工会组建方式，加大区域、行业工会联合会和社区、村联合工会组建力度，据不完全统计，组建区域、行业工会联合会2661个；建立社区（村）联合工会4005个，覆盖企业5.75万余家，发展工会会员35.4万余人。

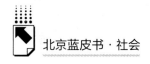

2. 工会组织作用得到更好发挥

在服务职工方面，全力打造工会三级服务体系，依托各级工会组织，建立了由市职工服务中心、区县职工服务中心、344 个街道乡镇园区工会服务站和全部企事业单位职工之家组成的工会三级服务体系，直接为职工提供信访接待、互助保障、帮扶救助、职业介绍、劳动争议调解、法律援助等各项服务。

3. 工会组织社会影响力进一步提高

五年来，随着首都服务型工会建设的深入推进，工会服务体系建设的不断健全完善，工会职能作用的发挥进一步加强，工会组织得到更多职工的肯定和信任，职工自愿入会的积极性进一步增强。

调研表明，推进建会工作符合职工心声，但工会工作任重而道远，要让职工更了解工会，提高小企业和非公企业入会率；工会应进一步发挥维权职能；职工期待工会工作人员的职业化。

九 思考和建议

1. 要落实好全心全意依靠工人阶级的根本方针，解决好收入分配等涉及职工切身利益的民生问题

要保障职工平等就业权和自主择业权的实现，全面推进《劳动合同法》和《就业促进法》的贯彻实施。要逐步建立职工收入正常增长机制，综合运用税收、价格调控等经济和行政手段对收入分配实行有效的调控和指导，建立最低工资与物价水平挂钩、与城乡居民收入水平相协调的联动机制，加大工资集体协商特别是行业性工资集体协商力度。要强化各类社会保障，提高职工社会保险参保率，加快发展职工互助性保障工作机制，健全和发挥社会救助机制，鼓励适度发展企业补充型保障，强化劳动保护行业标准，提高职工职业安全意识与能力。要畅通职工各种诉求反映渠道，积极搭建各种平台促进不同群体的联系互动。要认真落实《北京市"十二五"时期职工发展规划》，切实实现职工体面劳动。

2. 要以培育和践行社会主义核心价值观为着力点，全面提升首都职工道德素质

在职工群体中积极推进社会主义核心价值体系建设，强化教育引导，将学

习宣传道德模范常态化和志愿服务制度化，充分发挥公益广告在传递文明、引领风尚方面的积极作用。在职工队伍中普遍树立"诚实劳动"的理念，形成正确的劳动观，营造尊重劳动的社会氛围。引导职工群众客观理性看待当前社会热点问题，各级政府部门应不断深化政务公开，同时拓宽收集社情民意的渠道，统筹兼顾各方利益。

3. 要进一步加强源头参与和协调劳动关系机制建设，构建和发展和谐劳动关系

要积极推动工资集体协商地方立法。进一步加强调解联动机制建设，加强对区域内重大劳动争议案件的会商，研究落实劳动争议调解协议的仲裁审查确认和司法确认制度，在企业内部分级成立劳动争议调解组织。要加强劳动法律法规的宣传力度，强化劳动法律监督，完善监督组织建设，丰富监督工作手段，建立违法用工监督的多元救济渠道。要加强监督协调力度，对于案件高发的区域、企业和人群，积极会同劳动监察部门适时开展法律监督。

4. 要建立一支高素质的职工人才队伍，为推进中国特色世界城市建设奠定坚实的人才基础

政府要建立健全面向全体劳动者、全职业生涯、全过程衔接的职业培训制度，贯通技能人才职业培训梯次成长通道，集成各类教育培训资源，构建需求导向、覆盖广泛、形式多样、管理规范、进退有序、保障监管到位的职业培训网络以及高质量的技能考核评价体系[①]。要围绕落实《北京市"十二五"时期职工发展规划》，推出并扎实做好"在职职工职业发展助推计划"，对职工职业技能提升给予激励和资助。

5. 要充分发挥工会组织作用，大力推进服务型工会组织建设

一是突出抓好工会组建和会员发展工作。各级党组织要把工会组建工作列入党建考核指标；工商、税务、人力社保等部门要在企业审批、年检、税收、劳动用工检查中，督促企业依法支持工会组建工作；要最大限度地把包括农民工、劳务派遣工在内的广大职工吸纳到工会中来，实现对不符合独立建会条件的小微企业和零散就业人员的全覆盖。二是切实发挥企业工会作用。加强对企

---

① 参见《北京市人民政府关于进一步加强职业培训工作的意见》，2011 年 7 月。

业工会工作和企业工会主席的考核，建立职工和会员评议基层工会、基层工会评议上级工会制度，加强对企业工会工作的指导和服务，使企业工会真正成为组织健全、维权到位、工作活跃、作用明显、职工信赖的职工之家。三是加大对工会工作的支持力度。各级党委、政府要贯彻落实中共北京市委《关于加强和改进工会工作的意见》，增强工会为职工服务的能力；各级政府要通过购买服务方式，将更多涉及职工群众的事情交给工会来做；依法支持各级工会开展工资集体协商、民主管理、劳动争议调解等维护职工权益的工作；在制定涉及职工利益的政策时听取工会的意见和建议。

B.3

首都妇女儿童发展的现状及对策分析

北京市妇女儿童工作委员会办公室

摘　要：

2013 年，北京市妇女儿童工作委员会对市、区（县）两级实施"十二五"妇女儿童规划情况进行了中期评估督导工作。通过对妇女儿童规划各项指标的监测统计和对妇女儿童规划实施工作的评估督导，了解掌握妇女儿童规划实施取得的成效和存在的问题，分析梳理妇女儿童发展现状和趋势，以促进"十二五"妇女儿童规划目标的如期实现，推进首都妇女儿童健康发展。

关键词：

首都妇女儿童　规划中期评估　发展现状　面临的难题与政策建议

一　前言

2011 年 8 月，北京市颁布了《北京市"十二五"时期妇女发展规划》和《北京市"十二五"时期儿童发展规划》（以下简称"十二五"妇女儿童规划）。这是我市为推动妇女儿童发展和妇女儿童事业的全面进步制定和实施的第五轮妇女儿童发展规划。"十二五"妇女儿童规划根据首都经济社会发展的总体目标和要求，结合我市妇女儿童发展的实际，在总结"十一五"妇女儿童发展规划实施经验基础上提出了 2011 ~ 2015 年我市妇女儿童发展的目标和策略措施。妇女儿童规划是指导 2011 ~ 2015 年妇女儿童发展的北京市行动纲领。

依据实施"十二五"妇女儿童规划的"三步走"计划，2013年，北京市妇女儿童工作委员会对市、区（县）两级实施"十二五"妇女儿童规划情况进行中期监测评估督导。通过对妇女儿童规划各项指标的监测统计和对妇女儿童规划实施工作的评估督导，了解掌握妇女儿童规划实施取得的成效和存在的问题，分析梳理妇女儿童发展现状和趋势，以推进妇女儿童规划重点、难点指标的落实，促进"十二五"妇女儿童规划目标的如期实现。

二 首都妇女儿童发展的现状

"十二五"以来，各级政府以妇女儿童发展为本，以促进妇女儿童发展与首都经济社会同步发展为目标，不断加强组织领导，切实履行政府职能，构筑"五个体系"，推动了全市妇女儿童事业的健康发展。从中期评估督导结果看，妇女儿童事业在政治、经济、文化、教育、卫生保健、法律保护、生存环境及生活质量等方面都取得了显著成就，并取得了突破性进展，妇女儿童事业总体发展水平居全国前列。

（一）妇女参与决策和管理程度不断提高，参与渠道、形式进一步拓展

出席党的十八大北京团的女代表比例达39.7%；市十一次党代会女代表比例达到39.5%，居全国之首；市十四届人大女代表比例33.33%，市十二届政协女委员比例30.87%，均达到规划30%的目标要求（见图1）；市委女委员、女候补委员、市纪委女委员比例为17.53%。市、区（县）两级领导班子中女干部配备率全部达到100%。全市党政机关处级正职领导干部中的女性比例达到17.30%，乡镇党政正职领导中的女性比例为9.92%，街道党政正职领导中的女性比例为19.27%。

妇女参与社会管理和公共服务的机会有所增加。企事业职代会女代表比例和企事业单位职工女董事、监事比例逐年提高，2012年分别达到37.41%和41.54%。居民委员会成员中女性比例为71%，村民委员会成员中女性比例为31.59%。社区工作者中女性比例达到76.4%。

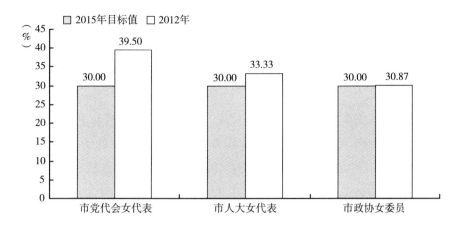

图1 市级党代会、人代会、政协会中女性比例

（二）妇女就业结构不断优化

妇女获得平等参与经济活动和共享资源的权利和机会进一步扩大。2012年，全市女性城镇单位从业人员占城镇单位从业人员总量的40%。全市高校毕业生女性就业率实现连续超过95%的目标。城镇登记失业人员女性就业率达到71.25%，女性接受再就业技能培训合格率达到96.9%。7.6万名女性失业人员和农村劳动力参加了技能培训和创业培训服务，合格率达到90%以上。全面拓宽妇女就业领域，以新农村建设、农民就业产业基地、公益性岗位为依托，积极开发就业岗位，吸纳农村女性劳动力转移就业。努力拓展适合残疾女性的就业渠道，每年新增残疾女性就业1400多人，新安置残疾女性的比例占残疾人就业的32%。

（三）妇女儿童受教育程度进一步提高

2012年，我市平均受教育年限达到11.5年，女性平均受教育年限为11.4年，达到了历史最好水平。女性成人识字率和女性青壮年识字率分别为97%和99.7%，均居四个直辖市之首。高等教育规模逐年扩大，研究生、普通高校本专科、成人高校本专科在读女学生比例分别为46.90%、51.44%和57.18%。妇女参加职业技能培训总量达到26.9万人，占全市培训总量的

34.1%。我市事业单位及公有制经济企业中女性中高级专业技术人员比例达到
57.7%。全市农村女性实用人才1.4万人，占农村实用人才总数的33.3%，
在10个远郊区（县）选聘的村级全科农技员中有女性864人，占全科农技员
总数的40%。

小学儿童入学率、初中学生毛入学率已经连续保持四年达到100%，高中
阶段毛入学率99%。逐步将义务教育阶段来京务工人员随迁子女纳入学籍管
理系统，非本市户籍在校生人数达到43.67万，在公办学校就读比例达到
74.7%。以随班就读为主体、特殊教育学校为骨干、送教上门等多种教育形式
为补充的首都特殊教育办学体系逐步形成并得到巩固，全市近500名残疾儿童
在学前教育机构接受教育；近6000名残疾学生在普通中小学就读，约占全市
义务教育阶段在校残疾学生总数的66%。

（四）妇女儿童卫生保健水平显著提高

我市平均预期寿命为81.35岁，其中女性为83.43岁，高于男性4.08岁，
比2010年提高了0.83岁（见图2）。

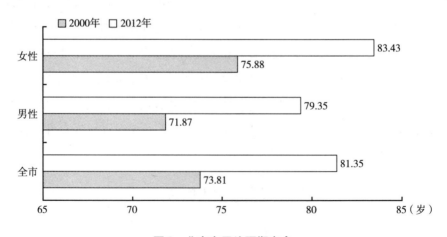

图2　北京市平均预期寿命

全市户籍孕产妇死亡率继续下降，达到6.05人/10万人，实现历史最好
水平（见图3）；婴儿死亡率和5岁以下儿童死亡率分别达到2.87‰和3.29‰
（见图4）。在全国率先开展新生儿耳聋基因筛查。

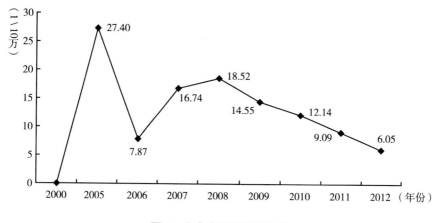

图3　北京市孕产妇死亡率

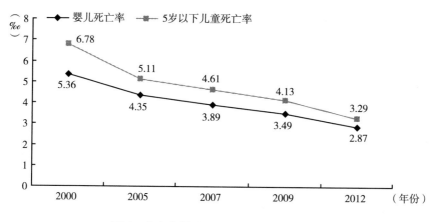

图4　北京市婴儿及5岁以下儿童死亡率

建立对适龄妇女宫颈癌、乳腺癌免费筛查的长效工作机制，将筛查年龄明确为35～64岁，两年来全市完成宫颈癌筛查57.99万人、乳腺癌筛查55.89万人。发放母婴阻断教材和预防母婴传播疾病宣传材料20余万份；分别为HIV感染孕产妇、梅毒感染孕产妇和乙肝表面抗原阳性孕产妇所生新生儿提供规范免费治疗和免费注射乙肝免疫球蛋白，积极预防艾滋病、梅毒、乙肝母婴传播。

加强对儿童安全意识和安全知识教育，在全国率先实施儿童伤害干预项目，目前受益人群达到117万人，覆盖6个区、40个街道（乡镇）、283个社区（村）、120所学校、60所幼儿园、39万个家庭。在试点地区推广使用《安全小卫士》教材，该教材已列入市教委"义务教育阶段学生伤害预防实验推广项目"，标志着"北京市儿童伤害干预项目"已由最初的由国际组织推动的国际合作项目，转变为由我国政府主导的前瞻性教育本土实践。推进《青少年星光安全自护教育丛书》研发工作，提高儿童应对突发事件和自护、自救、防灾、逃生的能力，减少儿童伤害事故，确保儿童健康成长。

（五）妇女儿童的社会保障水平进一步提升

扩展妇女参加社会保险的覆盖面。参加职工基本养老保险、职工基本医疗保险、失业保险、工伤保险、城乡居民养老保险、城镇居民基本医疗保险女性比例均在40%以上。将非本市户籍职工纳入本市生育保险覆盖范围，实现了参保单位的职工全覆盖，生育保险参保人数844.69万人，其中女职工参保人数为366.9万人。大力推进女职工特殊疾病互助保险，女职工特殊疾病保险累计参保人数约243万人次。

提升困难妇女儿童和孤残儿童等特殊群体的社会救助水平。资助符合条件的困难妇女儿童参加新型农村合作医疗或城镇居民基本医疗保险；取消医疗救助起付线和救助病种限制，提高医疗救助报销比例和大病救助比例。开展贫困妇女生育救助。加大困难儿童教育救助力度，对困难家庭学生实施高等教育新生入学救助；城乡低保家庭中的适龄儿童免交全部入园保教费；城乡低收入家庭中的适龄儿童免除50%的保教费。建立孤儿保障制度，建立孤儿基本生活费自然增长机制。做好流浪未成年人救助保护工作，开展"接送流浪孩子回家"行动，帮助95%以上的孩子返回原籍、回到亲人身边。

全面提高妇女儿童享有社会福利的水平。"十二五"以来，大幅上调城乡低保标准，分别由430元、210元提高到580元、380元（见图5）；根据物价上涨情况，发放临时生活补助，使低保妇女享受到此项福利政策。全市低保家庭学生儿童按低保标准的110%享受基本生活救助。实施对学生儿童"两病"试点按病种付费救助，提高困难学生儿童患白血病和先天性心脏病的医疗保障水平。

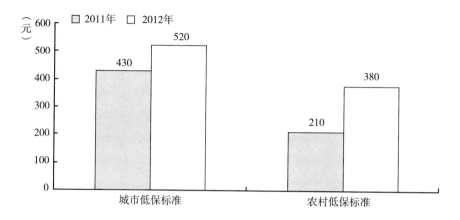

图5　"十二五"以来城乡低保标准调整情况

（六）促进妇女儿童发展的政策机制日益完善，妇女儿童的合法权益依法得到有效保护

从立法源头维护妇女平等权利的审查机制和儿童主体意识逐步形成。坚持在地方性立法、规范性文件审查、行政执法检查、行政复议、行政调解等工作领域贯彻落实男女平等基本国策，有关的地方性立法项目普遍性地征求相关单位意见。坚持儿童保护原则和儿童主体地位原则，保护儿童合法权益，支持其在学校、社会事务和管理中发挥参与作用，鼓励社会团体、民间机构和社区积极组织儿童参加社会实践活动，帮助中小学生提高参与社会实践的能力，有效实现儿童的社会化。

不断完善具有首都特色的未成年人法律法规体系。有序开展未成年人刑事案件特别程序的准备工作，制定出台《北京市关于进一步建立和完善办理未成年人刑事案件配套工作体系的若干意见》《法定成年人、合适成年人到场制度实施办法（试行）》《关于对未成年犯罪嫌疑人、被告人进行社会调查的规定》和《关于进一步建立和完善未成年人法律援助制度的实施办法》，全市未成年人案件办理配套工作体系及社会化帮教预防体系逐步形成。

（七）妇女儿童的发展环境进一步优化

生存的自然环境进一步改善。农村集中式供水受益人口比重首次达到

100%，实现人群全覆盖。农村自来水普及率99.56%，农村卫生厕所普及率96.96%，城市建成区绿化覆盖率46.2%，城市污水处理率83%，城市生活垃圾无害化处理率99.12%。全面实施以治理PM2.5为重点的环境保护工作，动态完成"十二五"污染物减排任务。

发展的社会环境进一步改善。整合社区建设力量，推进包括就业、社保、救助、卫生计生、教育、文体等惠及妇女儿童的服务体系建设和"一刻钟社区服务圈"建设，"就近"满足日常生活所需，体育生活化社区个数达到821个。开展"社区服务公益行"系列活动，推出"妇女之家""社区法律咨询服务热线""青少年心理咨询服务热线"等一系列特色服务项目，让包括广大妇女儿童在内的社区居民感受到社区服务的日益便捷与丰富。利用"婚姻家庭大讲堂""银龄婚姻家庭建设俱乐部"等形式，开展婚姻家庭辅导和服务，让妇女在和谐婚姻家庭建设中大放光彩。搭建文化服务与艺术欣赏的综合平台，制作一批有利于儿童身心健康的图书、电视和舞台剧，坚持公共图书馆、文化馆、爱国主义教育基地等公益性文化设施免费开放的政策，为未成年人文化活动提供稳定的阵地保障；加强未成年人思想道德建设，打造少儿七彩网站、首图动漫在线等绿色网络品牌，开展"学道德模范、诵中华经典、做有德之人"主题教育实践活动，努力满足未成年人日益增长的文化需求。首都妇女国际友好交流更加广泛深入。参加联合国妇女地位委员会第55届会议和妇女署成立大会、中俄妇女文化周暨中俄妇女论坛、"中美墨早期教育论坛"等。赴欧洲议会、瑞典、冰岛、俄罗斯、阿尔及利亚等国开展交流和访问。接待联合国秘书长潘基文夫人，布隆迪、纳米比亚总统夫人及韩国、苏丹、柬埔寨等代表团来访。与96个国家地区155个妇女组织建立友好联系。举办妇女与可持续发展国际论坛、海峡两岸家庭建设及亲职教育学术研讨会，赴澳门参加妇女体育嘉年华活动，与联合国儿基会、妇女署，阿尔及利亚、阿曼、印尼等国驻京机构及非洲驻京使节夫人协会等建立良好关系。

三 首都妇女儿童事业发展面临的挑战及对策分析

党的十八大将"坚持男女平等基本国策，保障妇女儿童合法权益"首次写入工作报告，十八届三中全会对进一步深入改革提出了明确的路线图，并将发展成果更多更公平地惠及包括广大妇女儿童在内的全体公民，不断健全妇女儿童的服务机制和体系。按照三中全会的规划远景，结合首都发展的实际，客观分析梳理妇女儿童发展规划实施中存在的问题，提出对策建议。

（一）多措并举，进一步完善女干部培养选拔机制

为适应首都建设世界城市的目标，充分发挥优秀女干部在经济社会发展中的重要作用，需进一步加大女干部培养选拔力度，积极创新培养选拔女干部的新思路、新举措，采取有效措施，打造女性高素质执政骨干队伍。一是按照领导班子规划要求，加大女干部选拔任用力度。加强对局级领导班子结构和干部履职能力分析，在党政领导班子配备调整中，统筹抓好女干部选拔配备，力争达到领导班子规划和妇女发展规划的各项指标要求。二是继续抓好女干部教育培训，全面提高素质能力。研究制定新一轮干部教育培训规划，深入推进干部教育培训改革创新。加强实践锻炼，进一步提高女干部总揽全局、应对复杂局面的能力。三是夯实基础，加强女干部后备队伍建设。明确女干部数量和比例要求，发挥好妇联、共青团等群团组织优势，多方推荐符合条件的优秀女干部，坚持同步推荐、同步培养，建立起一支数量充足、素质优良的女干部后备队伍。四是进一步加大对农村妇女干部的选拔培养力度，提升妇女的自身素质和能力，增强广大农村妇女参与国家和社会事务管理的信心和勇气。

（二）强化服务，进一步加强妇幼保健机制和体系建设

第一，创新妇幼保健服务模式，强化机制建设。

2003年《婚姻登记条例》实行后，北京市婚检率由100%降至2005年的5%以下。虽然我市相关部门做出极大努力，推行全市免费婚检政策，加大健康教育力度，加强专业人员技术培训，婚检率仍始终低于10%，2012年仅为7.12%，处于全国较低水平，远远落后于上海、天津、浙江等经济发达地区，甚至落后于新疆、内蒙古、广西等经济欠发达地区。

进一步提升公众自觉婚检意识，建立有效的婚检工作机制及对各级政府监

督考核机制，提高婚检率。一是建立政府主导、职能部门配合、社会力量参与的有效婚检宣传模式。将婚检宣传做大，增强群众自觉婚检意识。二是采取有效措施做好婚前保健工作。将提高婚检率，降低出生缺陷纳入绩效考核内容。三是创新婚检模式。探索更加便民的婚前保健服务措施，推行婚登、婚检一站式便民服务模式。

第二，加强基层妇幼保健人员队伍建设，提升服务能力。

由于流动人口的大量涌入，我市人口规模的不断扩大，基层妇幼保健人员队伍存在人员配备不足、结构不合理和人员绩效考核缺乏激励机制两大问题。一是社区妇幼保健人员配备不足，整体职称、学历偏低，不能适应当前基层妇幼保健服务的需求，导致社区妇幼保健服务工作缺乏可持续发展的动力。二是社区卫生服务中心实行的绩效考核制度，难以调动社区妇幼保健人员的工作积极性，难以保证队伍的稳定性。针对这种状况，相关部门应适时开展全市社区卫生中心（站）、托幼机构妇幼保健队伍状况专题调研，旨在全面了解掌握基层妇幼保健人员数量与结构、承担的任务与待遇、编制情况与职称评定、人才培养等情况及存在问题，探索降低社区卫生服务机构人才引进门槛的有效途径，制定社区妇幼保健人员准入标准，提高基层妇幼保健人员的综合素质及服务、管理水平等。

（三）增强预警，进一步完善特大型城市的教育公共服务

学前教育作为公共服务的重要内容，面临首都经济社会快速发展、人口出生高峰到来、外来人口涌入带来的新增入园需求，学前教育的质量、布局、结构与人民群众日益增长的对高质量、多样化的学前教育需求还不相适应等问题。

为解决这一突出矛盾，全面提升学前教育服务能力和水平，需着重以下三点。一是要强化政府责任。各级政府要加强对学前教育的统筹协调，健全教育部门管、有关部门分工负责的工作机制，形成推动学前教育发展的合力。二是要有效整合资源。优化公共资源布局，充分利用信息化技术，利用校园网、数字多媒体等现代信息技术，加快优质教育资源共享，推进优质教育资源均等化。三是建立健全政府购买服务机制，鼓励社会资本提供学前教育等公共服务，满足多层次的教育公共服务需求。

（四）强化保障，进一步维护女性劳动者的合法权益

"十二五"以来，我市城镇单位妇女就业总量稳步增长，城镇妇女就业形势基本稳定，但女性登记失业人员的就业稳定性较低，就业稳定性需进一步提高。

针对我市女性灵活就业比例较高的特点，应当制定相应的政策措施，保障劳动者合法权益，解决好就业稳定性问题。一是进一步加强劳动合同法的宣传培训工作，引导企业依法用工，进一步提高女性就业质量和稳定性，把维护女性劳动者就业与增强人力资源市场活力结合起来。二是进一步推动城乡就业政策统一。对自谋职业（自主创业）或依托村集体经济组织、农民专业合作社，以灵活就业方式从事手工制作、计件加工等二、三产业工作，且按照本市城镇社会保险缴费标准缴纳社会保险费的大龄农村妇女就业困难人员给予社会保险补贴。三是加大对女职工劳动权益保护的宣传和监督检查工作力度。加强女职工、未成年工劳动权益保护法律、法规的宣传，开展妇女儿童合法权益专项执法大检查，及时查办各类用人单位没有将女职工特殊保护条款纳入集体合同，延长女职工的劳动时间，招工避开女工生育年龄段或不愿承担女工特殊保护责任等侵害妇女儿童合法权益的案件。

B.4

北京科技型中小企业创新政策
环境及优化的对策研究

北京市工商联课题组*

摘 要:

大力发展科技型中小企业关系到北京全市经济的结构调整,对于推动民营经济的科学发展、促进科技进步、更多更快地把科技成果转化为现实生产力具有重要的现实意义。而在科技型中小企业发展的过程中,不断优化和完善政策环境,成为促进科技型中小企业发展的重要方面。为了进一步完善政策,服务科技型中小企业的健康发展,为科技型中小企业的发展创造良好的发展环境,2012~2013年,北京市工商联组成了课题组对全市科技型中小企业创新发展环境问题进行了深入的调查研究,对北京市科技型中小企业发展的现状和现实环境进行了比较全面的调查分析,从中发现了目前北京市科技型中小企业发展的现状和问题,并且提出了相应的政策建议。

关键词:

北京 科技型中小企业 创新 政策环境 对策

本研究报告所指的科技型中小企业,是指以科技人员为主体,以科技产品的研发、生产、销售为目的,掌握自主知识产权、专有技术或先进知识,向市场提供产品或服务的中小企业。在本次调研中,课题组深入中关村9个分园区和9个区县开展专题调研,多次召开科技型中小企业发展座谈会,实地走访多家企业,并发放了调查问卷210份,有效回收150份问卷。

---

* 课题组成员包括:张卫江、佘运高、朱效荣、张黎媛、李民、王新春、杨通林、柴彬、王紫祺。

一　北京科技型中小企业的基本情况及创新政策环境的现状

（一）北京科技型中小企业的基本现状

近年来，北京市的科技型中小企业获得了平稳较快发展。现阶段，北京市共有科技型企业2万余家，其中95%的中小企业主要集中在中关村国家自主创新示范区的一区十六园内。统计数据显示，截至2011年底，示范区内收入规模在10亿元以下的企业共14744家，资产总计15395.9亿元；吸纳从业人员90.96万人，其中科技活动人员达25.54万人，占示范区科技活动人员总量的71.06%；全年实现新产品销售收入936.9亿元，占示范区新产品销售总额的34.7%①。以中关村为主导的科技型中小企业，特别是其中的高新技术企业，在信息技术、生物医药、先进制造等领域，掌握了一批满足国家战略要求的关键技术，开发出了一大批满足市场需要的重要技术和产品。根据中关村国家自主创新示范区统计数据显示，2011年，中关村十大行业中，"科技活动经费支出占总收入比重最高的三个行业分别为软件业（9.89%）、电信和其他信息传输服务业（8.62%）、研究与试验发展业（7.85%）；技术收入占总收入比重最高的三个行业分别为研究与试验发展业（2.50%）、商务服务业（2.00%）和电器机械及器材制造业（1.70%）"②。

近年来，基于首都丰富的科技资源优势，北京科技型中小企业不断加强自主研发和技术攻关，积极推动科技成果产业化。科技活动和R&D活动规模不断扩大，创新能力不断提高，专利和新产品不断涌现，已经成为全市转化科技成果、培育战略性新兴产业以及吸纳和促进就业、涵养税源的主要群体，既为首都创新体系建设注入生机和活力，也为推动首都经济社会平稳较快发展、建设中国特色世界城市提供了重要支撑。统计数据显示，2011年，北京高技术

---

① 中关村国家自主创新示范区官网，http：//www.zgc.gov.cn/tjxx/nbsj/2011nsj_nb/82443.htm。
② 中关村国家自主创新示范区官网，http：//www.zgc.gov.cn/tjxx/cysj/82528.htm。

产业、科技服务业、信息服务业实现增加值 3625.7 亿元，是 2006 年的 1.92 倍，翻了将近一番，占地区生产总值的 22.5%；全年技术合同成交额 1890.3 亿元，技术市场对首都经济发展的直接贡献率从 6.6% 增长到 9.2%。截至 2012 年 6 月，全市通过重新认证的高新技术企业总数达到 7248 家，占到全国高新技术企业总数的近 20%，其中示范区高新技术企业数量达到 5909 家，占全市高新技术企业总数的 81.5%。[①]

根据本课题组的调查，目前北京市科技型中小企业创新活动表现出新的特点。

一是稳步发展阶段对研发工作普遍重视，研发投入积极性高。科技型中小企业发展到一定阶段后，普遍重视和加强企业的研发工作，其研发投入的积极性要远高于一般企业。

二是科技人才相对丰富，人才优势成为核心竞争力的关键。科技人才作为科技创新的主体，已经成为提升北京核心竞争力的关键因素和重要战略资源，企业技术人员占员工总数达到较高的比例。同时，与其他类型的企业相比，科技型中小企业中技术人员的学历构成也普遍较高。

三是企业技术开发模式、技术类别呈现多样性特征。随着经济实力的不断提高，越来越多的科技型中小企业开始选择自主创新战略，通过自身的技术力量攻克技术难关、推动技术创新。

四是专利申请数增加，企业知识产权保护意识增强。不管是企业自身发展的需要，还是参与国际市场的需求，越来越多的科技型中小企业开始认识到市场经济条件下保护知识产权的重要性，知识产权保护意识空前高涨。

五是创新活动日益成熟，对公共技术服务机构的利用率不断提高。科技型中小企业的创新往往面临着技术力量不足、转型升级困难、自主研发和引进技术成本高等难题。为了解决这一困难，越来越多的科技型中小企业开始向公共技术服务机构寻求合作与帮助。根据课题组的调查，目前较多的企业都接受过公共技术服务机构的服务。

---

① 北京市科学技术委员会网，http://www.bjkw.gov.cn/n8785584/n8904761/n8904900/n9411045/n9411077/9635030.html。

（二）北京科技型中小企业创新政策环境的现状

1. 北京科技创新政策的概况及类型分析

北京作为我国的科技创新中心，一直是推进科技体制改革的排头兵。多年来，北京市委、市政府在认真贯彻落实党中央国务院关于深化科技体制改革、建设创新型国家的战略方针和全国科技创新大会精神，深入贯彻落实科学发展观的基础上，不断加强顶层设计和资源统筹，先后发布实施了《北京市"十二五"时期科技北京发展建设规划》《北京市人民政府关于进一步促进科技成果转化和产业化的指导意见》《北京市自然科学基金管理办法》《关于知识产权服务业发展的若干意见》和《关于促进中小企业发展的实施意见》等一系列支持企业自主创新发展的政策文件，促进了创新要素的市场配置及政府管理职能的转变。据不完全统计，2010～2011 年间，国家和北京市共颁布或修订与科技创新相关的政策法规文件 229 项，涉及国家重点产业发展、"十二五"科技规划、"科技北京"建设、中关村国家自主创新示范区建设、财税与金融改革、科技人才培养、专利知识产权与技术转移等各个方面。

2. 北京科技创新政策的实施效果

通过广泛调研，我们认为，北京以服务国家创新战略和促进首都经济社会发展为导向，以建设中关村国家自主创新示范区为动力，以提高自主创新能力为核心，在优化和完善北京科技型中小企业创新政策环境方面做了大量工作，取得突出成效。

（1）财政支持政策的完善增强了科技企业的创新动力。

不断创新政府资金的投入方式和支持方式，采取无偿资助、股权投资、后补贴、贷款贴息、间接经费等多种方式，发挥财政资金的引导作用。这种投入方式既能在企业最困难时提供政府支持，又能在企业获得发展后收回股本继续支持其他企业，有效提高了政府资金的使用效益。同时，设立科技型中小企业创新资金、中小企业发展专项资金等，有效拉动和吸引社会资金的投入。现阶段，北京市已累计有 2478 项技术创新项目由科技型中小企业技术创新资金资助，资助总金额达 8.8 亿元。此外，还获得 7.74 亿元的国家创新基金支持，

带动 80 亿元社会投资，资金放大比例达到 1:10。

（2）创新人才政策的完善优化了科技企业的创新能力。

近年来，北京不断优化人才发展的政策环境。2012 年，北京市累计有 770 名高层次人才入选"千人计划"，437 名人才入选北京市"海聚工程"；"科技北京百名领军人才培养工程"则有 60 名高层次创新型人才及其团队入选；"北京市科技新星计划"则相继有 1700 名青年科技后备人才入选。[①]

（3）知识产权政策的完善激发了科技企业的创新活力。

2009 年，市政府颁布实施首都知识产权战略，注重发挥财政资金的激励作用，全面提升知识产权的创造和运用能力，加快推进《专利保护和促进条例》的立法进程，不断创新完善知识产权的政策法规体系。不断优化知识产权的服务能力，强化对知识产权的保护，不断加强执法体系建设。2012 年，全市专利申请量为 9.2 万件，四年年均增长 21%；全市专利授权量为 5.1 万件，四年年均增长 30%；万人发明专利拥有量为 34.5 件，居全国之首。[②]

（4）政府服务政策的完善促进了公共服务水平的提高。

政府在首都创新体系中主要定位于保障公共安全、提供公共物品和公共服务，充分发挥规划、组织、协调、服务和统筹的职能作用。营造了良好的创新环境，为企业、高校、院所等创新主体服务。改革企业登记注册制度和监管方式，进一步降低创业门槛，通过深入实施"十百千"工程，开展"一企一策"服务，营造有利于创新创业的市场环境。

（5）中关村先行先试政策迸发了集群创新的新高潮。

中关村先行先试的试点工作顺利推进，国家科技金融创新中心建设步伐加快，空间资源和产业布局得到进一步优化，中关村在创新方面的示范引领作用得到充分发挥。2012 年，18 家银行在中关村设立科技信贷专营机构，累计提供贷款担保 671 亿元；上市企业总数达到 228 家；示范区规划面积扩展到 488

[①] 北京市科学技术委员会网，http：//www.bjkw.gov.cn/n8785584/n8904761/n8904900/n9586754/9587272.html。

[②] 北京市科学技术委员会网，http：//www.bjkw.gov.cn/n8785584/n8904761/n8904900/n9586754/9587272.html。

平方公里。①

一系列政策上的新突破，推动了首都自主创新能力的大幅提升。据《2011 年全国科技经费投入统计公报》显示，北京市 2011 年研究与试验发展（R&D）经费支出（指统计年度内全社会实际用于基础研究、应用研究和试验发展的经费支出）达 936.6 亿元，仅次于江苏的 1065.5 亿元和广东的 1045.5 亿元；此外，与国内生产总值相对照，研究与试验发展（R&D）经费投入强度为 5.76%，排名全国第一。②

3. 被调查企业对北京创新政策环境的反映和评价

北京不仅拥有高校、人才密集的独特优势，其孵化服务、人才支持、信息咨询、企业融资、中介服务等硬环境的综合实力也首屈一指。根据本课题组的调查，企业对首都创新发展的政策环境普遍表示肯定和认可，认为科技创新政策环境较完善和非常完善的占 54%，认为较差或非常差的仅占 8%；认为政策落实较好以上的占 63%，认为政策落实较差的仅占 6%。调查还发现，六成以上受访企业享受到了财税政策的扶持和帮助。在被调查企业中，享受到财政、税收、金融扶持政策的企业有 100 家，占 63%。其中 74 家企业享受到高新技术企业和新产品的财政专项资金扶持，占被调查企业总数的 44.85%，70 家企业享受到高新技术企业的所得税减免，占总数的 42.42%。

二 北京科技型中小企业创新发展政策服务中存在的主要问题

近年来，北京市大力推动科技创新，着力建设科技北京，不断推进首都的科技创新环境。与此同时，阻碍科技型中小企业创新发展的一些障碍因素仍然存在，增加企业科研投入，使企业真正成为技术创新的主体，还需要政府和企业共同努力。

---

① 北京市科学技术委员会网，http：//www.bjkw.gov.cn/n8785584/n8904761/n8904900/n9586754/9587272_2.html。
② 国家统计局官网，http：//www.stats.gov.cn/tjgb/rdpcgb/qgrdpcgb/t20121025_402845404.htm。

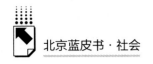

（一）财税金融政策的扶持力度亟待加强，科技型中小企业依然感到税负重、融资难

1. 减免税收是当前科技型中小企业的最大呼声

中小企业和大企业适用的税率基本相同，而中小企业多处于竞争性领域，利润较为微薄，同样的税费占各自利润的比例，大企业要明显低于中小企业。再加上税制结构不合理、部分政策界定不明、征收方式难以灵活调整、税收遵从成本高等原因，中小企业普遍反映税负重。调查发现，希望加大减免税力度的中小企业占有较高的比例，以期实现中小型科技企业的快速发展。

2. 政府扶持资金的积极作用有待充分发挥

政府扶持资金在推动企业自主创新方面发挥了不可忽视的重要作用，但其扶持力度与企业的实际需求之间还存在明显差距。由于缺乏科学的增长机制，企业之间的竞争一直非常激烈。同时，申请研发支持资金的门槛较高、时限较短、审批过程不够规范，大大影响了企业申报科研项目的积极性和成功率。

3. 科技型中小企业的融资难问题依然严峻

一是科技型中小企业具有轻资产、高成长、高风险的特点，比一般中小企业更难以通过传统融资模式和渠道获得融资支持，而且即使能获得贷款，贷款成本也远远超过了大多数企业的承受能力，资金短缺仍是创新中的最大困难。二是场外融资渠道不畅，场外交易市场不完善。调查显示，自有资金仍然是企业自主创新的主要资金来源，有超过一半的企业靠自有资金来开展创新活动。

（二）受首都功能定位及资源环境影响，科技型中小企业的人才困局难以突破

人才引进难，企业普遍存在人才缺口，严重制约企业的发展。在人才引进方面，由于户口、房车限购、子女上学以及企业自身条件等因素的制约，科技型中小企业还有所不足。此外，人才流失现象严重也是科技型中小企业发展中面临的一大挑战，较多的企业受到高级技术人才流失问题的困扰。其中，户口进京、住房、婚姻、子女入学等个人家庭问题依然是影响企业人才流动的最主要原因，企业难以提供高薪酬、高福利和竞争对手的人才争夺也是重要的原

因。另外，高端人才培养机制不够完善，人才评估体系滞后于新兴业态发展也是造成科技型中小企业人才引进难、流失快的重要因素。一方面，北京市在人才建设工作上更侧重于"引进海外高端人才"，而缺乏"国内高端人才"的培养和造就机制。另一方面，由于对高学历、高职称的过于强调，政府的人才激励政策往往不适用于文化创意等高技术企业的实际情况。调查发现，目前，科技型企业仍然是通过提供"高薪"的方式来挽留人才。

（三）中关村国家自主创新示范区的政策体系需要进一步优化和完善

1. "1＋6"等先行先试政策需要进一步完善和落实

一是有些政策在协调配套和贯彻执行中存在问题，造成政策落实困难。如财企〔2007〕194号、国科发火〔2008〕362号、国税发〔2008〕116号三个政策文件在条款规定中对企业研发费用的归集内容存在不一致的问题。二是一些政策（如加计扣除、职工教育经费税前扣除、股权激励所得税等）已陆续到期，后续政策尚未出台。三是中关村的先行先试政策需要及时总结和推广。

2. 中关村自主创新示范区的顶层设计需要进一步优化

一是部分园区产业规划趋同，产业布局雷同，无序竞争态势凸显；二是相当部分园区规划建设的功能配套设施预留不足，导致园区运营后，道路拥堵、出行不便，住宿、餐饮、教育和医疗等生活配套设施严重缺位；三是园区建设管理模式单一，园区运营理念落后，缺乏人性化规范管理。

3. 园区的产业发展空间需要打破土地资源的制约

一是随着企业研发实力增长，一些企业的研发场地已不能满足需求，企业发展遇到瓶颈；二是由于园区内部分土地性质和厂房性质与企业性质不一致，许多科技型企业难以成功入园或在园区成功注册；三是原有的土地使用模式不够灵活，土地开发利用率较低。

（四）部分政策不够协调有力，影响了企业自主创新的积极性

1. 政府采购政策对科技型中小企业的支持力度不够

本次调查显示，企业普遍认为"不了解政府采购的相关政策和流程"是

造成本企业新技术、新产品未能获得政府采购的第一原因；55.8%的企业认为应该建立政府采购的信息系统，提高信息公开化程度。2011年12月29日，财政部、工业和信息化部联合出台《政府采购促进中小企业发展暂行办法》（财库〔2011〕181号），明确提出从2012年起，我国各级政府采购将预留至少30%的份额给中小企业，其中60%以上预留给小型、微型企业。在北京，这一政策还有待进一步落实。

2. 部分产业政策不利于企业创新活动的开展

以生物医药行业为例，一是医疗器械临床认证的成本较高，医院对临床认证缺乏动力，影响了产品创新推进的效率。二是针对医疗器械发展和精神医疗方面的扶持政策较少。三是对中医药产品销售限定政策过于严格，制约了国产创新产品的推广。如北京限定中药颗粒销售范围，限定中药颗粒只能在二级以上专科医院销售，不能进入三甲医院，这个政策在外省市是不存在的。

3. 政府在协同创新中的积极作用尚未充分发挥

以公共技术服务平台建设为例，建设中试平台对中小企业而言成本高、利用率低，多数成长型企业不具备建设能力，需要政府发挥作用。同时，政府在落实政策、服务企业创新发展方面也需进一步加大工作力度。调查显示，企业认为没有享受到政府科技创新政策优惠的最主要原因有三个，一是不了解相关政策，二是办理手续繁杂、成本高，三是政策优惠面窄。

4. 协调和规范性的市场政策存在缺位

目前，大型企业的垄断行为给中小企业创新发展带来很大负面影响。一是在一些垄断行业内，科技型中小企业处于竞争弱势地位，一些垄断行业企业集团在招标时，以文件形式限购系统外设备，并用资金补贴方式鼓励购买所属系统的仪器设备，而中小企业具有竞争力的产品被排斥在外，不能公平进入市场。二是大企业拖欠款现象严重，中小企业生存受到威胁。

三 对进一步优化科技型中小企业创新政策环境的思考和建议

党的十八大提出，要"深化科技体制改革，加快建设国家创新体系，着力构建以企业为主体、市场为导向、产学研相结合的技术创新体系。完善知识创新体系，实施国家科技重大专项，实施知识产权战略，把全社会的智慧和力量凝聚到创新发展上来"。

（一）对进一步优化科技型中小企业创新政策环境的思考

1. 应推动企业真正成为技术创新的主体

在鼓励企业进行自主创新时，既要重视总部经济和央企经济的发展，也要注重对中小微科技企业的培育扶持。应根据企业初创、成长、发展等不同阶段的不同特点和不同需求，不断完善创新政策，建立系统性的政策支持体系，促进创新要素向企业集聚。

2. 应注重科技与文化的融合发展

党的十八大提出实施创新驱动发展战略，科技创新正在成为关系国家发展全局的核心要素；同时强调，要推动社会主义文化大发展大繁荣，促进文化和科技融合，发展新型文化业态。科技与文化双轮驱动、协同创新，不仅符合首都的发展定位和阶段性特征，也有利于加快转变首都经济发展方式。因此，北京在实施创新驱动发展战略的过程中，应加快文化和科技融合示范基地建设，积极探索文化创意产业与高新技术产业的融合发展模式。

3. 应把侧重点放到促进产业发展上来

科技活动、科技成果丰富，是北京创新发展的一大优势，但这些科技成果对北京科技产业的拉动作用并不突出。在公共服务的城市基建、轨道交通、医疗卫生等领域，包括很多央企和市属企业，往往大量采购国外技术设备，而不使用国内和市内的创新技术和产品。因此，完善科技政策体系，应把侧重点放到促进产业发展上来，努力把首都科技资源优势转化为产业发展的优势。

4. 应进一步完善我市科技园区的管理模式

行政化的政府支持模式可以使园区充分借助政府力量得到快速直接的有效支持，在园区发展的早期优势非常明显，目前中关村科技园的各个园区大多采取这种模式。但随着时间的推移和园区内企业的发展壮大，园区的管理服务模式开始面临许多新情况新问题。应当坚持以人为本、与时俱进、科学发展的思

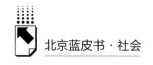

想理念，积极探索市场规范化或者委托服务的管理服务运作模式，全面提高园区管理服务的能力和水平。

（二）对进一步优化科技型中小企业创新政策环境的建议

当前，北京已经进入了建设中国特色世界城市的关键时期，必须立足于国家创新战略，进一步深化对首都工作特点和规律的认识，全面完善和优化首都科技创新政策，以首善标准努力使北京科技创新工作走在全国前列。在此，我们建议：

1. 定向援助科技型中小企业，大力加强财税金融政策的扶持力度

（1）尽快出台有力的减税政策。

一是尽快改革针对中小企业的"先征后返"的减免税政策，在上缴税金时直接给予中小企业减免税优惠；二是针对当前科技型中小企业增值税较高的现状，可以对企业给予一定比例的增值税退税；三是可借鉴国外成功经验，从企业应纳税所得额中扣除用于科技投资的一部分资本支出，积极调动企业技术创新的积极性。

（2）着力强化政府财政资金的拉动作用。

一是建立健全财政性科技投入的科学增长机制，不断强化科技型中小企业技术创新基金、中小企业发展专项资金等的激励和促进作用；二是科学设计有关资质的申请指标，注重考察企业的实力、成功案例，采取专业化的指标来衡量评估企业；三是要做好前期宣传工作，规范申报审批流程，简化审批手续，延长申报时限，提高资金到位速度。

（3）积极搭建坚强有力的金融支持体系。

一是创新金融产品与服务，引导金融机构综合运用买方信贷、卖方信贷、融资租赁等方式，加大对科技型中小企业的信贷支持；二是尽快建立政府引导资金和社会资本共同支持初创科技型企业发展的风险投资机制，鼓励建立民间性质的风险投资机构，并对风险贷款业务量大、扶持科技型中小企业数量多的金融、担保机构给予减免税或资金奖励等扶持；三是充分发挥资本市场支持科技型中小企业创新创业的重要作用，促进中小企业板、创业板等多层次资本市场健康发展。

2. 破解首都人才发展的瓶颈，不断创新和完善首都人才政策体系

（1）改革人才管理理念。

一是要改革支持创新就是选项目的管理理念，把更多精力放在充分发挥人才作用的机制建设上；二是改革和完善科技人才评价机制和评价标准，建立以科研能力和创新成果等为导向的科技人才评价体系。在专业技术职称评聘的过程中，确保一定指标用于参加技术转移、成果转化和产业化的人员，建议及时总结和借鉴海淀园区和亦庄开发区的成功经验，在全市逐步推广。

（2）创新人才吸引政策。

一是采取股权激励、科技奖励等方式，完善对科技人才及其团队的激励机制，提高政府对重点领域高级技术人才的奖励额度；二是对于高端人才的引进，户口限制要有特殊的政策，应统筹解决好高层次人才的户籍、住房、医疗、出入境、子女教育等需求。建议根据企业的税收情况、用工数量、社会效益、行业领军情况等信息，制订一套综合性的评价体系，每年给予优秀企业一定数量的户口指标。

（3）完善人才培养机制。

一是由政府出资，每年有计划地组织科技企业的高技术人才开展学习培训、考察交流等活动；二是鼓励企业内部加强对创新人才的培养，积极通过校企合作、订单式培养，加强一线创新人才、青年科技人才和高技能人才队伍建设；三是建议赋予中关村科技园区企业家顾问咨询委员会更多职能，充分发挥中关村科技企业家领军人物的先导作用，加快培育领军型创新创业人才群体。

3. 在先行先试中不断突破，强化中关村国家自主创新示范区的政策优势

（1）完善并推广先行先试政策，发挥中关村的辐射带动作用。

一是加大研发加计扣除税收政策的落实力度，尽快解决税务、财政和科技部门对科技企业研发经费归集的不一致问题，科技主管部门和税务部门项目认定不一致问题，改进企业研发费用计核方法，合理扩大研发费用加计扣除范围；二是科学总结先行先试政策中取得良好实践效果的政策举措，及时将实践检验过的好政策、好做法向示范区外其他地区进行推广。

（2）优化园区顶层设计，不断完善园区功能规划。

一是要根据北京科技优势、资源优势和地域特点，制定产业发展规划，对不同园区依据产业链的不同环节进行系统分工,避免产业雷同、重复建设。二是规划园区顶层设计时,要注重学习借鉴国内部分地区有益的经验与做法,充分考虑园区内为企业配套服务的住宿、医疗等生活设施,做好"宜业宜居"的顶层设计,完善园区的整体功能。

(3)完善园区用地政策,改革园区土地使用模式。

一是支持区县、开发区和中关村国家自主创新示范区建设一批科技型中小企业的创业基地,在基地内建设标准厂房,以租赁的方式,出租给科技型中小企业使用。二是针对当前部分园区土地性质或厂房性质与企业性质不一致的问题,采取特事特办的方式,出台具体应对措施。三是改革"招拍挂"的用地方式,在园区建成后制订一定的入园条件,以协议用地的方式,允许企业入驻或退出园区。

4. 完善并落实相关扶持政策,为企业发挥自主创新主体作用创造条件

(1)大力推进政府采购制度,加强对科技型中小企业的支持与保护。

一是尽快制定相关实施细则,将《政府采购促进中小企业发展暂行办法》落实到位。二是建立政府采购专家库评审机制,设立科学的招投标制度,鼓励自主创新和民族品牌。三是制定政府支持首套使用的新产品目录,采取政府出资,企业和用户享受补助的形式,降低企业风险,促进新产品的首套使用,同时在新产品推出的1~2年内,实施配套税收优惠政策。

(2)完善相关产业政策,加快推进医药卫生行业的自主创新步伐。

一是建立检查年审的信用制度,缩短审批时间,加强对新产品投入市场后的追踪检查。二是加大对国产医疗设备、新产品的保护,制订鼓励国内医院购买国产设备的扶持政策。三是建立医疗器械新产品临床认证绿色通道,降低认证成本,激励医院参与国产新产品认证的积极性,在相关政策上要一视同仁,加大对民营医院的政策扶持力度。

(3)加快构建协同创新格局,充分发挥政府在协同创新中的积极作用。

一是由政府出资,牵头建立中试基地,企业提出技术标准并购买服务,共同建设维护公共技术服务平台。二是发挥政府主导作用,整合首都科技资源,推动更多国家(北京市)科研院所的实验室和工程中心向科技型中小企业开放。三是合理界定职务性知识产权和非职务性知识产权,鼓励拥有非职务知识产权的机构或人员自主创业，以停薪留职的方式，鼓励高校教师到科技型中小企业兼职或自主创办科技型企业。

（4）出台规范性的市场政策，培养有利于科技型中小企业创新的竞争环境。

一是打破行业壁垒和行业保护，积极推进中小企业与大型企业集团开展专业化协作配套和专业化服务，鼓励大型企业技术向中小微企业扩散，帮助中小企业发展壮大。二是政府应尽可能将有关信息、资料向社会公开，并有责任保证科技型中小企业在获取信息和政府的支持方面享有与大企业平等的机会和权利。三是对拖欠中小企业款项数目大、时间长的垄断性大企业，应出台明确规定给予处罚。

（5）完善行政服务职能，加强创新政策的整合与落地。

一是要进一步整合和完善现有科技政策，促进政策创新要素的高效配置和优化集成，促进政策间的有效衔接。二是要科学合理设计监管流程，提高监管部门审批效率，提高管理人员的整体素质。三是借鉴国内外的成功经验，逐步弱化政府部门的一些行政职能和权力，逐步建立服务主体多元化、服务行为社会化、政府扶持与有偿服务相结合的新型社会化公益服务体系。

B.5
北京市流动人口子女义务教育
政策执行困境与出路*

胡玉萍**

摘　要:

本文在回顾我国流动人口随迁子女义务教育政策的演变过程和北京市在贯彻落实这一政策的不同发展阶段的基础上,分析了作为流入地政府,北京市在落实这一政策过程中面临的人口规模调控、教育经费的压力和有限教育资源的限制等政策困境。指出流动人口子女教育问题的真正解决还有赖于切实可行的政策体系的确立和政策的有效执行。

关键词:

流入地政府　流动人口子女　义务教育　政策困境

流动人口子女教育问题是当今社会关注的一个热点,也是当前各级政府社会工作的重点和难点。国家层面流动人口子女教育政策的演变清晰地反映了国家宏观教育政策价值理念的变迁:从20世纪80年代中后期的"限制";到90年代的"差别对待",再到21世纪以来的"以人为本,追求公平"。但是"以人为本,追求公平"的政策理念的树立只是解决流动人口子女教育问题的一个必备条件,流动人口子女教育问题能否真正得到解决,多大程度上解决主要还要看政策执行的有效性。流入地政府作为政策的主要执行者,在政策执行过程中面临的困境会直接影响到政策的落实。

＊　基金项目,北京市社科规划项目"北京市流动人口随迁子女学校适应研究"(11SHB007)。

＊＊　胡玉萍,法学博士,北京市委党校社会学教研部、北京人口研究所副教授、硕士生导师,主要从事教育社会学研究。

一 北京市流动人口子女教育政策的发展阶段

我国流动人口随迁子女义务教育政策的演变过程可以分成以下四个阶段。

1. 第一阶段：以限制为主时期（1986～1998 年）

20 世纪 80 年代中后期直到 90 年代最初几年里流动人口子女的教育一直处于严格控制和被限制的状态，直到 1996 年，国家教委印发的《城镇流动人口中适龄儿童就学办法（试行)》仍然有着浓厚的限制色彩，这与这一时期国家对流动人口采取以"堵"为主的宏观政策相一致，该办法就有关流动人口子女的就学、办学、收费、管理等问题做了原则性规定，并在六个地区开展试点。比如该办法中规定"应建立严格的适龄儿童、少年流动管理制度，凡户籍所在地有监护条件的，必须在户籍所在地接受义务教育"，体现了以限制为主的思想。但是该办法也提出流入地政府要为流动儿童、少年提供接受义务教育的机会，应承担流动儿童、少年接受义务教育的管理职责。

2. 第二阶段：公校借读收费时期（1998～2000 年）

强调流动儿童家庭要为借读缴费的经济责任；1998 年，国家教委和公安部联合颁布《流动儿童就学暂行办法》，对流动人口子女的就学问题做了详细规定，一定程度上打破了必须以户籍所在地政府为主接受教育的壁垒，但差别政策理念很明显。虽然这个办法与 1996 年的一样只是对流动人口子女就学做了规定，并没有出台实施细则，也没有强制性内容，但却是流动人口子女教育问题第一个全局性和指令性的政策。

3. 第三阶段："两为主"政策时期（2000～2004 年）

强调流入地政府教育投入与管理的责任；2001 年国务院颁布《关于基础教育改革和发展的决定》，首次正式提出农民工子女教育问题的解决以流入地政府为主，以全日制公办学校为主，即"两为主"原则，这两个基本原则至今仍然是解决流动人口子女教育问题的基本政策。

4. 第四阶段：免费就读时期（2004 年至今）

强调流入地政府"提供平等接受义务教育条件"的法律责任。2003 年国务院办公厅出台《关于做好农民进城务工就业管理和服务工作的通知》，要求流入地政府对农民工子女一视同仁，加强扶持，规范农民工自办简易学校。同年，国务院办公厅转发了教育部等六部委《关于进一步做好进城务工就业农民子女义务教育工作的意见》，体现了"以人为本，追求公平"的理念，重申了两项基本原则，建立以保障农民子女教育的制度和机制，成为当前解决农民工子女教育问题的权威性政策文本。2006年，新修订的《中华人民共和国教育法》实施，该法进一步为流动人口子女平等接受义务教育提供了法律上的保障，有关流动人口子女义务教育问题从行政法规的政策层面上升到了法律高度。2006年3月27日公布《国务院关于解决农民工问题的若干建议》中规定："输入地政府要将农民工子女义务教育纳入当地教育发展规划，列入教育经费预算，以全日制中小学为主接受农民工子女入学，并按照实际在校生人数拨付学校公用经费。"2008年，全国范围内免费义务教育实行，并提出符合条件的随迁子女，免除杂费，不收借读费。

作为一个人口流入集中的地区，北京市的流动人口子女教育政策也经历了一个发展过程。第一个阶段是被动适应时期（20世纪80年代中期至2002年），就是提供一些有限的管理，制定一些管理的规定，设置一些门槛、手续，实行借读，把农民工子女教育纳入自己的管理，但基本是被动适应的状态。

第二个阶段，扩大和改善服务时期（2002～2006年）。这一时期主要通过降低门槛，提高公办学校就读比例，免除借读费，加强对打工子弟学校的管理等办法扩大和改善流动人口子女教育服务。北京市教委于2002年颁布了《北京市对流动人口中适龄儿童少年实施义务教育暂行办法》有关具体实施意见，不仅降低了流动人口中适龄儿童少年在北京公办学校入学的借读费用，小学由每学期600元降为200元，初中由每学期1000元降为500元，而且将流动人口自办学校（民工子弟学校等）逐步纳入社会力量办学轨道。2004年北京出台政策，外来农村务工人员子女在北京上学可以免交借读费。流动人口子女在北京就学的主要途径是公办学校和流动人口子女学校。2005年9月25日北京市教育委员会出台的《关于加强流动人口自办学校管理工作的通知》，还有超过30%的流动人口子女在流动人口子女学校就学。至2006年底，有56所北京市民办流动人口子女学校经过批准。

第三个阶段是制度创新的阶段（2006年以来）。开始把流动人口纳入教育事业规划，纳入财政预算，努力实行同城待遇，在教育经费问题上，不仅免除学杂费，而且补贴办学经费。在学校管理的政策上，把农民工子女学校纳入民办学校的管理，使之合法化和制度化。2011 年，《北京市中长期教育改革和发展规划纲要》把来京务工人员随迁子女接受义务教育工作纳入公共财政体系保障范畴，强调"以公办学校接收为主，完善来京务工人员接受义务教育的保障体制"。北京从 2012 年 1 月 1 日起停收、取消义务教育阶段借读费、暂住证费等 25 项行政事业性收费，包括外来城镇户口儿童。

经过多年努力，公办中小学校成为解决在京流动人口子女教育的主要渠道。截至 2010 年 10 月，北京市义务教育阶段来京务工人员子女共有 43.3 万人，其中 70% 在公办中小学就读，另外还有约 14 万人在农民工子女学校和其他民办学校就读。随迁子女在接受教育、参加团队组织、评优选先等方面，与北京市户籍学生同等对待。[①] 在公办学校扩大接收能力的同时，北京市进一步加强对流动人员自办校服务与管理，经批准自办校已减至 114 所。总体看来，经过十几年的努力，北京市已经较好地按照中央要求解决了流动人口随迁子女义务教育问题（见表 1）。

表 1　2010 年北京市各级教育外省市学生就读情况

单位：人，%

项目	外省市借读生		其中:民办学校	
	人数	占比	人数	占比
幼儿园	67667	24.43	27677	9.99
小学	268211	41.06	25798	3.95
特殊教育	535	6.70	30	0.38
普通中学	89514	17.61	13790	2.71
初中	73958	23.86	9703	3.13
高中	15556	7.84	4087	2.06
中等职业学校	62593	28.53	5788	2.64
合　计	488520	29.32	73083	4.39

数据来源：北京市统计局、国家统计局北京调查总队，《北京统计年鉴 2011》，中国统计出版社，第 411、424 页。

---

① 北京市教育委员会：《北京教育年鉴 2011》，华艺出版社，2011，第 14 页。

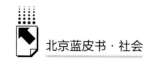

二 北京落实流动儿童教育政策的两难

中央政府提出一系列落实流动儿童教育问题的政策，其主要目的就在于保障弱势群体基本的受教育权利，从根本上实现教育公平。树立"以人为本、教育公平"价值理念体现了各级政府解决流动人口子女教育问题的决心，但必须承认的是，这种政策理念的树立并不意味着流动人口子女教育问题的迎刃而解，流入地政府作为政策的主要执行者，是否有能力和由于地方利益诉求的不同愿不愿意或多大程度上去解决流动人口子女义务教育问题是现实中更重要的问题，流入地政府在解决流动人口子女教育问题上往往陷入两难，北京作为流动人口规模巨大的城市，在解决流动人口子女教育问题上也存在一些顾虑和矛盾。

1. 流动人口子女教育问题的解决——人口规模调控的矛盾

北京人口规模过快增长对资源、环境造成巨大压力，因此调控人口规模一直以来都是北京城市发展的一个重要目标。有人担心，如果流动人口子女能够在北京享受相对流出地高水平的义务教育，会鼓励落后地区的人口流入北京，从而造成北京人口规模的进一步扩张。这与北京市人口规模调控的思路背道而驰。

实际上，我们回顾一下北京人口快速扩张的历史不难发现，北京人口快速扩张的主要原因并不在教育。

首先，国家的区域发展不平衡，导致了地区间巨大的"经济势差"，形成了人口向北京流动的强大推动力，首都的特殊地位使得北京像一个巨大的旋涡，吸引着周边乃至全国的势能向北京集中，这是中国任何城市都不可能替代的。

其次，在城市定位上，北京四面出击。目前，北京实际上集政治、经济、文化、教育、新闻出版、科研、国际交流、旅游等多重中心于一身，俨然一个全能城市，这也是北京人口规模屡次突破人口规划的一个重要原因。

再次，与城市定位相联系的产业结构也是影响人口规模的重要因素。正如有学者指出的那样，有什么样的经济结构和经济规模，就有什么样的人口结构和人口规模。

此外，从流动人口自身的迁移来说，人口流动主要还是考虑经济收入和生活成本，从目前学者们做的大量实证研究来看，还没有明确的证据证明流动人口的增加主要是由于义务教育做得好而吸引来的。

2. 解决流动儿童教育问题——教育经费压力的矛盾

2005年以前，我国义务教育经费实行"地方负责、分级管理"的体制，在"以地方为主"的管理体制下，县乡级财政承担了三分之二以上的义务教育投入。2006年《义务教育法》修订后，规定义务教育经费投入实行国务院和地方各级人民政府根据职责共同负担，省、自治区、直辖市人民政府负责统筹落实的体制。但义务教育经费仍然没有摆脱两个特点，一是以地方为主，二是以户籍为准划拨义务教育经费。其实早在1998年国家教委和公安部联合颁布的《流动儿童就学暂行办法》就已经指出"流入地政府和流出地政府要互相配合，加强联系，共同做好流动儿童少年接受义务教育工作"，但并没有对流出地和流入地政府如何配合，如何加强联系做出明确规定，此外国家教育经费转移体制还不健全，每年仍以户籍为准给流出地划拨义务教育经费。目前国家对流入地政府的支持还仅限于对进城务工人员随迁子女接受义务教育解决较好的省份给予适当奖励的政策。

由此带来的问题就是流入地政府除了负担本地户籍儿童义务教育经费外，还必须支付流动儿童的教育经费，在现实中流入地政府由于经费压力影响了对流动儿童教育问题解决得积极性，因为会担心投入越多，问题解决得越好，就会吸引越多的流动儿童，教育经费的压力会越大。

教育部门的领导也算过这个账，"如果按照2000元的标准来补贴北京外来务工人员子女的话，则需要政府每年投入近8个亿。根据北京市教委公布的2010年部门预算，用于教育支出的费用近125.4亿元。8亿是这个数字的6%左右"。《北京市流动人口随迁子女学校适应》课题组的调查显示，公立学校中的流动儿童每人每学年的实际政府投入是1200元左右。易本耀说，"以北京市的发达程度，这笔钱不会出不起的"。[1] 但由于上述担心，很多规定无法得到根本落实。

3. 流动儿童教育问题的解决——有限教育资源的矛盾

解决流动儿童接受义务教育的另一个困难就是流入地公共教育资源的有限性，这一担心主要表现在以下几个方面。

---

① 刘清：《北京启动学籍新规，择校费仍是拦路虎》，http://www.21cbh.com/HTML/2010 - 5 - 27/wMMDAwMDE3OTMwMg.html，2013年11月20日。

一是流入地义务教育学位的容量问题。尽管 21 世纪以来北京市义务教育在校生中非户籍学生规模逐年增长，但由于户籍学生规模逐年递减，整体来看，北京市义务教育在校生规模先降后升（见表 2），2010 年之前，北京市义务教育在校生规模逐年递减，由 2005 年的 105.9 万人减少到 2010 年的 96.3 万人。2011 年，义务教育在校生规模开始止跌回升，增长到 98.3 万人，2012 年增长到 102.5 万人，但仍远低于 2001 年 129.4 万人的规模。北京市义务教育在校生中，小学生的规模以 2009 年为界，之前在波动中呈下降态势，自 2009 年起出现了增长，2012 年增长到 71.9 万人。21 世纪以来，北京市初中在校生规模逐年下降，由 2001 年的 54.4 万人减少到 2011 年的 30.2 万人，2012 年小幅上升到 30.6 万人，也远远低于 21 世纪之初的规模（见表 3）。

表 2　2005～2012 年北京市在校生规模变动

单位：万人，%

	指标	2005 年	2009 年	2011 年	2012 年	2012 年比 2005 年增减幅度
小学	在校生	68.5	64.7	68.1	71.9	4.97
	本市户籍学生	49.5	39.6	39.1	39.5	−20.2
	外省籍学生	19.1	25.1	28.9	32.4	69.74
初中	在校生	37.4	31.9	30.2	30.6	−18.2
	本市户籍学生	32.2	25.3	22.2	21.2	−34.17
	外省籍学生	5.2	6.6	8.1	9.3	78.9
普通高中	在校生	28.6	20.3	19.5	19.4	−32.2
	本市户籍学生	27.8	18.9	17.8	17.4	−37.4
	外省籍学生	0.85	1.4	1.7	1.9	123.5

数据来源：2005、2009、2011 年数据来源于北京市教育委员会，《北京教育年鉴 2011》，华艺出版社，2011 年，第 6、652 页。2012 年数据来源于北京市教育委员会发展规划处，《2012～2013 学年度北京市教育事业统计资料》，第 3 页。

表 3　2001～2012 年北京市义务教育在校生规模变动

单位：万人

年份	2001	2002	2003	2004	2005	2006	2007	2008	2009	2010	2011	2012
义务教育	129.4	124.6	117.9	113.8	105.9	103.4	100.0	98.5	96.6	96.3	98.3	102.8
小学生	74.9	71.0	69.1	69.8	68.5	69.1	66.7	66.0	64.7	65.3	68.0	71.9
初中生	54.4	53.7	48.8	44.0	37.4	34.3	33.3	32.5	31.9	31.0	30.2	30.6

资料来源：北京市教育委员会，历年《北京教育年鉴》，华艺出版社。

尽管如此，由于近年来进城务工人员随迁子女持续快速增长，预计到2014年，全市小学一年级入学人口将由目前10万人左右剧增到18万人左右，增长率高达80%，小学在校生总量将由目前的68万人左右增加到84万人左右，之后几年仍将呈持续增长趋势。①面对这种趋势，妥善处理各级教育资源的供需矛盾仍然是北京市各级教育主管部门无法回避的问题。

　　二是尽管总体来看，目前北京市义务教育阶段的学位完全能够接受流动人口子女就学，但地区之间的差异大，一些区县压力较大。

　　流动儿童就学的空间区域与外来人口聚集的空间区域是大致重合的。近年来，尽管与流动人口的分布变化相一致，流动人口子女就学也呈现出由城市中心区往外"走"的态势。但城市功能拓展区一直是非户籍小学生最集中的区域。其次是城市发展新区。从第六次人口普查的数据来看，北京市外来学龄儿童居住在城市功能拓展区的有12.8万人，占51.3%，占到一半以上；城市发展新区有8.8万人，占35.3%，占三分之一多；首都功能核心区有1.8万人，占7.3%；生态涵养发展区有1.5万人，占6.1%。2012年北京市小学阶段流动儿童就学区域分布与上述数据基本一致，城市功能拓展区有16.1万人，占49.7%；城市发展新区有11.6万人，占35.6%；首都功能核心区有2.9万人，占9.0%；生态涵养区有1.8万人，占5.7%。② 在各区县中，朝阳、丰台、海淀、昌平、大兴、通州等区县外来学龄儿童较多（见表4），而朝阳、昌平、丰台、大兴等区县小学教育资源短缺，而东城、西城、海淀小学教育资源比较充足，但从实际的情况分析，因人户分离和择校等原因，东城、西城和海淀三个区域学位压力也较大。

　　三是学位不可控，不可预测。特别是担心未来一段时期非户籍人口随迁子女规模快速增长存在很大的可能性，但整个学龄人口的发展呈现不稳定，以及流动人口工作、居住不稳定，工作地点经常变化，子女也经常转学，这些都增加了流动人口随迁子女入学的不确定性，增加了流入地政府进行学位布局和事业规划的难度。

---

① 北京市教育委员会：《北京市中长期教育改革和发展规划纲要（2010～2020年）解读》，http：//www.bjedu.gov.cn/publish/portal0/tab103/info26670.htm，2013年11月25日。
② 根据北京市教育委员会发展规划处，《2012～2013学年度北京市教育事业统计资料》，第131、132页数据计算。

表 4　2010 年北京市外来学龄儿童空间分布较大的区县

单位：万人，%

区县	外来学龄儿童数	占全部外来学龄儿童的比例
朝阳区	4.6	18.5
丰台区	3.6	14.5
海淀区	3.5	14.1
昌平区	2.6	10.4
大兴区	2.5	10.0
通州区	1.5	6.0

数据来源：北京市第六次人口普查办公室，《北京市外来学龄儿童情况分析》，http：//www. bjstats. gov. cn/rkpc_ 6/pcsj/201107/t20110704_ 205616. htm，2013 年 11 月 20 日。

三　提高流入地政府政策有效执行的建议

教育公平作为教育现代化的基本价值，已成为各国制定教育政策的基本出发点之一，但教育公平在现实中的推进，在很大程度上取决于社会民主的发展、人权意识的普及。流动人口子女教育问题的解决是一个长期的、复杂的过程，在政策的执行中，尤其是流入地政府会遇到很多的困难和不可预测的问题。问题的真正解决还有赖于切实可行的政策体系的确立和政策的有效执行。

1. 流动人口子女教育问题的解决需要顶层设计——中央政府

地方政府作为中央政府政策的执行者，要服从大局，充分贯彻中央政府的政策，同时，中央政府在政策制定中也要考虑地方政府的合理诉求，并在政策制定中配备相关的政策和资金予以支持。流动人口子女教育问题必须与国家整体发展、人口流动政策相一致，目前流动人口子女教育问题主要受制于户籍管理体制、高考制度等，中央政府只有在这些制度上进行改革，才能从根本上解决流动人口子女的教育问题。

流动人口子女教育问题的解决必须依靠流入地政府的大力支持，因此首先要消除流入地的后顾之忧。中央政府作为资源配置的主体，应该对全国范围内的义务教育资源进行统筹规划、合理配置，比如义务教育财政拨款制度改革，一方面应当提高中央政府在义务教育投入中的比重，另一方面必须打破户籍制

权威·前沿·原创

社会科学文献出版社

皮书系列

2014年

盘点年度资讯 预测时代前程

社会科学文献出版社 学术传播中心 编制

社会科学文献出版社

SOCIAL SCIENCES ACADEMIC PRESS (CHINA)

社会科学文献出版社成立于1985年，是直属于中国社会科学院的人文社会科学专业学术出版机构。

成立以来，特别是1998年实施第二次创业以来，依托于中国社会科学院丰厚的学术出版和专家学者两大资源，坚持"创社科经典，出传世文献"的出版理念和"权威、前沿、原创"的产品定位，社科文献立足内涵式发展道路，从战略层面推动学术出版的五大能力建设，逐步走上了学术产品的系列化、规模化、数字化、国际化、市场化经营道路。

先后策划出版了著名的图书品牌和学术品牌"皮书"系列、"列国志"、"社科文献精品译库"、"中国史话"、"全球化译丛"、"气候变化与人类发展译丛""近世中国"等一大批既有学术影响又有市场价值的系列图书。形成了较强的学术出版能力和资源整合能力，年发稿3.5亿字，年出版新书1200余种，承印发行中国社科院院属期刊近70种。

2012年，《社会科学文献出版社学术著作出版规范》修订完成。同年10月，社会科学文献出版社参加了由新闻出版总署召开加强学术著作出版规范座谈会，并代表50多家出版社发起实施学术著作出版规范的倡议。2013年，社会科学文献出版社参与新闻出版总署学术著作规范国家标准的起草工作。

依托于雄厚的出版资源整合能力，社会科学文献出版社长期以来一直致力于从内容资源和数字平台两个方面实现传统出版的再造，并先后推出了皮书数据库、列国志数据库、中国田野调查数据库等一系列数字产品。

在国内原创著作、国外名家经典著作大量出版，数字出版突飞猛进的同时，社会科学文献出版社在学术出版国际化方面也取得了不俗的成绩。先后与荷兰博睿等十余家国际出版机构合作面向海外推出了《经济蓝皮书》《社会蓝皮书》等十余种皮书的英文版、俄文版、日文版等。

此外，社会科学文献出版社积极与中央和地方各类媒体合作，联合大型书店、学术书店、机场书店、网络书店、图书馆，逐步构建起了强大的学术图书的内容传播力和社会影响力，学术图书的媒体曝光率居全国之首，图书馆藏率居于全国出版机构前十位。

作为已经开启第三次创业梦想的人文社会科学学术出版机构，社会科学文献出版社结合社会需求、自身的条件以及行业发展，提出了新的创业目标：精心打造人文社会科学成果推广平台，发展成为一家集图书、期刊、声像电子和数字出版物为一体，面向海内外高端读者和客户，具备独特竞争力的人文社会科学内容资源供应商和海内外知名的专业学术出版机构。

　　"皮书"起源于十七、十八世纪的英国，主要指官方或社会组织正式发表的重要文件或报告，多以"白皮书"命名。在中国，"皮书"这一概念被社会广泛接受，并被成功运作、发展成为一种全新的出版形态，则源于中国社会科学院社会科学文献出版社。

　　皮书是对中国与世界发展状况和热点问题进行年度监测，以专家和学术的视角，针对某一领域或区域现状与发展态势展开分析和预测，具备权威性、前沿性、原创性、实证性、时效性等特点的连续性公开出版物，由一系列权威研究报告组成。皮书系列是社会科学文献出版社编辑出版的蓝皮书、绿皮书、黄皮书等的统称。

　　皮书系列的作者以中国社会科学院、著名高校、地方社会科学院的研究人员为主，多为国内一流研究机构的权威专家学者，他们的看法和观点代表了学界对中国与世界的现实和未来最高水平的解读与分析。

　　自20世纪90年代末推出以经济蓝皮书为开端的皮书系列以来，至今已出版皮书近1000余部，内容涵盖经济、社会、政法、文化传媒、行业、地方发展、国际形势等领域。皮书系列已成为社会科学文献出版社的著名图书品牌和中国社会科学院的知名学术品牌。

　　皮书系列在数字出版和国际出版方面成就斐然。皮书数据库被评为"2008~2009年度数字出版知名品牌"；经济蓝皮书、社会蓝皮书等十几种皮书每年还由国外知名学术出版机构出版英文版、俄文版、韩文版和日文版，面向全球发行。

　　2011年，皮书系列正式列入"十二五"国家重点出版规划项目，一年一度的皮书年会升格由中国社会科学院主办；2012年，部分重点皮书列入中国社会科学院承担的国家哲学社会科学创新工程项目。

经 济 类

经济类皮书涵盖宏观经济、城市经济、大区域经济，
提供权威、前沿的分析与预测

经济蓝皮书

2014 年中国经济形势分析与预测（赠阅读卡）

李 扬／主编　　2013 年 12 月出版　　估价 :69.00 元

◆ 本书课题为"总理基金项目"，由著名经济学家李扬领衔，联合数十家科研机构、国家部委和高等院校的专家共同撰写，对 2013 年中国宏观及微观经济形势，特别是全球金融危机及其对中国经济的影响进行了深入分析，并且提出了 2014 年经济走势的预测。

世界经济黄皮书

2014 年世界经济形势分析与预测（赠阅读卡）

王洛林　张宇燕／主编　　2014 年 1 月出版　　估价 :69.00 元

◆ 2013 年的世界经济仍旧行进在坎坷复苏的道路上。发达经济体经济复苏继续巩固，美国和日本经济进入低速增长通道，欧元区结束衰退并呈复苏迹象。本书展望 2014 年世界经济，预计全球经济增长仍将维持在中低速的水平上。

工业化蓝皮书

中国工业化进程报告（2014）（赠阅读卡）

黄群慧　吕 铁　李晓华 等／著　2014 年 11 月出版　　估价 :89.00 元

◆ 中国的工业化是事关中华民族复兴的伟大事业，分析跟踪研究中国的工业化进程，无疑具有重大意义。科学评价与客观认识我国的工业化水平，对于我国明确自身发展中的优势和不足，对于经济结构的升级与转型，对于制定经济发展政策，从而提升我国的现代化水平具有重要作用。

金融蓝皮书

中国金融发展报告（2014）（赠阅读卡）

李　扬　王国刚/主编　2013年12月出版　　定价:69.00元

◆　由中国社会科学院金融研究所组织编写的《中国金融发
展报告（2014）》,概括和分析了2013年中国金融发展和运行
中的各方面情况,研讨和评论了2013年发生的主要金融事件。
本书由业内专家和青年精英联合编著,有利于读者了解掌握
2013年中国的金融状况,把握2014年中国金融的走势。

城市竞争力蓝皮书

中国城市竞争力报告 No.12（赠阅读卡）

倪鹏飞/主编　　2014年5月出版　　估价:89.00元

◆　本书由中国社会科学院城市与竞争力研究中心主任倪鹏飞
主持编写,汇集了众多研究城市经济问题的专家学者关于城市
竞争力研究的最新成果。本报告构建了一套科学的城市竞争力
评价指标体系,采用第一手数据材料,对国内重点城市年度竞
争力格局变化进行客观分析和综合比较、排名,对研究城市经
济及城市竞争力极具参考价值。

中国省域竞争力蓝皮书

中国省域经济综合竞争力发展报告（2012~2013）（赠阅读卡）

李建平　李闽榕　高燕京/主编　　2014年3月出版　估价:188.00元

◆　本书充分运用数理分析、空间分析、规范分析与实证分析
相结合、定性分析与定量分析相结合的方法,建立起比较科学
完善、符合中国国情的省域经济综合竞争力指标评价体系及数
学模型,对2011~2012年中国内地31个省、市、区的经济综合
竞争力进行全面、深入、科学的总体评价与比较分析。

农村经济绿皮书

中国农村经济形势分析与预测(2013~2014)（赠阅读卡）

中国社会科学院农村发展研究所　国家统计局农村社会经济调查司/著
2014年4月出版　　估价:59.00元

◆　本书对2013年中国农业和农村经济运行情况进行了系统
的分析和评价,对2014年中国农业和农村经济发展趋势进行
了预测,并提出相应的政策建议,专题部分将围绕某个重大的
理论和现实问题进行多维、深入、细致的分析和探讨。

西部蓝皮书

中国西部经济发展报告（2014）（赠阅读卡）

姚慧琴　徐璋勇/主编　　2014年7月出版　　估价：69.00元

◆　本书由西北大学中国西部经济发展研究中心主编，汇集了源自西部本土以及国内研究西部问题的权威专家的第一手资料，对国家实施西部大开发战略进行年度动态跟踪，并对2014年西部经济、社会发展态势进行预测和展望。

气候变化绿皮书

应对气候变化报告（2014）（赠阅读卡）

王伟光　郑国光/主编　　2014年11月出版　　估价：79.00元

◆　本书由社科院城环所和国家气候中心共同组织编写，各篇报告的作者长期从事气候变化科学问题、社会经济影响，以及国际气候制度等领域的研究工作，密切跟踪国际谈判的进程，参与国家应对气候变化相关政策的咨询，有丰富的理论与实践经验。

就业蓝皮书

2014年中国大学生就业报告（赠阅读卡）

麦可思研究院/编著　王伯庆　郭　娇/主审
2014年6月出版　估价：98.00元

◆　本书是迄今为止关于中国应届大学毕业生就业、大学毕业生中期职业发展及高等教育人口流动情况的视野最为宽广、资料最为翔实、分类最为精细的实证调查和定量研究；为我国教育主管部门的教育决策提供了极有价值的参考。

企业社会责任蓝皮书

中国企业社会责任研究报告（2014）（赠阅读卡）

黄群慧　彭华岗　钟宏武　张　蒽/编著
2014年11月出版　估价：69.00元

◆　本书系中国社会科学院经济学部企业社会责任研究中心组织编写的《企业社会责任蓝皮书》2014年分册。该书在对企业社会责任进行宏观总体研究的基础上，根据2013年企业社会责任及相关背景进行了创新研究，在全国企业中观层面对企业健全社会责任管理体系提供了弥足珍贵的丰富信息。

社 会 政 法 类

社会政法类皮书聚焦社会发展领域的热点、难点问题，
提供权威、原创的资讯与视点

社会蓝皮书

2014 年中国社会形势分析与预测（赠阅读卡）

李培林　陈光金　张　翼 / 主编　2013 年 12 月出版　估价 :69.00 元

◆　本报告是中国社会科学院"社会形势分析与预测"课题
组 2014 年度分析报告，由中国社会科学院社会学研究所组
织研究机构专家、高校学者和政府研究人员撰写。对 2013
年中国社会发展的各个方面内容进行了权威解读，同时对
2014 年社会形势发展趋势进行了预测。

法治蓝皮书

中国法治发展报告 No.12（2014）（赠阅读卡）

李　林　田　禾 / 主编　　2014 年 2 月出版　　估价 :98.00 元

◆　本年度法治蓝皮书一如既往秉承关注中国法治发展进程
中的焦点问题的特点，回顾总结了 2013 年度中国法治发展
取得的成就和存在的不足，并对 2014 年中国法治发展形势
进行了预测和展望。

民间组织蓝皮书

中国民间组织报告（2014）（赠阅读卡）

黄晓勇 / 主编　　2014 年 8 月出版　　估价 :69.00 元

◆　本报告是中国社会科学院"民间组织与公共治理研究"
课题组推出的第五本民间组织蓝皮书。基于国家权威统计数
据、实地调研和广泛搜集的资料，本报告对 2012 年以来我
国民间组织的发展现状、热点专题、改革趋势等问题进行了
深入研究，并提出了相应的政策建议。

社会保障绿皮书

中国社会保障发展报告（2014）No.6（赠阅读卡）

王延中 / 主编　2014 年 9 月出版　估价 :69.00 元

◆　社会保障是调节收入分配的重要工具，随着社会保障制度的不断建立健全、社会保障覆盖面的不断扩大和社会保障资金的不断增加，社会保障在调节收入分配中的重要性不断提高。本书全面评述了 2013 年以来社会保障制度各个主要领域的发展情况。

环境绿皮书

中国环境发展报告（2014）（赠阅读卡）

刘鉴强 / 主编　　2014 年 4 月出版　　估价 :69.00 元

◆　本书由民间环保组织"自然之友"组织编写，由特别关注、生态保护、宜居城市、可持续消费以及政策与治理等版块构成，以公共利益的视角记录、审视和思考中国环境状况，呈现 2013 年中国环境与可持续发展领域的全局态势，用深刻的思考、科学的数据分析 2013 年的环境热点事件。

教育蓝皮书

中国教育发展报告（2014）（赠阅读卡）

杨东平 / 主编　2014 年 3 月出版　估价 :69.00 元

◆　本书站在教育前沿，突出教育中的问题，特别是对当前教育改革中出现的教育公平、高校教育结构调整、义务教育均衡发展等问题进行了深入分析，从教育的内在发展谈教育，又从外部条件来谈教育，具有重要的现实意义，对我国的教育体制的改革与发展具有一定的学术价值和参考意义。

反腐倡廉蓝皮书

中国反腐倡廉建设报告 No.3（赠阅读卡）

中国社会科学院中国廉政研究中心 / 主编
2013 年 12 月出版　　估价 :79.00 元

◆　本书抓住了若干社会热点和焦点问题，全面反映了新时期新阶段中国反腐倡廉面对的严峻局面，以及中国共产党反腐倡廉建设的新实践新成果。根据实地调研、问卷调查和舆情分析，梳理了当下社会普遍关注的与反腐败密切相关的热点问题。

行 业 报 告 类

行业报告类皮书立足重点行业、新兴行业领域，
提供及时、前瞻的数据与信息

房地产蓝皮书

中国房地产发展报告 No.11（赠阅读卡）

魏后凯　李景国／主编　　2014 年 4 月出版　　估价：79.00 元

◆　　本书由中国社会科学院城市发展与环境研究所组织编写，
秉承客观公正、科学中立的原则，深度解析 2013 年中国房地产
发展的形势和存在的主要矛盾，并预测 2014 年及未来 10 年或
更长时间的房地产发展大势。观点精辟，数据翔实，对关注房
地产市场的各阶层人士极具参考价值。

旅游绿皮书

2013~2014 年中国旅游发展分析与预测（赠阅读卡）

宋　瑞／主编　　2013 年 12 月出版　　定价：69.00 元

◆　　如何从全球的视野理性审视中国旅游，如何在世界旅游版
图上客观定位中国，如何积极有效地推进中国旅游的世界化，
如何制定中国实现世界旅游强国梦想的线路图？本年度开始，
《旅游绿皮书》将围绕"世界与中国"这一主题进行系列研究，
以期为推进中国旅游的长远发展提供科学参考和智力支持。

信息化蓝皮书

中国信息化形势分析与预测（2014）（赠阅读卡）

周宏仁／主编　　2014 年 7 月出版　　估价：98.00 元

◆　　本书在以中国信息化发展的分析和预测为重点的同时，反
映了过去一年间中国信息化关注的重点和热点，视野宽阔，观
点新颖，内容丰富，数据翔实，对中国信息化的发展有很强的
指导性，可读性很强。

企业蓝皮书

中国企业竞争力报告（2014）（赠阅读卡）

金 碚 / 主编　　2014 年 11 月出版　　估价 :89.00 元

◆　中国经济正处于新一轮的经济波动中，如何保持稳健的经营心态和经营方式并进一步求发展，对于企业保持并提升核心竞争力至关重要。本书利用上市公司的财务数据，研究上市公司竞争力变化的最新趋势，探索进一步提升中国企业国际竞争力的有效途径，这无论对实践工作者还是理论研究者都具有重大意义。

食品药品蓝皮书

食品药品安全与监管政策研究报告（2014）（赠阅读卡）

唐民皓 / 主编　　2014 年 7 月出版　　估价 :69.00 元

◆　食品药品安全是当下社会关注的焦点问题之一，如何破解食品药品安全监管重点难点问题是需要以社会合力才能解决的系统工程。本书围绕安全热点问题、监管重点问题和政策焦点问题，注重于对食品药品公共政策和行政监管体制的探索和研究。

流通蓝皮书

中国商业发展报告（2013~2014）（赠阅读卡）

荆林波 / 主编　　2014 年 5 月出版　　估价 :89.00 元

◆　《中国商业发展报告》是中国社会科学院财经战略研究院与香港利丰研究中心合作的成果，并且在 2010 年开始以中英文版同步在全球发行。蓝皮书从关注中国宏观经济出发，突出中国流通业的宏观背景反映了本年度中国流通业发展的状况。

住房绿皮书

中国住房发展报告（2013~2014）（赠阅读卡）

倪鹏飞 / 主编　　2013 年 12 月出版　　估价 :79.00 元

◆　本报告从宏观背景、市场主体、市场体系、公共政策和年度主题五个方面，对中国住宅市场体系做了全面系统的分析、预测与评价，并给出了相关政策建议，并在评述 2012~2013 年住房及相关市场走势的基础上，预测了 2013~2014 年住房及相关市场的发展变化。

国别与地区类

国别与地区类皮书关注全球重点国家与地区，
提供全面、独特的解读与研究

亚太蓝皮书

亚太地区发展报告（2014）（赠阅读卡）

李向阳/主编　　2013年12月出版　　定价:69.00元

◆　本书是由中国社会科学院亚太与全球战略研究院精心打造的又一品牌皮书，关注时下亚太地区局势发展动向里隐藏的中长趋势，剖析亚太地区政治与安全格局下的区域形势最新动向以及地区关系发展的热点问题，并对2014年亚太地区重大动态作出前瞻性的分析与预测。

日本蓝皮书

日本研究报告（2014）（赠阅读卡）

李　薇/主编　　2014年2月出版　　估价:69.00元

◆　本书由中华日本学会、中国社会科学院日本研究所合作推出，是以中国社会科学院日本研究所的研究人员为主完成的研究成果。对2013年日本的政治、外交、经济、社会文化作了回顾、分析与展望，并收录了该年度日本大事记。

欧洲蓝皮书

欧洲发展报告 (2013~2014)（赠阅读卡）

周　弘/主编　　2014年3月出版　　估价:89.00元

◆　本年度的欧洲发展报告，对欧洲经济、政治、社会、外交等面的形式进行了跟踪介绍与分析。力求反映作为一个整体的欧盟及30多个欧洲国家在2013年出现的各种变化。

拉美黄皮书

拉丁美洲和加勒比发展报告（2013~2014）（赠阅读卡）

吴白乙/主编　2014年4月出版　估价:89.00元

◆　本书是中国社会科学院拉丁美洲研究所的第13份关于拉丁美洲和加勒比地区发展形势状况的年度报告。本书对2013年拉丁美洲和加勒比地区诸国的政治、经济、社会、外交等方面的发展情况做了系统介绍，对该地区相关国家的热点及焦点问题进行了总结和分析，并在此基础上对该地区各国2014年的发展前景做出预测。

澳门蓝皮书

澳门经济社会发展报告（2013~2014）（赠阅读卡）

吴志良　郝雨凡/主编　2014年3月出版　估价:79.00元

◆　本书集中反映2013年本澳各个领域的发展动态，总结评价近年澳门政治、经济、社会的总体变化，同时对2014年社会经济情况作初步预测。

日本经济蓝皮书

日本经济与中日经贸关系研究报告（2014）（赠阅读卡）

王洛林　张季风/主编　2014年5月出版　估价:79.00元

◆　本书对当前日本经济以及中日经济合作的发展动态进行了多角度、全景式的深度分析。本报告回顾并展望了2013~2014年度日本宏观经济的运行状况。此外，本报告还收录了大量来自于日本政府权威机构的数据图表，具有极高的参考价值。

美国蓝皮书

美国问题研究报告（2014）（赠阅读卡）

黄　平　倪　峰/主编　2014年6月出版　估价:89.00元

◆　本书是由中国社会科学院美国所主持完成的研究成果，它回顾了美国2013年的经济、政治形势与外交战略,对2013年以来美国内政外交发生的重大事件以及重要政策进行了较为全面的回顾和梳理。

地方发展类

地方发展类皮书关注大陆各省份、经济区域，
提供科学、多元的预判与咨政信息

社会建设蓝皮书

2014年北京社会建设分析报告（赠阅读卡）

宋贵伦/主编　2014年4月出版　估价：69.00元

◆　本书依据社会学理论框架和分析方法，对北京市的人口、就业、分配、社会阶层以及城乡关系等社会学基本问题进行了广泛调研与分析，对广受社会关注的住房、教育、医疗、养老、交通等社会热点问题做了深刻了解与剖析，对日益显现的征地搬迁、外籍人口管理、群体性心理障碍等进行了有益探讨。

温州蓝皮书

2014年温州经济社会形势分析与预测（赠阅读卡）

潘忠强　王春光　金浩/主编　2014年4月出版　估价：69.00元

◆　本书是由中共温州市委党校与中国社会科学院社会学研究所合作推出的第七本"温州经济社会形势分析与预测"年度报告，深入全面分析了2013年温州经济、社会、政治、文化发展的主要特点、经验、成效与不足，提出了相应的政策建议。

上海蓝皮书

上海资源环境发展报告（2014）（赠阅读卡）

周冯琦　汤庆合　王利民/著　2014年1月出版　估价：59.00元

◆　本书在上海所面临资源环境风险的来源、程度、成因、对策等方面作了些有益的探索，希望能对有关部门完善上海的资源环境风险防控工作提供一些有价值的参考，也让普通民众更全面地了解上海资源环境风险及其防控的图景。

广州蓝皮书

2014 年中国广州社会形势分析与预测（赠阅读卡）

易佐永　杨　秦　顾涧清／主编　　2014 年 5 月出版　估价 :65.00 元

◆　本书由广州大学与广州市委宣传部、广州市人力资源和社会保障局联合主编，汇集了广州科研团体、高等院校和政府部门诸多社会问题研究专家、学者和实际部门工作者的最新研究成果，是关于广州社会运行情况和相关专题分析与预测的重要参考资料。

河南经济蓝皮书

2014 年河南经济形势分析与预测（赠阅读卡）

胡五岳／主编　　2014 年 4 月出版　估价 :59.00 元

◆　本书由河南省统计局主持编纂。该分析与展望以 2013 年最新年度统计数据为基础，科学研判河南经济发展的脉络轨迹、分析年度运行态势；以客观翔实、权威资料为特征，突出科学性、前瞻性和可操作性，服务于科学决策和科学发展。

陕西蓝皮书

陕西社会发展报告（2014）（赠阅读卡）

任宗哲　石　英　江　波／主编　　2014 年 1 月出版　估价 :65.00 元

◆　本书系统而全面地描述了陕西省 2013 年社会发展各个领域所取得的成就、存在的问题、面临的挑战及其应对思路，为更好地思考 2014 年陕西发展前景、政策指向和工作策略等方面提供了一个较为简洁清晰的参考蓝本。

上海蓝皮书

上海经济发展报告（2014）（赠阅读卡）

沈开艳／主编　　2014 年 1 月出版　估价 :69.00 元

◆　本书系上海社会科学院系列之一，报告对 2014 年上海经济增长与发展趋势的进行了预测，把握了上海经济发展的脉搏和学术研究的前沿。

广州蓝皮书

广州经济发展报告（2014）（赠阅读卡）

李江涛　刘江华 / 主编　　2014 年 6 月出版　　估价 :65.00 元

◆　本书是由广州市社会科学院主持编写的"广州蓝皮书"系列之一，本报告对广州 2013 年宏观经济运行情况作了深入分析，对 2014 年宏观经济走势进行了合理预测，并在此基础上提出了相应的政策建议。

文 化 传 媒 类

 文化传媒类皮书透视文化领域、文化产业，
探索文化大繁荣、大发展的路径

新媒体蓝皮书

中国新媒体发展报告 No.4(2013)（赠阅读卡）

唐绪军 / 主编　　2014 年 6 月出版　　估价 :69.00 元

◆　本书由中国社会科学院新闻与传播研究所和上海大学合作编写，在构建新媒体发展研究基本框架的基础上，全面梳理 2013 年中国新媒体发展现状，发表最前沿的网络媒体深度调查数据和研究成果，并对新媒体发展的未来趋势做出预测。

舆情蓝皮书

中国社会舆情与危机管理报告（2014）（赠阅读卡）

谢耘耕 / 主编　　2014 年 8 月出版　　估价 :85.00 元

◆　本书由上海交通大学舆情研究实验室和危机管理研究中心主编，已被列入教育部人文社会科学研究报告培育项目。本书以新媒体环境下的中国社会为立足点，对 2013 年中国社会舆情、分类舆情等进行了深入系统的研究，并预测了 2014 年社会舆情走势。

经济类

产业蓝皮书
中国产业竞争力报告（2014）No.4
著(编)者:张其仔　2014年5月出版 / 估价:79.00元

长三角蓝皮书
2014年率先基本实现现代化的长三角
著(编)者:刘志彪　2014年6月出版 / 估价:120.00元

城市竞争力蓝皮书
中国城市竞争力报告No.12
著(编)者:倪鹏飞　2014年5月出版 / 估价:89.00元

城市蓝皮书
中国城市发展报告No.7
著(编)者:潘家华 魏后凯　2014年7月出版 / 估价:69.00元

城市群蓝皮书
中国城市群发展指数报告(2014)
著(编)者:刘士林 刘新静　2014年10月出版 / 估价:59.00元

城乡统筹蓝皮书
中国城乡统筹发展报告（2014）
著(编)者:程志强、潘晨光　2014年3月出版 / 估价:59.00元

城乡一体化蓝皮书
中国城乡一体化发展报告（2014）
著(编)者:汝信 付崇兰　2014年8月出版 / 估价:59.00元

城镇化蓝皮书
中国城镇化健康发展报告（2014）
著(编)者:张占斌　2014年10月出版 / 估价:69.00元

低碳发展蓝皮书
中国低碳发展报告（2014）
著(编)者:齐晔　2014年7月出版 / 估价:69.00元

低碳经济蓝皮书
中国低碳经济发展报告（2014）
著(编)者:薛进军 赵忠秀　2014年5月出版 / 估价:79.00元

东北蓝皮书
中国东北地区发展报告（2014）
著(编)者:鲍振东 曹晓峰　2014年8月出版 / 估价:79.00元

发展和改革蓝皮书
中国经济发展和体制改革报告No.7
著(编)者:邹东涛　2014年7月出版 / 估价:79.00元

工业化蓝皮书
中国工业化进程报告（2014）
著(编)者: 黄群慧 吕铁 李晓华 等
2014年11月出版 / 估价:89.00元

国际城市蓝皮书
国际城市发展报告（2014）
著(编)者:屠启宇　2014年1月出版 / 估价:69.00元

国家创新蓝皮书
国家创新发展报告（2013~2014）
著(编)者:陈劲　2014年3月出版 / 估价:69.00元

国家竞争力蓝皮书
中国国家竞争力报告No.2
著(编)者:倪鹏飞　2014年10月出版 / 估价:98.00元

宏观经济蓝皮书
中国经济增长报告（2014）
著(编)者:张平 刘霞辉　2014年10月出版 / 估价:69.00元

减贫蓝皮书
中国减贫与社会发展报告
著(编)者:黄承伟　2014年7月出版 / 估价:69.00元

金融蓝皮书
中国金融发展报告（2014）
著(编)者:李扬 王国刚　2013年12月出版 / 定价:69.00元

经济蓝皮书
2014年中国经济形势分析与预测
著(编)者:李扬　2013年12月出版 / 估价:69.00元

经济蓝皮书春季号
中国经济前景分析——2014年春季报告
著(编)者:李扬　2014年4月出版 / 估价:59.00元

经济信息绿皮书
中国与世界经济发展报告（2014）
著(编)者:王长胜　2013年12月出版 / 定价:69.00元

就业蓝皮书
2014年中国大学生就业报告
著(编)者:麦可思研究院　2014年6月出版 / 估价:98.00元

民营经济蓝皮书
中国民营经济发展报告No.10（2013～2014）
著(编)者:黄孟复　2014年9月出版 / 估价:69.00元

民营企业蓝皮书
中国民营企业竞争力报告No.7（2014）
著(编)者:刘迎秋　2014年1月出版 / 估价:79.00元

农村绿皮书
中国农村经济形势分析与预测（2014）
著(编)者:中国社会科学院农村发展研究所
　　　　国家统计局农村社会经济调查司 著
2014年4月出版 / 估价:59.00元

企业公民蓝皮书
中国企业公民报告No.4
著(编)者:邹东涛　2014年7月出版 / 估价:69.00元

企业社会责任蓝皮书
中国企业社会责任研究报告（2014）
著(编)者:黄群慧 彭华岗 钟宏武 等
2014年11月出版 / 估价:59.00元

气候变化绿皮书
应对气候变化报告（2014）
著(编)者:王伟光 郑国光　2014年11月出版 / 估价:79.00元

区域蓝皮书
中国区域经济发展报告（2014）
著(编)者:梁昊光　2014年4月出版 / 估价:69.00元

15

人口与劳动绿皮书
中国人口与劳动问题报告No.15
著(编)者:蔡昉　　2014年6月出版 / 估价:69.00元

生态经济（建设）绿皮书
中国经济（建设）发展报告（2013~2014）
著(编)者:黄浩涛　李周　　2014年10月出版 / 估价:69.00元

世界经济黄皮书
2014年世界经济形势分析与预测
著(编)者:王洛林　张宇燕　　2014年1月出版 / 估价:69.00元

西北蓝皮书
中国西北发展报告（2014）
著(编)者:张进海　陈冬红　段庆林　2014年1月出版 / 定价:65.00元

西部蓝皮书
中国西部发展报告（2014）
著(编)者:姚慧琴　徐璋勇　　2014年7月出版 / 估价:69.00元

新型城镇化蓝皮书
新型城镇化发展报告（2014）
著(编)者:沈体雁　李伟　宋敏　　2014年3月出版 / 估价:69.00元

新兴经济体蓝皮书
金砖国家发展报告（2014）
著(编)者:林跃勤　周文　　2014年3月出版 / 估价:79.00元

循环经济绿皮书
中国循环经济发展报告（2013~2014）
著(编)者:齐建国　　2014年12月出版 / 估价:69.00元

中部竞争力蓝皮书
中国中部经济社会竞争力报告（2014）
著(编)者:教育部人文社会科学重点研究基地
　　　　南昌大学中国中部经济社会发展研究中心
2014年7月出版 / 估价:59.00元

中部蓝皮书
中国中部地区发展报告（2014）
著(编)者:朱有志　　2014年10月出版 / 估价:59.00元

中国科技蓝皮书
中国科技发展报告（2014）
著(编)者:陈劲　　2014年4月出版 / 估价:69.00元

中国省域竞争力蓝皮书
中国省域经济综合竞争力发展报告（2012~2013）
著(编)者:李建平　李闽榕　高燕京　2014年3月出版 / 估价:188.00元

中三角蓝皮书
长江中游城市群发展报告（2013~2014）
著(编)者:秦尊文　　2014年6月出版 / 估价:69.00元

中小城市绿皮书
中国中小城市发展报告（2014）
著(编)者:中国城市经济学会中小城市经济发展委员会
　　　　《中国中小城市发展报告》编纂委员会
2014年10月出版 / 估价:98.00元

中原蓝皮书
中原经济区发展报告（2014）
著(编)者:刘怀廉　　2014年6月出版 / 估价:68.00元

社会政法类

殡葬绿皮书
中国殡葬事业发展报告（2014）
著(编)者:朱勇 副主编 李伯森　　2014年3月出版 / 估价:59.00元

城市创新蓝皮书
中国城市创新报告（2014）
著(编)者:周天勇　旷建伟　　2014年7月出版 / 估价:69.00元

城市管理蓝皮书
中国城市管理报告2014
著(编)者:谭维克　刘林　　2014年7月出版 / 估价:98.00元

城市生活质量蓝皮书
中国城市生活质量指数报告（2014）
著(编)者:张平　　2014年7月出版 / 估价:59.00元

城市政府能力蓝皮书
中国城市政府公共服务能力评估报告（2014）
著(编)者:何艳玲　　2014年7月出版 / 估价:59.00元

创新蓝皮书
创新型国家建设报告（2014）
著(编)者:詹正茂　　2014年7月出版 / 估价:69.00元

慈善蓝皮书
中国慈善发展报告（2014）
著(编)者:杨团　　2014年6月出版 / 估价:69.00元

法治蓝皮书
中国法治发展报告No.12（2014）
著(编)者:李林　田禾　　2014年2月出版 / 估价:98.00元

反腐倡廉蓝皮书
中国反腐倡廉建设报告No.3
著(编)者:李秋芳　　2013年12月出版 / 估价:79.00元

非传统安全蓝皮书
中国非传统安全研究报告（2014）
著(编)者:余潇枫　　2014年5月出版 / 估价:69.00元

妇女发展蓝皮书
福建省妇女发展报告（2014）
著(编)者:刘群英　2014年10月出版 / 估价:58.00元

妇女发展蓝皮书
中国妇女发展报告No.5
著(编)者:王金玲 高小贤　2014年5月出版 / 估价:65.00元

妇女教育蓝皮书
中国妇女教育发展报告No.3
著(编)者:张李玺　2014年10月出版 / 估价:69.00元

公共服务满意度蓝皮书
中国城市公共服务评价报告（2014）
著(编)者:胡伟　2014年11月出版 / 估价:69.00元

公共服务蓝皮书
中国城市基本公共服务力评价（2014）
著(编)者:侯惠勤 辛向阳 易定宏
2014年10月出版 / 估价:55.00元

公民科学素质蓝皮书
中国公民科学素质调查报告（2013~2014）
著(编)者:李群 许佳军　2014年2月出版 / 估价:69.00元

公益蓝皮书
中国公益发展报告（2014）
著(编)者:朱健刚　2014年5月出版 / 估价:78.00元

国际人才蓝皮书
中国海归创业发展报告（2014）No.2
著(编)者:王辉耀 路江涌　2014年10月出版 / 估价:69.00元

国际人才蓝皮书
中国留学发展报告（2014）No.3
著(编)者:王辉耀　2014年9月出版 / 估价:59.00元

行政改革蓝皮书
中国行政体制改革报告（2014）No.3
著(编)者:魏礼群　2014年3月出版 / 估价:69.00元

华侨华人蓝皮书
华侨华人研究报告（2014）
著(编)者:丘进　2014年5月出版 / 估价:128.00元

环境竞争力绿皮书
中国省域环境竞争力发展报告（2014）
著(编)者:李建平 李闽榕 王金南
2014年12月出版 / 估价:148.00元

环境绿皮书
中国环境发展报告（2014）
著(编)者:刘鉴强　2014年4月出版 / 估价:69.00元

基本公共服务蓝皮书
中国省级政府基本公共服务发展报告（2014）
著(编)者:孙德超　2014年1月出版 / 估价:69.00元

基金会透明度蓝皮书
中国基金会透明度发展研究报告（2014）
著(编)者:基金会中心网　2014年7月出版 / 估价:79.00元

教师蓝皮书
中国中小学教师发展报告（2014）
著(编)者:曾晓东　2014年4月出版 / 估价:59.00元

教育蓝皮书
中国教育发展报告（2014）
著(编)者:杨东平　2014年3月出版 / 估价:69.00元

科普蓝皮书
中国科普基础设施发展报告（2014）
著(编)者:任福君　2014年6月出版 / 估价:79.00元

口腔健康蓝皮书
中国口腔健康发展报告（2014）
著(编)者:胡德渝　2014年12月出版 / 估价:59.00元

老龄蓝皮书
中国老龄事业发展报告（2014）
著(编)者:吴玉韶　2014年2月出版 / 估价:59.00元

连片特困区蓝皮书
中国连片特困区发展报告（2014）
著(编)者:丁建军 冷志明 游俊　2014年3月出版 / 估价:79.00元

民间组织蓝皮书
中国民间组织报告（2014）
著(编)者:黄晓勇　2014年8月出版 / 估价:69.00元

民族发展蓝皮书
中国民族区域自治发展报告（2014）
著(编)者:郝时远　2014年6月出版 / 估价:98.00元

女性生活蓝皮书
中国女性生活状况报告No.8（2014）
著(编)者:韩湘景　2014年3月出版 / 估价:78.00元

汽车社会蓝皮书
中国汽车社会发展报告（2014）
著(编)者:王俊秀　2014年1月出版 / 估价:59.00元

青年蓝皮书
中国青年发展报告（2014）No.2
著(编)者:廉思　2014年6月出版 / 估价:59.00元

全球环境竞争力绿皮书
全球环境竞争力发展报告（2014）
著(编)者:李建平 李闽榕 王金南　2014年11月出版 / 估价:69.00元

青少年蓝皮书
中国未成年人新媒体运用报告（2014）
著(编)者:李文革 沈杰 季为民　2014年6月出版 / 估价:69.00元

区域人才蓝皮书
中国区域人才竞争力报告No.2
著(编)者:桂昭明 王辉耀　2014年6月出版 / 估价:69.00元

人才蓝皮书
中国人才发展报告（2014）
著(编)者:潘晨光　2014年10月出版 / 估价:79.00元

人权蓝皮书
中国人权事业发展报告No.4（2014）
著(编)者:李君如　2014年7月出版 / 估价:98.00元

世界人才蓝皮书
全球人才发展报告No.1
著(编)者:孙学玉 张冠梓　2013年12月出版 / 估价:69.00元

社会保障绿皮书
中国社会保障发展报告（2014）No.6
著(编)者:王延中　2014年4月出版 / 估价:69.00元

社会工作蓝皮书
中国社会工作发展报告（2013~2014）
著(编)者:王杰秀 邹文开　2014年8月出版 / 估价:59.00元

社会管理蓝皮书
中国社会管理创新报告No.3
著(编)者:连玉明　2014年9月出版 / 估价:79.00元

社会蓝皮书
2014年中国社会形势分析与预测
著(编)者:李培林 陈光金 张翼 2013年12月出版 / 估价:69.00元

社会体制蓝皮书
中国社会体制改革报告（2014）No.2
著(编)者:龚维斌　2014年5月出版 / 估价:59.00元

社会心态蓝皮书
2014年中国社会心态研究报告
著(编)者:王俊秀 杨宜音　2014年1月出版 / 估价:59.00元

生态城市绿皮书
中国生态城市建设发展报告（2014）
著(编)者:李景源 孙伟平 刘举科　2014年6月出版 / 估价:128.00元

生态文明绿皮书
中国省域生态文明建设评价报告（ECI 2014）
著(编)者:严耕　2014年9月出版 / 估价:98.00元

世界创新竞争力黄皮书
世界创新竞争力发展报告（2014）
著(编)者:李建平 李闽榕 赵新力 2014年11月出版 / 估价:128.00元

水与发展蓝皮书
中国水风险评估报告（2014）
著(编)者:苏杨　2014年9月出版 / 估价:69.00元

危机管理蓝皮书
中国危机管理报告（2014）
著(编)者:文学国 范正青　2014年8月出版 / 估价:79.00元

小康蓝皮书
中国全面建设小康社会监测报告（2014）
著(编)者:潘璠　2014年11月出版 / 估价:59.00元

形象危机应对蓝皮书
形象危机应对研究报告（2014）
著(编)者:唐钧　2014年9月出版 / 估价:118.00元

政治参与蓝皮书
中国政治参与报告（2014）
著(编)者:房宁　2014年7月出版 / 估价:58.00元

政治发展蓝皮书
中国政治发展报告（2014）
著(编)者:房宁 杨海蛟　2014年6月出版 / 估价:98.00元

宗教蓝皮书
中国宗教报告（2014）
著(编)者:金泽 邱永辉　2014年8月出版 / 估价:59.00元

社会组织蓝皮书
中国社会组织评估报告（2014）
著(编)者:徐家良　2014年3月出版 / 估价:69.00元

政府绩效评估蓝皮书
中国地方政府绩效评估报告（2014）
著(编)者:贠杰　2014年9月出版 / 估价:69.00元

行业报告类

保健蓝皮书
中国保健服务产业发展报告No.2
著(编)者:中国保健协会 中共中央党校
2014年7月出版 / 估价:198.00元

保健蓝皮书
中国保健食品产业发展报告No.2
著(编)者:中国保健协会
　　中国社会科学院食品药品产业发展与监管研究中心
2014年7月出版 / 估价:198.00元

保健蓝皮书
中国保健用品产业发展报告No.2
著(编)者:中国保健协会　2014年3月出版 / 估价:198.00元

保险蓝皮书
中国保险业竞争力报告（2014）
著(编)者:罗忠敏　2014年1月出版 / 估价:98.00元

餐饮产业蓝皮书
中国餐饮产业发展报告（2014）
著(编)者:中国烹饪协会 中国社会科学院财经战略研究院
2014年5月出版 / 估价:59.00元

测绘地理信息蓝皮书
中国地理信息产业发展报告（2014）
著(编)者:徐德明 2014年12月出版 / 估价:98.00元

茶业蓝皮书
中国茶产业发展报告 （2014）
著(编)者:李闽榕 杨江帆 2014年4月出版 / 估价:79.00元

产权市场蓝皮书
中国产权市场发展报告（2014）
著(编)者:曹和平 2014年1月出版 / 估价:69.00元

产业安全蓝皮书
中国出版与传媒安全报告（2014）
著(编)者:北京交通大学中国产业安全研究中心
2014年1月出版 / 估价:59.00元

产业安全蓝皮书
中国医疗产业安全报告（2014）
著(编)者:北京交通大学中国产业安全研究中心
2014年1月出版 / 估价:59.00元

产业安全蓝皮书
中国医疗产业安全报告（2014）
著(编)者:李孟刚 2014年7月出版 / 估价:69.00元

产业安全蓝皮书
中国文化产业安全蓝皮书(2013~2014)
著(编)者:高海涛 刘益 2014年3月出版 / 估价:69.00元

产业安全蓝皮书
中国出版传媒产业安全报告（2014）
著(编)者:孙万军 王玉海 2014年12月出版 / 估价:69.00元

典当业蓝皮书
中国典当行业发展报告（2013~2014）
著(编)者:黄育华 王力 张红地
2014年10月出版 / 估价:69.00元

电子商务蓝皮书
中国城市电子商务影响力报告（2014）
著(编)者:荆林波 2014年5月出版 / 估价:69.00元

电子政务蓝皮书
中国电子政务发展报告（2014）
著(编)者:洪毅 王长胜 2014年2月出版 / 估价:59.00元

杜仲产业绿皮书
中国杜仲橡胶资源与产业发展报告（2014）
著(编)者:杜红岩 胡文臻 俞瑞
2014年9月出版 / 估价:99.00元

房地产蓝皮书
中国房地产发展报告No.11
著(编)者:魏后凯 李景国 2014年4月出版 / 估价:79.00元

服务外包蓝皮书
中国服务外包产业发展报告（2014）
著(编)者:王晓红 李皓 2014年4月出版 / 估价:89.00元

高端消费蓝皮书
中国高端消费市场研究报告
著(编)者:依绍华 王雪峰 2013年12月出版 / 估价:69.00元

会展经济蓝皮书
中国会展经济发展报告（2014）
著(编)者:过聚荣 2014年9月出版 / 估价:65.00元

会展蓝皮书
中外会展业动态评估年度报告（2014）
著(编)者:张敏 2014年8月出版 / 估价:68.00元

基金会绿皮书
中国基金会发展独立研究报告（2014）
著(编)者:基金会中心网 2014年8月出版 / 估价:58.00元

交通运输蓝皮书
中国交通运输服务发展报告（2014）
著(编)者:林晓言 卜伟 武剑红
2014年10月出版 / 估价:69.00元

金融监管蓝皮书
中国金融监管报告（2014）
著(编)者:胡滨 2014年9月出版 / 估价:65.00元

金融蓝皮书
中国金融中心发展报告（2014）
著(编)者:中国社会科学院金融研究所
　　　　中国博士后特华科研工作站 王力 黄育华
2014年10月出版 / 估价:59.00元

金融蓝皮书
中国商业银行竞争力报告（2014）
著(编)者:王松奇 2014年5月出版 / 估价:79.00元

金融蓝皮书
中国金融发展报告（2014）
著(编)者:李扬 王国刚 2013年12月出版 / 估价:69.00元

金融蓝皮书
中国金融法治报告（2014）
著(编)者:胡滨 全先银 2014年3月出版 / 估价:65.00元

金融蓝皮书
中国金融产品与服务报告（2014）
著(编)者:殷剑峰 2014年6月出版 / 估价:59.00元

金融信息服务蓝皮书
金融信息服务业发展报告（2014）
著(编)者:鲁广锦 2014年11月出版 / 估价:69.00元

抗衰老医学蓝皮书
抗衰老医学发展报告（2014）
著(编)者:罗伯特·高德曼 罗纳德·科莱兹
　　　尼尔·布什 朱敏 金大鹏 郭弋
2014年3月出版 / 估价:69.00元

客车蓝皮书
中国客车产业发展报告（2014）
著(编)者:姚蔚 2014年12月出版 / 估价:69.00元

科学传播蓝皮书
中国科学传播报告（2014）
著(编)者:詹正茂 2014年4月出版 / 估价:69.00元

流通蓝皮书
中国商业发展报告（2014）
著(编)者:荆林波 2014年5月出版 / 估价:89.00元

旅游安全蓝皮书
中国旅游安全报告（2014）
著(编)者:郑向敏 谢朝武 2014年6月出版 / 估价:79.00元

旅游绿皮书
2013~2014年中国旅游发展分析与预测
著(编)者:宋瑞 2013年12月出版 / 估价:69.00元

旅游城市绿皮书
世界旅游城市发展报告（2013~2014）
著(编)者:张辉 2014年1月出版 / 估价:69.00元

贸易蓝皮书
中国贸易发展报告（2014）
著(编)者:荆林波 2014年5月出版 / 估价:49.00元

民营医院蓝皮书
中国民营医院发展报告（2014）
著(编)者:朱幼棣 2014年10月出版 / 估价:69.00元

闽商蓝皮书
闽商发展报告（2014）
著(编)者:李闽榕 王日根 2014年12月出版 / 估价:69.00元

能源蓝皮书
中国能源发展报告（2014）
著(编)者:崔民选 王军生 陈义和
2014年10月出版 / 估价:59.00元

农产品流通蓝皮书
中国农产品流通产业发展报告（2014）
著(编)者:贾敬敦 王炳南 张玉玺 张鹏毅 陈丽华
2014年8月出版 / 估价:89.00元

期货蓝皮书
中国期货市场发展报告（2014）
著(编)者:荆林波 2014年6月出版 / 估价:98.00元

企业蓝皮书
中国企业竞争力报告（2014）
著(编)者:金碚 2014年11月出版 / 估价:89.00元

汽车安全蓝皮书
中国汽车安全发展报告（2014）
著(编)者:赵福全 孙小端 等 2014年1月出版 / 估价:69.00元

汽车蓝皮书
中国汽车产业发展报告（2014）
著(编)者:国务院发展研究中心产业经济研究部
　　　中国汽车工程学会 大众汽车集团（中国）
2014年7月出版 / 估价:79.00元

清洁能源蓝皮书
国际清洁能源发展报告（2014）
著(编)者:国际清洁能源论坛（澳门）
2014年9月出版 / 估价:89.00元

人力资源蓝皮书
中国人力资源发展报告（2014）
著(编)者:吴江 2014年9月出版 / 估价:69.00元

软件和信息服务业蓝皮书
中国软件和信息服务业发展报告（2014）
著(编)者:洪京一 工业和信息化部电子科学技术情报研究所
2014年6月出版 / 估价:98.00元

商会蓝皮书
中国商会发展报告 No.4（2014）
著(编)者:黄孟复 2014年4月出版 / 估价:59.00元

商品市场蓝皮书
中国商品市场发展报告（2014）
著(编)者:荆林波 2014年7月出版 / 估价:59.00元

上市公司蓝皮书
中国上市公司非财务信息披露报告（2014）
著(编)者:钟宏武 张旺 张蕙 等
2014年12月出版 / 估价:59.00元

食品药品蓝皮书
食品药品安全与监管政策研究报告（2014）
著(编)者:唐民皓 2014年7月出版 / 估价:69.00元

世界能源蓝皮书
世界能源发展报告（2014）
著(编)者:黄晓勇 2014年9月出版 / 估价:99.00元

私募市场蓝皮书
中国私募股权市场发展报告（2014）
著(编)者:曹和平 2014年4月出版 / 估价:69.00元

体育蓝皮书
中国体育产业发展报告（2014）
著(编)者:阮伟 钟秉枢 2013年2月出版 / 估价:69.00元

体育蓝皮书·公共体育服务
中国公共体育服务发展报告（2014）
著(编)者:戴健 　2014年12月出版 / 估价:69.00元

投资蓝皮书
中国投资发展报告（2014）
著(编)者:杨庆蔚 　2014年4月出版 / 估价:79.00元

投资蓝皮书
中国企业海外投资发展报告（2013~2014）
著(编)者:陈文晖 　薛誉华 　2013年12月出版 / 估价:69.00元

物联网蓝皮书
中国物联网发展报告（2014）
著(编)者:龚六堂 　2014年1月出版 / 估价:59.00元

西部工业蓝皮书
中国西部工业发展报告（2014）
著(编)者:方行明 　刘方健 　姜凌等
2014年9月出版 / 估价:69.00元

西部金融蓝皮书
中国西部金融发展报告（2014）
著(编)者:李忠民 　2014年10月出版 / 估价:69.00元

新能源汽车蓝皮书
中国新能源汽车产业发展报告（2014）
著(编)者:中国汽车技术研究中心
　　　　日产（中国）投资有限公司
　　　　东风汽车有限公司
2014年9月出版 / 估价:69.00元

信托蓝皮书
中国信托业研究报告（2014）
著(编)者:中建投信托研究中心 　中国建设建投研究院
2014年9月出版 / 估价:59.00元

信托蓝皮书
中国信托投资报告（2014）
著(编)者:杨金龙 　刘屹 　2014年7月出版 / 估价:69.00元

信息化蓝皮书
中国信息化形势分析与预测（2014）
著(编)者:周宏仁 　2014年7月出版 / 估价:98.00元

信用蓝皮书
中国信用发展报告（2014）
著(编)者:章政 　田侃 　2014年4月出版 / 估价:69.00元

休闲绿皮书
2014年中国休闲发展报告
著(编)者:刘德谦 　唐兵 　宋瑞
2014年6月出版 / 估价:59.00元

养老产业蓝皮书
中国养老产业发展报告（2013~2014年）
著(编)者:张车伟 　2014年1月出版 / 估价:69.00元

移动互联网蓝皮书
中国移动互联网发展报告（2014）
著(编)者:官建文 　2014年5月出版 / 估价:79.00元

医药蓝皮书
中国药品市场报告（2014）
著(编)者:程锦锥 　朱恒鹏 　2014年12月出版 / 估价:79.00元

中国林业竞争力蓝皮书
中国省域林业竞争力发展报告No.2（2014）
（上下册）
著(编)者:郑传芳 　李闽榕 　张春霞 　张会儒
2014年8月出版 / 估价:139.00元

中国农业竞争力蓝皮书
中国省域农业竞争力发展报告No.2（2014）
著(编)者:郑传芳 　宋洪远 　李闽榕 　张春霞
2014年7月出版 / 估价:128.00元

中国信托市场蓝皮书
中国信托业市场报告（2013~2014）
著(编)者:李旸 　2014年10月出版 / 估价:69.00元

中国总部经济蓝皮书
中国总部经济发展报告（2014）
著(编)者:赵弘 　2014年9月出版 / 估价:69.00元

珠三角流通蓝皮书
珠三角商圈发展研究报告（2014）
著(编)者:王先庆 　林至颖 　2014年8月出版 / 估价:69.00元

住房绿皮书
中国住房发展报告（2013~2014）
著(编)者:倪鹏飞 　2013年12月出版 / 估价:79.00元

资本市场蓝皮书
中国场外交易市场发展报告（2014）
著(编)者:高峦 　2014年3月出版 / 估价:79.00元

资产管理蓝皮书
中国信托业发展报告（2014）
著(编)者:智信资产管理研究院 　2014年7月出版 / 估价:69.00元

支付清算蓝皮书
中国支付清算发展报告（2014）
著(编)者:杨涛 　2014年4月出版 / 估价:45.00元

文化传媒类

传媒蓝皮书
中国传媒产业发展报告（2014）
著(编)者:崔保国　2014年4月出版 / 估价:79.00元

传媒竞争力蓝皮书
中国传媒国际竞争力研究报告（2014）
著(编)者:李本乾　2014年9月出版 / 估价:69.00元

创意城市蓝皮书
武汉市文化创意产业发展报告（2014）
著(编)者:张京成　黄永林　2014年10月出版 / 估价:69.00元

电视蓝皮书
中国电视产业发展报告（2014）
著(编)者:卢斌　2014年4月出版 / 估价:79.00元

电影蓝皮书
中国电影出版发展报告（2014）
著(编)者:卢斌　2014年4月出版 / 估价:79.00元

动漫蓝皮书
中国动漫产业发展报告（2014）
著(编)者:卢斌　郑玉明　牛兴侦　2014年4月出版 / 估价:79.00元

广电蓝皮书
中国广播电影电视发展报告（2014）
著(编)者:庞井君　杨明品　李岚
2014年6月出版 / 估价:88.00元

广告主蓝皮书
中国广告主营销传播趋势报告N0.8
著(编)者:中国传媒大学广告主研究所
　　　　中国广告主营销传播创新研究课题组
　　　　黄升民　杜国清　邵华冬等
2014年5月出版 / 估价:98.00元

国际传播蓝皮书
中国国际传播发展报告（2014）
著(编)者:胡正荣　李继东　姬德强
2014年1月出版 / 估价:69.00元

纪录片蓝皮书
中国纪录片发展报告（2014）
著(编)者:何苏六　2014年10月出版 / 估价:89.00元

两岸文化蓝皮书
两岸文化产业合作发展报告（2014）
著(编)者:胡惠林　肖夏勇　2014年6月出版 / 估价:59.00元

媒介与女性蓝皮书
中国媒介与女性发展报告（2014）
著(编)者:刘利群　2014年8月出版 / 估价:69.00元

全球传媒蓝皮书
全球传媒产业发展报告（2014）
著(编)者:胡正荣　2014年12月出版 / 估价:79.00元

视听新媒体蓝皮书
中国视听新媒体发展报告（2014）
著(编)者:庞井君　2014年6月出版 / 估价:148.00元

文化创新蓝皮书
中国文化创新报告（2014）No.5
著(编)者:于平　傅才武　2014年7月出版 / 估价:79.00元

文化科技蓝皮书
文化科技融合与创意城市发展报告（2014）
著(编)者:李凤亮　于平　2014年7月出版 / 估价:79.00元

文化蓝皮书
2014年中国文化产业发展报告
著(编)者:张晓明　胡惠林　章建刚
2014年3月出版 / 估价:69.00元

文化蓝皮书
中国文化产业供需协调增长测评报（2013）
著(编)者:高书生　王亚楠　2014年5月出版 / 估价:79.00元

文化蓝皮书
中国城镇文化消费需求景气评价报告（2014）
著(编)者:王亚南　张晓明　祁述裕
2014年5月出版 / 估价:79.00元

文化蓝皮书
中国公共文化服务发展报告（2014）
著(编)者:于群　李国新　2014年10月出版 / 估价:98.00元

文化蓝皮书
中国文化消费需求景气评价报告（2014）
著(编)者:王亚南　2014年5月出版 / 估价:79.00元

文化蓝皮书
中国乡村文化消费需求景气评价报告（2014）
著(编)者:王亚南　2014年5月出版 / 估价:79.00元

文化蓝皮书
中国中心城市文化消费需求景气评价报告（2014）
著(编)者:王亚南　2014年5月出版 / 估价:79.00元

文化蓝皮书
中国少数民族文化发展报告（2014）
著(编)者:武翠英　张晓明　张学进
2014年3月出版 / 估价:69.00元

文化建设蓝皮书
中国文化建设发展报告（2014）
著(编)者：江畅 孙伟平 2014年3月出版 / 估价：69.00元

文化品牌蓝皮书
中国文化品牌发展报告（2014）
著(编)者：欧阳友权 2014年5月出版 / 估价：75.00元

文化软实力蓝皮书
中国文化软实力研究报告（2014）
著(编)者：张国祚 2014年7月出版 / 估价：79.00元

文化遗产蓝皮书
中国文化遗产事业发展报告（2014）
著(编)者：刘世锦 2014年3月出版 / 估价：79.00元

文学蓝皮书
中国文情报告（2014）
著(编)者：白烨 2014年5月出版 / 估价：59.00元

新媒体蓝皮书
中国新媒体发展报告No.5（2014）
著(编)者：唐绪军 2014年6月出版 / 估价：69.00元

移动互联网蓝皮书
中国移动互联网发展报告（2014）
著(编)者：官建文 2014年4月出版 / 估价：79.00元

游戏蓝皮书
中国游戏产业发展报告（2014）
著(编)者：卢斌 2014年4月出版 / 估价：79.00元

舆情蓝皮书
中国社会舆情与危机管理报告（2014）
著(编)者：谢耘耕 2014年8月出版 / 估价：85.00元

粤港澳台文化蓝皮书
粤港澳台文化创意产业发展报告（2014）
著(编)者：丁未 2014年4月出版 / 估价：69.00元

地方发展类

安徽蓝皮书
安徽社会发展报告（2014）
著(编)者：程桦 2014年4月出版 / 估价：79.00元

安徽社会建设蓝皮书
安徽社会建设分析报告（2014）
著(编)者：黄家海 王开玉 蔡宪 2014年4月出版 / 估价：69.00元

北京蓝皮书
北京城乡发展报告（2014）
著(编)者：黄序 2014年4月出版 / 估价：59.00元

北京蓝皮书
北京公共服务发展报告（2014）
著(编)者：张耘 2014年3月出版 / 估价：65.00元

北京蓝皮书
北京经济发展报告（2014）
著(编)者：赵弘 2014年4月出版 / 估价：59.00元

北京蓝皮书
北京社会发展报告（2014）
著(编)者：缪青 2014年10月出版 / 估价：59.00元

北京蓝皮书
北京文化发展报告（2014）
著(编)者：李建盛 2014年5月出版 / 估价：69.00元

北京蓝皮书
中国社区发展报告（2014）
著(编)者：于燕燕 2014年8月出版 / 估价：59.00元

北京蓝皮书
北京公共服务发展报告（2014）
著(编)者：施昌奎 2014年8月出版 / 估价：59.00元

北京旅游绿皮书
北京旅游发展报告（2014）
著(编)者：鲁勇 2014年7月出版 / 估价：98.00元

北京律师蓝皮书
北京律师发展报告No.2（2014）
著(编)者：王隽 周塞军 2014年9月出版 / 估价：79.00元

北京人才蓝皮书
北京人才发展报告（2014）
著(编)者：于淼 2014年10月出版 / 估价：89.00元

城乡一体化蓝皮书
中国城乡一体化发展报告·北京卷（2014）
著(编)者：张宝秀 黄序 2014年6月出版 / 估价：59.00元

创意城市蓝皮书
北京文化创意产业发展报告（2014）
著(编)者：张京成 王国华 2014年10月出版 / 估价：69.00元

创意城市蓝皮书
青岛文化创意产业发展报告（2014）
著(编)者：马达 2014年5月出版 / 估价：69.00元

创意城市蓝皮书
无锡文化创意产业发展报告（2014）
著(编)者：庄若江 张鸣年 2014年8月出版 / 估价：75.00元

服务业蓝皮书
广东现代服务业发展报告（2014）
著(编)者:祁明 程晓　2014年1月出版 / 估价:69.00元

甘肃蓝皮书
甘肃舆情分析与预测（2014）
著(编)者:陈双梅 郝树声　2014年1月出版 / 估价:69.00元

甘肃蓝皮书
甘肃县域社会发展评价报告（2014）
著(编)者:魏胜文　2014年1月出版 / 估价:69.00元

甘肃蓝皮书
甘肃经济发展分析与预测（2014）
著(编)者:魏胜文　2014年1月出版 / 估价:69.00元

甘肃蓝皮书
甘肃社会发展分析与预测（2014）
著(编)者:安文华　2014年1月出版 / 估价:69.00元

甘肃蓝皮书
甘肃文化发展分析与预测（2014）
著(编)者:周小华　2014年1月出版 / 估价:69.00元

广东蓝皮书
广东省电子商务发展报告（2014）
著(编)者:黄建明 祁明　2014年11月出版 / 估价:69.00元

广东蓝皮书
广东社会工作发展报告（2014）
著(编)者:罗观翠　2013年12月出版 / 估价:69.00元

广东外经贸蓝皮书
广东对外经济贸易发展研究报告（2014）
著(编)者:陈万灵　2014年3月出版 / 估价:65.00元

广西北部湾经济区蓝皮书
广西北部湾经济区开放开发报告（2014）
著(编)者:广西北部湾经济区规划建设管理委员会办公室
　　广西社会科学院 广西北部湾发展研究院
2014年7月出版 / 估价:69.00元

广州蓝皮书
2014年中国广州经济形势分析与预测
著(编)者:庾建设 郭志勇 沈奎　2014年6月出版 / 估价:69.00元

广州蓝皮书
2014年中国广州社会形势分析与预测
著(编)者:易佐永 杨秦 顾涧清　2014年5月出版 / 估价:65.00元

广州蓝皮书
广州城市国际化发展报告（2014）
著(编)者:朱名宏　2014年9月出版 / 估价:59.00元

广州蓝皮书
广州创新型城市发展报告（2014）
著(编)者:李江涛　2014年8月出版 / 估价:59.00元

广州蓝皮书
广州经济发展报告（2014）
著(编)者:李江涛 刘江华　2014年6月出版 / 估价:65.00元

广州蓝皮书
广州农村发展报告（2014）
著(编)者:李江涛 汤锦华　2014年8月出版 / 估价:59.00元

广州蓝皮书
广州青年发展报告（2014）
著(编)者:魏国华 张强　2014年9月出版 / 估价:65.00元

广州蓝皮书
广州汽车产业发展报告（2014）
著(编)者:李江涛 杨再高　2014年10月出版 / 估价:69.00元

广州蓝皮书
广州商贸业发展报告（2014）
著(编)者:陈家成 王旭东 荀振英
2014年7月出版 / 估价:69.00元

广州蓝皮书
广州文化创意产业发展报告（2014）
著(编)者:甘新　2014年10月出版 / 估价:59.00元

广州蓝皮书
中国广州城市建设发展报告（2014）
著(编)者:董皞 冼伟雄 李俊夫
2014年8月出版 / 估价:69.00元

广州蓝皮书
中国广州科技与信息化发展报告（2014）
著(编)者:庾建设 谢学宁　2014年8月出版 / 估价:59.00元

广州蓝皮书
中国广州文化创意产业发展报告（2014）
著(编)者:甘新　2014年10月出版 / 估价:59.00元

广州蓝皮书
中国广州文化发展报告（2014）
著(编)者:徐俊忠 汤应武 陆志强
2014年8月出版 / 估价:69.00元

贵州蓝皮书
贵州法治发展报告（2014）
著(编)者:吴大华　2014年3月出版 / 估价:69.00元

贵州蓝皮书
贵州社会发展报告（2014）
著(编)者:王兴骥　2014年3月出版 / 估价:59.00元

贵州蓝皮书
贵州农村扶贫开发报告（2014）
著(编)者:王朝新 宋明　2014年3月出版 / 估价:69.00元

贵州蓝皮书
贵州文化产业发展报告（2014）
著(编)者:李建国　2014年3月出版 / 估价:69.00元

海淀蓝皮书
海淀区文化和科技融合发展报告（2014）
著(编)者:陈名杰 孟景伟　2014年5月出版 / 估价:75.00元

海峡经济区蓝皮书
海峡经济区发展报告（2014）
著(编)者:李闽榕 王秉安 谢明辉（台湾）
2014年10月出版 / 估价:78.00元

海峡西岸蓝皮书
海峡西岸经济区发展报告（2014）
著(编)者:福建省人民政府发展研究中心
2014年9月出版 / 估价:85.00元

杭州蓝皮书
杭州市妇女发展报告（2014）
著(编)者:魏颖 揭爱花　2014年2月出版 / 估价:69.00元

河北蓝皮书
河北省经济发展报告（2014）
著(编)者:马树强 张贵　2013年12月出版 / 估价:69.00元

河北蓝皮书
河北经济社会发展报告（2014）
著(编)者:周文夫　2013年12月出版 / 估价:69.00元

河南经济蓝皮书
2014年河南经济形势分析与预测
著(编)者:胡五岳　2014年3月出版 / 估价:65.00元

河南蓝皮书
2014年河南社会形势分析与预测
著(编)者:刘道兴 牛苏林　2014年1月出版 / 估价:59.00元

河南蓝皮书
河南城市发展报告（2014）
著(编)者:林宪斋 王建国　2014年1月出版 / 估价:69.00元

河南蓝皮书
河南经济发展报告（2014）
著(编)者:喻新安　2014年1月出版 / 估价:59.00元

河南蓝皮书
河南文化发展报告（2014）
著(编)者:谷建全 卫绍生　2014年1月出版 / 估价:69.00元

河南蓝皮书
河南工业发展报告（2014）
著(编)者:龚绍东　2014年1月出版 / 估价:59.00元

黑龙江产业蓝皮书
黑龙江产业发展报告（2014）
著(编)者:于渤　2014年10月出版 / 估价:79.00元

黑龙江蓝皮书
黑龙江经济发展报告（2014）
著(编)者:曲伟　2014年1月出版 / 估价:59.00元

黑龙江蓝皮书
黑龙江社会发展报告（2014）
著(编)者:艾书琴　2014年1月出版 / 估价:69.00元

湖南城市蓝皮书
城市社会管理
著(编)者:罗海藩　2014年10月出版 / 估价:59.00元

湖南蓝皮书
2014年湖南产业发展报告
著(编)者:梁志峰　2014年5月出版 / 估价:89.00元

湖南蓝皮书
2014年湖南法治发展报告
著(编)者:梁志峰　2014年5月出版 / 估价:79.00元

湖南蓝皮书
2014年湖南经济展望
著(编)者:梁志峰　2014年5月出版 / 估价:79.00元

湖南蓝皮书
2014年湖南两型社会发展报告
著(编)者:梁志峰　2014年5月出版 / 估价:79.00元

湖南县域绿皮书
湖南县域发展报告No.2
著(编)者:朱有志 袁准 周小毛　2014年7月出版 / 估价:69.00元

沪港蓝皮书
沪港发展报告（2014）
著(编)者:尤安山　2014年9月出版 / 估价:89.00元

吉林蓝皮书
2014年吉林经济社会形势分析与预测
著(编)者:马克　2014年1月出版 / 估价:69.00元

江苏法治蓝皮书
江苏法治发展报告No.3（2014）
著(编)者:李力 龚廷泰 严海良　2014年8月出版 / 估价:88.00元

京津冀蓝皮书
京津冀区域一体化发展报告（2014）
著(编)者:文魁 祝尔娟　2014年3月出版 / 估价:89.00元

经济特区蓝皮书
中国经济特区发展报告（2014）
著(编)者:陶一桃　2014年3月出版 / 估价:89.00元

辽宁蓝皮书
2014年辽宁经济社会形势分析与预测
著(编)者:曹晓峰 张晶 张卓民　2014年1月出版 / 估价:69.00元

流通蓝皮书
湖南省商贸流通产业发展报告No.2
著(编)者:柳思维　2014年10月出版 / 估价:75.00元

内蒙古蓝皮书
内蒙古经济发展蓝皮书(2013~2014)
著(编)者:黄育华   2014年7月出版 / 估价:69.00元

内蒙古蓝皮书
内蒙古反腐倡廉建设报告No.1
著(编)者:张志华 无极   2013年12月出版 / 估价:69.00元

浦东新区蓝皮书
上海浦东经济发展报告（2014）
著(编)者:左学金 陆沪根   2014年1月出版 / 估价:59.00元

侨乡蓝皮书
中国侨乡发展报告（2014）
著(编)者:郑一省   2013年12月出版 / 估价:69.00元

青海蓝皮书
2014年青海经济社会形势分析与预测
著(编)者:赵宗福   2014年2月出版 / 估价:69.00元

人口与健康蓝皮书
深圳人口与健康发展报告（2014）
著(编)者:陆杰华 江捍平   2014年10月出版 / 估价:98.00元

山西蓝皮书
山西资源型经济转型发展报告（2014）
著(编)者:李志强 容和平   2014年3月出版 / 估价:79.00元

陕西蓝皮书
陕西经济发展报告（2014）
著(编)者:任宗哲 石英 裴成荣   2014年3月出版 / 估价:65.00元

陕西蓝皮书
陕西社会发展报告（2014）
著(编)者:任宗哲 石英 江波   2014年1月出版 / 估价:65.00元

陕西蓝皮书
陕西文化发展报告（2014）
著(编)者:任宗哲 石英 王长寿   2014年3月出版 / 估价:59.00元

上海蓝皮书
上海传媒发展报告（2014）
著(编)者:强荧 焦雨虹   2014年1月出版 / 估价:59.00元

上海蓝皮书
上海法治发展报告（2014）
著(编)者:潘世伟 叶青   2014年1月出版 / 估价:59.00元

上海蓝皮书
上海经济发展报告（2014）
著(编)者:沈开艳   2014年1月出版 / 估价:69.00元

上海蓝皮书
上海社会发展报告（2014）
著(编)者:卢汉龙 周海旺   2014年1月出版 / 估价:59.00元

上海蓝皮书
上海文化发展报告（2014）
著(编)者:蒯大申   2014年1月出版 / 估价:59.00元

上海蓝皮书
上海文学发展报告（2014）
著(编)者:陈圣来   2014年1月出版 / 估价:59.00元

上海蓝皮书
上海资源环境发展报告（2014）
著(编)者:周冯琦 汤庆合 王利民   2014年1月出版 / 估价:59.00元

上海社会保障绿皮书
上海社会保障改革与发展报告（2013~2014）
著(编)者:汪泓   2014年1月出版 / 估价:65.00元

社会建设蓝皮书
2014年北京社会建设分析报告
著(编)者:宋贵伦   2014年4月出版 / 估价:69.00元

深圳蓝皮书
深圳经济发展报告（2014）
著(编)者:吴忠   2014年6月出版 / 估价:69.00元

深圳蓝皮书
深圳劳动关系发展报告（2014）
著(编)者:汤庭芬   2014年6月出版 / 估价:69.00元

深圳蓝皮书
深圳社会发展报告（2014）
著(编)者:吴忠 余智晟   2014年7月出版 / 估价:69.00元

四川蓝皮书
四川文化产业发展报告（2014）
著(编)者:向宝云   2014年1月出版 / 估价:69.00元

温州蓝皮书
2014年温州经济社会形势分析与预测
著(编)者:潘忠强 王春光 金浩   2014年4月出版 / 估价:69.00元

温州蓝皮书
浙江温州金融综合改革试验区发展报告（2013~2014）
著(编)者:钱水土 王去非 李义超   2014年4月出版 / 估价:69.00元

扬州蓝皮书
扬州经济社会发展报告（2014）
著(编)者:张爱军   2014年1月出版 / 估价:78.00元

义乌蓝皮书
浙江义乌市国际贸易综合改革试验区发展报告（2013~2014）
著(编)者:马淑琴 刘文革 周松强   2014年4月出版 / 估价:69.00元

云南蓝皮书
中国面向西南开放重要桥头堡建设发展报告（2014）
著(编)者:刘绍怀   2014年12月出版 / 估价:69.00元

长株潭城市群蓝皮书
长株潭城市群发展报告（2014）
著(编)者:张萍   2014年10月出版 / 估价:69.00元

郑州蓝皮书
2014年郑州文化发展报告
著(编)者:王哲　2014年7月出版 / 估价:69.00元

中国省会经济圈蓝皮书
合肥经济圈经济社会发展报告No.4(2013~2014)
著(编)者:董昭礼　2014年4月出版 / 估价:79.00元

国别与地区类

G20国家创新竞争力黄皮书
二十国集团(G20)国家创新竞争力发展报告（2014）
著(编)者:李建平 李闽榕 赵新力
2014年9月出版 / 估价:118.00元

澳门蓝皮书
澳门经济社会发展报告（2013~2014）
著(编)者:吴志良 郝雨凡　2014年3月出版 / 估价:79.00元

北部湾蓝皮书
泛北部湾合作发展报告（2014）
著(编)者:吕余生　2014年7月出版 / 估价:79.00元

大湄公河次区域蓝皮书
大湄公河次区域合作发展报告（2014）
著(编)者:刘稚　2014年8月出版 / 估价:79.00元

大洋洲蓝皮书
大洋洲发展报告（2014）
著(编)者:魏明海 喻常森　2014年7月出版 / 估价:69.00元

德国蓝皮书
德国发展报告（2014）
著(编)者:李乐曾 郑春荣等　2014年5月出版 / 估价:69.00元

东北亚黄皮书
东北亚地区政治与安全报告（2014）
著(编)者:黄凤志 刘雪莲　2014年6月出版 / 估价:69.00元

东盟黄皮书
东盟发展报告（2014）
著(编)者:黄兴球 庄国土　2014年12月出版 / 估价:68.00元

东南亚蓝皮书
东南亚地区发展报告（2014）
著(编)者:王勤　2014年11月出版 / 估价:59.00元

俄罗斯黄皮书
俄罗斯发展报告（2014）
著(编)者:李永全　2014年7月出版 / 估价:79.00元

非洲黄皮书
非洲发展报告No.15（2014）
著(编)者:张宏明　2014年7月出版 / 估价:79.00元

港澳珠三角蓝皮书
粤港澳区域合作与发展报告（2014）
著(编)者:梁庆寅 陈广汉　2014年6月出版 / 估价:59.00元

国际形势黄皮书
全球政治与安全报告（2014）
著(编)者:李慎明 张宇燕　2014年1月出版 / 估价:69.00元

韩国蓝皮书
韩国发展报告（2014）
著(编)者:牛林杰 刘宝全　2014年6月出版 / 估价:69.00元

加拿大蓝皮书
加拿大国情研究报告（2014）
著(编)者:仲伟合 唐小松　2013年12月出版 / 估价:69.00元

柬埔寨蓝皮书
柬埔寨国情报告（2014）
著(编)者:毕世鸿　2014年6月出版 / 估价:79.00元

拉美黄皮书
拉丁美洲和加勒比发展报告（2014）
著(编)者:吴白乙 刘维广　2014年4月出版 / 估价:89.00元

老挝蓝皮书
老挝国情报告（2014）
著(编)者:卢光盛 方芸 吕星　2014年6月出版 / 估价:79.00元

美国蓝皮书
美国问题研究报告（2014）
著(编)者:黄平 倪峰　2014年5月出版 / 估价:79.00元

缅甸蓝皮书
缅甸国情报告（2014）
著(编)者:李晨阳　2014年4月出版 / 估价:79.00元

欧亚大陆桥发展蓝皮书
欧亚大陆桥发展报告（2014）
著(编)者:李忠民　2014年10月出版 / 估价:59.00元

欧洲蓝皮书
欧洲发展报告（2014）
著(编)者:周弘　2014年3月出版 / 估价:79.00元

葡语国家蓝皮书
巴西发展与中巴关系报告2014（中英文）
著(编)者:张曙光　David T. Ritchie
2014年8月出版 / 估价:69.00元

日本经济蓝皮书
日本经济与中日经贸关系发展报告（2014）
著(编)者:王洛林　张季风　2014年5月出版 / 估价:79.00元

日本蓝皮书
日本发展报告（2014）
著(编)者:李薇　2014年2月出版 / 估价:69.00元

上海合作组织黄皮书
上海合作组织发展报告（2014）
著(编)者:李进峰　吴宏伟　李伟　2014年9月出版 / 估价:98.00元

世界创新竞争力黄皮书
世界创新竞争力发展报告（2014）
著(编)者:李建平　2014年1月出版 / 估价:148.00元

世界能源黄皮书
世界能源分析与展望（2013~2014）
著(编)者:张宇燕 等　2014年1月出版 / 估价:69.00元

世界社会主义黄皮书
世界社会主义跟踪研究报告（2014）
著(编)者:李慎明　2014年5月出版 / 估价:189.00元

泰国蓝皮书
泰国国情报告（2014）
著(编)者:邹春萌　2014年6月出版 / 估价:79.00元

亚太蓝皮书
亚太地区发展报告（2014）
著(编)者:李向阳　2013年12月出版 / 估价:69.00元

印度蓝皮书
印度国情报告（2014）
著(编)者:吕昭义　2014年1月出版 / 估价:69.00元

印度洋地区蓝皮书
印度洋地区发展报告（2014）
著(编)者:汪戎　万广华　2014年6月出版 / 估价:79.00元

越南蓝皮书
越南国情报告（2014）
著(编)者:吕余生　2014年8月出版 / 估价:65.00元

中东黄皮书
中东发展报告No.15（2014）
著(编)者:杨光　2014年10月出版 / 估价:59.00元

中欧关系蓝皮书
中国与欧洲关系发展报告（2014）
著(编)者:周弘　2013年12月出版 / 估价:69.00元

中亚黄皮书
中亚国家发展报告（2014）
著(编)者:孙力　2014年9月出版 / 估价:79.00元

中国皮书网
www.pishu.cn

栏目设置:

☐ 资讯:皮书动态、皮书观点、皮书数据、 皮书报道、皮书新书发布会、电子期刊

☐ 标准:皮书评价、皮书研究、皮书规范、皮书专家、编撰团队

☐ 服务:最新皮书、皮书书目、重点推荐、在线购书

☐ 链接:皮书数据库、皮书博客、皮书微博、出版社首页、在线书城

☐ 搜索:资讯、图书、研究动态

☐ 互动:皮书论坛

皮书大事记

☆ 2012年12月，《中国社会科学院皮书资助规定（试行）》由中国社会科学院科研局正式颁布实施。

☆ 2011年，部分重点皮书纳入院创新工程。

☆ 2011年8月，2011年皮书年会在安徽合肥举行，这是皮书年会首次由中国社会科学院主办。

☆ 2011年2月，"2011年全国皮书研讨会"在北京京西宾馆举行。王伟光院长（时任常务副院长）出席并讲话。本次会议标志着皮书及皮书研创出版从一个具体出版单位的出版产品和出版活动上升为由中国社会科学院牵头的国家哲学社会科学智库产品和创新活动。

☆ 2010年9月，"2010年中国经济社会形势报告会暨第十一次全国皮书工作研讨会"在福建福州举行，高全立副院长参加会议并做学术报告。

☆ 2010年9月，皮书学术委员会成立，由我院李扬副院长领衔，并由在各个学科领域有一定的学术影响力、了解皮书编创出版并持续关注皮书品牌的专家学者组成。皮书学术委员会的成立为进一步提高皮书这一品牌的学术质量、为学术界构建一个更大的学术出版与学术推广平台提供了专家支持。

☆ 2009年8月，"2009年中国经济社会形势分析与预测暨第十次皮书工作研讨会"在辽宁丹东举行。李扬副院长参加本次会议，本次会议颁发了首届优秀皮书奖，我院多部皮书获奖。

皮书数据库
www.pishu.com.cn

皮书数据库三期即将上线

• 皮书数据库（SSDB）是社会科学文献出版社整合现有皮书资源开发的在线数字产品，全面收录"皮书系列"的内容资源，并以此为基础整合大量相关资讯构建而成。

• 皮书数据库现有中国经济发展数据库、中国社会发展数据库、世界经济与国际政治数据库等子库，覆盖经济、社会、文化等多个行业、领域，现有报告30000多篇，总字数超过5亿字，并以每年4000多篇的速度不断更新累积。2009年7月，皮书数据库荣获"2008～2009年中国数字出版知名品牌"。

• 2011年3月，皮书数据库二期正式上线，开发了更加灵活便捷的检索系统，可以实现精确查找和模糊匹配，并与纸书发行基本同步，可为读者提供更加广泛的资讯服务。

更多信息请登录

中国皮书网
http://www.pishu.cn

中国皮书网
http://www.pishu.cn

皮书微博
http://weibo.com/pishu

中国皮书网的BLOG [编辑]
http://blog.sina.cn/pishu
皮书博客
http://blog.sina.com.cn/pishu

皮书微信
皮书说

请到各地书店皮书专架 / 专柜购买，也可办理邮购

咨询 / 邮购电话：010-59367028　59367070　　　　　邮　　箱：duzhe@ssap.com.cn
邮购地址：北京市西城区北三环中路甲29号院3号楼华龙大厦13层读者服务中心
邮　　编：100029
银行户名：社会科学文献出版社
开户银行：中国工商银行北京北太平庄支行
账　　号：0200010019200365434
网上书店：010-59367070　qq：1265056568
网　　址：www.ssap.com.cn　　www.pishu.cn

度的限制，以实际在校学生数为基数划拨义务教育经费，保证义务教育经费随学生流动，解决流入地政府解决流动人口子女教育问题的经费压力。

2. 建立以实有人口为基础的社会服务和管理体制——地方政府

北京市常住人口中非京籍人口达到 700 多万，社会管理体制逐步从户籍人口为主向覆盖常住人口转变，与之相配套的公共服务体系也在逐步完善。要统筹兼顾户籍人口和非户籍人口的权益，尽可能地通过增加教育资源来缓解升学压力，努力保障流动人口随迁子女公平接受教育的权利。尽快将流动人口及其子女教育问题纳入流入地政府的公共管理与服务范畴，比如将流动儿童教育经费纳入每年的经费预算当中，教育经费的发放应由"户籍儿童"改为"实际入学"儿童。并根据常住儿童的规模合理做好教育规划，改变教育资源紧张就对流动儿童实行严格的入学制度，教育资源丰富就对流动儿童实行比较宽松的教育政策的局面。

B.6
新媒体环境下的公民参与和政府治理

黄楚新　王诗雨　邱智丽 *

摘　要：

新媒体的发展给社会及人类生活方式带来了巨大的变化。以微博为代表的社会化媒体的兴起驱动着公民的参与并积极改善政府治理。本文重点探讨社会化媒体环境下公民参与的特点以及如何才能使政府、意见领袖及公民在参与中各自发挥其重要作用。

关键词：

新媒体　公民参与　政府治理　参与策略

新媒体是新的技术支撑下出现的媒体形态，它的发展给社会及人类生活方式带来了巨大的变化，其数字性、交互性、超文本性和虚拟性都将新媒体与传统媒体区别开来。随着人们对新媒体使用的日渐频繁与广泛，新媒体在满足人们基本信息获取需求的同时，已日渐成长为一个集信息获取、观点交流、民意传达等功能为一体的重要平台。

尤其是以微博为代表的社交媒体的兴起驱动着公民的积极参与，它使人们的政治参与不再受到自身经济和教育水平的限制，允许人们自主地撰写和分享信息，并进行即时讨论。社交媒体既为民意表达提供了相对自由的平台，又为利益群体参与博弈提供了可能性，同时也对公民线上参与走向现实参与起到了驱动作用。

---

* 黄楚新，中国社会科学院新闻与传播研究所传媒发展研究中心主任，博士，主要从事新媒体研究；王诗雨、邱智丽，中国青年政治学院新闻与传播系硕士研究生。

在这些新的技术支撑下出现的媒体形态具备强大的信息传播功能，已成为重要的信息载体和传播媒介，同时对社会的发展和社会公共领域的构建产生了重要影响。

一 社会化媒体环境下公民参与的特点

1. 公民成为舆论建构主体

公民需要借助一定的工具来实现政治参与，这种参与工具在很大程度上都是以技术的发展，尤其是通信技术的发展为前提的。新兴的社交媒体成为公民参与的有力工具和新的渠道。由于其本身的属性：交互性、数字性、虚拟性、超文本性使其比传统媒体更具优势。

米尔斯在《权利精英》一书中区分了"大众"和"公众"两个概念。他指出，"大众"与"公众"最明显的区别在于其传播方式的差异：在公众共同体里，讨论是占支配地位的交流方式，而在大众社会里，占支配地位的传播方式是正式的媒介。①

在社交媒体中，"点对点"的传播模式，让每个社交媒体用户都成为一个"发声体"。碎片化传播和自媒体的出现，让人们有了更多接触不同信息的机会，也在更大程度上放弃了专注于一种媒体和一种传播手段。博客、微博、微信的兴起，让个体成为传播主体，个体开始承担从前专业媒体机构的角色，由个体来选择议题并生产信息。在以个人传播为主的新媒体时代，人人都有"麦克风"，人人都是传播者，形成一个"观点和信息的自由市场"。以公民为中心的讨论，让真正体现公民利益的内容更能在议题的讨论中引起共鸣。

以"李某某轮奸案"为例，2013 年 2 月 22 日，实名认证为香港《南华早报》网站编辑的网友"王丰－SCMP"爆料称："海淀公安局 21 日晚上涉嫌轮奸刑事拘留一名叫作李冠丰的年轻男子。名字虽然改变了，但还是有人认出来他真正是谁"。博文最后还附上了李双江之子李某某的网页链接，暗指涉嫌男子为李某某。此帖一经发布，网友们便争先恐后转帖、评论。一时间此帖在新

---

① 〔美〕C. 赖特·米尔斯：《权力精英》，王崑、许荣译，南京大学出版社，2004。

浪微博上竟刷出了 5044 条转发量的高纪录,而爆料人的微博粉丝数也迅速攀升至 6772 人,原帖评论 2135 条。宋丹丹、杨澜等名人也加入微博论辩,在微博上展开了一场全民关注、全民围观、全民参与的大讨论。该话题也迅速升级为热门话题为各大媒体所报道,"轮流发生性关系""最伤爹体"等网络用语也见诸报端,有些纸媒甚至直接汇总报道网民观点,网民的舆论走向影响着事态的发展。

没有专业的门槛,打破了传统媒体对信息的垄断和对舆论的控制,社交媒体让公民自主选择议题进行讨论,并能够自由地交流信息,在传播过程中的传者与受者双方变得更加自由和平等,同时,这种水平的传播方式让信息的沟通更加顺畅和透明,信息的获取更加便捷,为公民有效参与提供了条件。

2. 公民参与程度加深

传播学者麦克卢汉曾言:媒介是人体的延伸。社会化媒体的发展改善了公民参与的环境。技术的平民化为公民参与提供了更多可能的形式,公民可以通过在社交网站中参与议题讨论、发布信息与观点、投票等方式与公共事务的管理者进行交流。另外,社交媒体降低了公民参与的成本,他们可以通过社交媒体打破时间与地域的限制,在社交媒体中与相关部门管理者进行即时的交流,而无须专程去某个相关部门表达自己的想法。同时,社交媒体的匿名性和平等性提高了公民参与的积极性。在社交媒体中,每个人都能自由表达自己的想法,不容易受到现实生活中地位的影响,有助于增强公民民主意识,提高公民参与热情。

2012 年 7 月 21 日,北京遭遇新中国成立以来最大一次降雨过程,此次降雨总量之多、强度之大、历时之长、局部洪水之巨均是历史罕见,造成了巨大的经济损失和人员伤亡。而在此次突发事件中,网民最早发声,并影响着网络舆论的形成和发展。根据新浪微博统计,关于北京暴雨的讨论量超过 880 万条,不计其数的网友参与了爱心互助,扩散求助信息,传递爱心现场。

"山洪暴发,被困北京房山青龙湖少年军校基地,有上百个小学生,110 打不通。" 2012 年 7 月 21 日 19 时 14 分,位于北京房山网友选择通过微博向北京消防部门发出求助,随后该求助微博在短时间内被网友转发上万次,继而引起北京市公安局消防局微博关注。随后"北京发布"、"北京消防"、北京市气象局、税务局、公安等政务微博也开始进入滚动播报信息的状态。人民日报官方微博也于凌晨4时58分紧急上线，实时播报突发灾情。

而在北京城区，一场由微博网友自发组织的"双闪行动"正在如火如荼地进行，网友们纷纷加入救援活动，据统计，"双闪行动"的微博讨论量超过52万条；而"捎你一段"也成为当晚的温馨话题，讨论量超过10万条。

在新媒体技术支撑之下发展起来的这种"新社区"模式，为公民有序参与提供了新的公共空间。公众参与公共事务的方式不再局限于在网络平台上的表达言论，甚至会参与到现实社会的实际行动中，形成现实压力倒逼问题的解决。

3. 公民参与向"强势民主"方向发展

媒体在公民参与发展过程中一直发挥着重要的作用。报刊、广播、电视等传统大众媒体能通过大规模报道和强化宣传在引导社会政治心理和形成共同的政治意识方面发挥重要作用①，但由于其自上而下的垂直信息灌输，容易导致公民的政治冷漠。新兴的第一代网络媒体以其去中心化的传播模式，扩大了政治信息的传播渠道，但对主流政治价值观和行为规范造成了冲击②。

而社交媒体的出现，打破了一元信息传播模式，传统的信息把关基本失效，传统媒体在信息传播上的一致性被打破，信息传播开始从纵向一维转向横向多维。

同时，社交媒体不仅改变了信息的传播模式，而且驱使公民参与从线上参与走向现实参与，从传统的社会动员转变为个体自发参与。社交媒体打破传统媒体时代的信息不对称，为公民参与提供丰富的信息和交流互动的平台。在社交媒体中的"关注""粉丝""群组""评论"和"转发"等功能都基于参与者共同的兴趣、利益或是意识形态，这种参与结构更利于自由表达。

目前社交媒体已成为很多人了解和认识世界，尤其是获取重要事件信息的渠道。社交媒体中多元海量的信息，尤其是对重大政治、经济、社会事件的讨论与围观让参与者逐渐对"公民"这种集体身份产生了认同感，他们逐渐意识到自己作为公民应该享有法律所规定的知情权、表达权、参与权和监督权。

社交媒体的兴起让"强势民主"的实现成为可能。美国学者本杰明·巴

---

① 卢家银：《青少年的政治社会化：以微博自荐参选事件为例》，《中国青年研究》2012年第8期。

② 闫丽娟、陈红：《第四媒体与当代青年政治社会化》，《青少年导刊》2006年第2期。

伯教授认为，强势民主是公民的自治政府而不是冒用公民名义的代议制政府。在这里，积极的公民进行直接的自我管理，他们并不必要在每个层次和每个时间上进行具体管理，但是，在做出基本决策和进行重大权力部署的时候他们必须经过充分和详尽的参与。在社交媒体中，允许参与者随时就相关的公共问题发表意见和建议，越来越多的网民开始有了参与意识，他们开始自发地探讨一些议题，并且逐渐将线上的交流转为现实中的公民参与。

4. 网络意见领袖作用突出

20世纪40年代拉扎斯菲尔德提出了"意见领袖"概念，指在人际传播网络中经常为他人提供信息，同时对他人施加影响的"活跃分子"，他们在大众传播效果的形成过程中起着重要的中介或过滤的作用，由他们将信息扩散给受众，形成信息传递的两级传播。传统意义上的意见领袖大多是人际交往圈子里见识多、具有威望、接触媒介较多的人，通过意见领袖可以了解一些并不为人所知的新闻。因此大众媒介、政府机构往往成为传统意义上的意见领袖。

在新媒体时代，网络媒体日益平民化，信息能够跨越传统障碍实现多元化海量传播。根据CNNIC第32次中国互联网络发展状况统计报告显示：截至2013年6月底，我国网民规模达5.91亿，半年共计新增网民2656万。伴随着网民数量的扩大，以及网民网络素养的提升，网民维权意识不断增强，因此在网络社会中涌现出越来越多的意见领袖，这些意见领袖常常活跃于网络事件的焦点时刻，对网络环境的发展造成巨大的冲击。

在复杂和喧嚣的网络中，以网民为代表的意见领袖极具社会性，其引导促使网络舆论逼近事实真相，在官方意见与网民意见的相互博弈中遏制虚假信息的泛滥，也能促进政府信息的公开和透明。同时，意见领袖通过自身所掌握的社会资源，带动网民监督社会，从而拓展了舆论监督的深度、广度和效度，有利于网络舆论理性讨论机制的形成。

但与此同时，随着网民数量的增多，意见领袖也常常导致乌合之众的现象出现，情绪极端者的言论往往能吸引到更多的眼球，因而他们的言论受到越来越多的鼓励和追捧。因此意见领袖的媒介素养问题成为影响公民参与的重要因素之一，其不当言论很容易造成谣言或者负面信息的泛滥。

例如秦志晖（"秦火火"）、杨秀宇（"立二拆四"）等，通过微博、帖吧、论坛等，组织策划并制造传播谣言、蓄意炒作网络事件，以此来牟利。"秦火火"个人制造并传播的谣言就多达3000余条。有的是通过发布不实信息进行敲诈勒索。还有的是为发泄个人私愤而故意造谣诽谤中伤他人，如傅学胜是因为编造传播"非洲牛郎门"等诽谤谣言而被刑拘。这些谣言裹挟了公众的认知，误导了公众的判断，极易扰乱公共参与秩序。

5. 公民参与焦点易变

网友和媒体都是追逐社会热点的，如果在一段时期内，热点事件此起彼伏，那么媒体和网友对于事件的关注就会不断转移，舆论对同一事件难以持续关注。公共空间的开放性能够容纳大量异质群体参与到公共议题的讨论和审议，但是公共空间又具有流动性特征，常常会导致公民参与深度不够，难以形成持续有效的行动力量。

人民网舆情监测系统统计了2012年1月至2013年1月的100件热点舆情案例持续时间，从图1中可以看出，在100件重大舆情事件中，64%的舆情事件持续在一周之内，而持续在一个月内的舆情事件占11%，一个月以上的舆情事件则只占5%。由此观之，网民对某一事件的关注精力有限，且网络中纷繁复杂的网络事件极易干扰受众的注意力，导致网络热点往往流于无果而终。

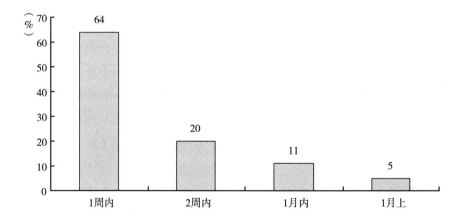

图1　2012年1月至2013年1月百大舆情事件持续时间情况

6. 新媒体环境下的公共领域形成

公共领域是公民参与的平台，尤尔根·哈贝马斯在《公共领域的结构转型》一书中指出，公共领域就是由私人集合而成的，其中可以形成公共意见，公众在公共领域对公共权威及其政策和其他共同关心的问题做出评论，其中公众既不作为商业人士也不作为专业人士来处理私人行为。

在媒介发展历程中，不同的媒介都为公共领域的构建提供过条件。新媒体环境下社交媒体的发展对当代公共领域的建构发挥着日益重要的作用，当下公共领域正越来越多地受到新媒体特征的影响，展现出新的功能和优势。

传统的公共领域中，需要人们在特定的空间进行交流，从而获得一致的意见。而社交媒体为公民参与提供的"场域"打破了人际交流和对话活动中所受到的时空限制。无论身处何处，参与者都可以在社交媒体中聚集起来，组成一个庞大的议事厅，对事件进行讨论，这比任何现实中的通过人际交流而形成公共领域的速度都要来得快。[①] 社交媒体提供了一个可贵的平台，即最大可能的平民化、多元化、圆桌会议化。

哈贝马斯认为，个体因为相同的政治、经济利益而走到一起，并具有共同的诉求，从而使个体凝聚为"公众"。社会化媒体正通过草根性的传播在目标群体中组织起一场场群体性运动，产生一定的社会影响力。[②] 近年来的"房姐龚爱爱"事件、"李某某轮奸"事件、微博打拐、光盘行动等事件无不是在社交媒体中形成"意见压力"，从而促成现实中对问题的重视与解决。

有关"公民利益"的话题，正成为社会化媒体凝聚"公民"力量的纽带。社会化媒体，尤其是微博已成为社会舆论的第一舆论场，社会舆论的重要策源地。更重要的是，网络参与政治在中国正成为一种常态化的现象，公民意见的表达有了一个明确的表达场所。

二　新媒体时代的政府治理和理性参与

扩大公民有序政治参与是推进中国特色民主政治的重要内涵和基本途径，但现有的公民参与制度还不完善，传统的参与途径可操作性有限，而信息技术

---

① 李洁：《论互联网在中国社会公共领域形成中的作用》，《今传媒》2011 年第 8 期。
② 郑燕：《网民的自由与边界——关于微博公共领域中言论自由的反思》，《社会科学研究》2012 年第 1 期。

的发展，尤其是 web2.0 时代新媒体的发展为公民参与提供了新途径。而对政府来说，新媒体既是挑战也是搞好社会善治——政府与公民合作治理的机遇。因此，如何引导和改善社会化媒体环境下的公民有序参与，是一个亟待考虑的问题。

1. 转变管理理念，运用新媒体平台畅通社情民意

随着新媒体与传统媒体的融合日益加深，新媒体的舆论影响力不断扩大，社交媒体已逐渐成为社会舆论的重要阵地。新媒体环境下的管理者应当创新管理理念，主动利用好这一新渠道。

管理者应当建立网站群以及政务微博微信，实现相关规划部门和管理部门的连接，并实现网站管理的规范运营，使信息更新经常化，保证信息传达的时效性，同时应当推广政府服务，设立政务信息公开、咨询、投诉等专业化信箱，建立相应的接收、核实、研究、处理和答复机制，加强信息的公开度。政府有责任通过信息公开加强公众的参与意识，即公开部分信息后，应当对公众仍关心、但在目前阶段不便公开的信息做进一步解释。

自 2012 年以来，越来越多的政府部门推出官方微博账户，力行"织博为民"，政务微博数量持续增长，据统计：中国 97% 以上的中央政府部门、100% 的省级政府和 98% 以上的地市级政府部门开通了政府门户网站，政务微博账号数量超过 17 万个。[①] 政务微博在推动社会管理创新，促进政府信息公开，引导新闻舆论，树立政府形象的同时，也为公民参与公共事务提供了新平台，保障了公民的知情权、参与权、表达权和监督权（见表1）。

截止到 2012 年上半年，新浪微博认证的各政府机构及官员微博已达45021 个，较上年底增长近 150%。其中，北京地区通过新浪微博认证的各领域政府机构及官员微博超 3600 个，政府机构微博超 1400 家，党政官员微博超2200 个。在政务机构百强榜中，"平安北京""北京发布"等 12 个北京政务微博入围，入围数量仅次于广东，位居第二。与此同时，针对北京地区政务微博发展现状，人民网舆情监测室于 2012 年 5 月发布北京市政务微博排行榜，

---

① 唐绪军、黄楚新、刘瑞生：《发展中的新媒体：创新与融合成为主流》，《中国新媒体发展报告》，社会科学文献出版社，2013。

表1 北京政务微博排行榜

序号	名称	认证信息	粉丝数	关注数	微博数	日均微博	原创率（%）	粉丝活跃率（%）	评论转发率	认证粉丝	影响力
1	平安北京	北京市公安局	293629	712	8004	12.1	85	5.2	912.34	10726	85.54
2	北京市旅游发展委员会	北京市旅游发展委员会	296118	577	4234	9	73	10.4	243	1824	53.24
3	交通北京	北京市交通委员会	80657	143	3505	17.4	79	6.9	283.62	808	46.05
4	北京消防	北京市公安局消防局	1065412	540	1896	6.5	70	1.1	456.3	1159	40.57
5	北京发布	北京市政府新闻办公室	929993	174	1230	6.1	79	1.2	395.89	1425	33.91
6	科技北京官方微博	北京市科学技术委员会	140293	124	1740	4.8	76	5.5	14.88	343	24.31
7	环保北京	北京市环保局	123834	107	1241	3.1	50	6.5	31.31	851	23.32
8	北京西城	北京市西城区人民政府新闻办公室	192805	223	1103	3.5	70	3.9	31.85	541	21.95
9	北京市教委	北京市教育委员会	108506	120	7989	5.1	99	2.2	40.29	402	21.10
10	青年说	共青团北京市委员会	121389	239	894	5.8	85	0.9	55.68	145	19.66
平均数			605264	296	2464	7.3	77	4.3	246.52	1822	39.97

注：数据统计截至2012年5月8日8时。

排行榜涵盖北京市政府新闻办公室、市环保局、市教委等70家机构微博，依据粉丝数、关注数、原创率、粉丝活跃率等指标，综合形成政务微博影响力排行。

可见目前我国政府机构在积极投入新媒体的建设，并将微博作为政府拉近与民众间的距离、增加政府工作透明度、提高政府工作效率的方式之一。其微博数量和日均微博数都较为可观，且保持了较高的原创率。粉丝数量众多，但认证粉丝数量却较少，粉丝活跃率低，影响力仍有很大的提升空间。其中一个重要原因在于部分政务微博成为"僵尸"，几个月不更新或"三分钟热度"。同时很多政务微博标志体系目前没有统一，命名、认证和定位存在混乱模糊现象。在传播方式上，有些政务微博沿用传统的"宣传思维"，互动性不足，敷衍网民的诉求，以官话、套话回馈网民的疑问和困惑，或者干脆直接关闭评论和私信功能，陷入形式主义。如何利用新媒体传递公共话题，打造具有政治沟通、政治参与的公共空间仍然是政务微博的要题。

2. 发挥意见领袖的作用，营造文明的网络环境

网络中的意见领袖在社交媒体中对舆论的影响是极大的。因此，引导公民有序、理性参与还需要意见领袖发挥作用。应当在社交媒体中培养"专业型"意见领袖，集中打造特定领域中的民意主导者，利用意见领袖的影响力引导公民的有效讨论，并将讨论引向合理有益的决策。

因此利用新媒体中的意见领袖，巧借意见领袖突出的互动能力和个人感召力，不失为创新政府治理的一条路径。在很长一段时间里，微博名人潘石屹曾连续转发美国驻华大使馆有关北京空气质量的监测数据，凭借其上百万粉丝的网络影响力，使得PM2.5这项极为专业的环保领域术语迅速为市民所熟知，社会舆论沸沸扬扬。

然而这些言论为北京环保局新闻发言人"巴松狼王"杜少中所关注，并与潘石屹展开讨论，并利用微博与网民和媒体互动，以其理性、严谨、开放、包容的态度和作风，普及相关知识，在微博上释疑、"论战"，解释环保部门PM2.5方面所做的努力，并主动邀请潘石屹参观北京市环保局空气质量监测中心，专门为其介绍北京空气检测情况和过程，同时潘石屹在微博中直播了自己参观的全过程，潘石屹当时的750万名粉丝的态度也发生转变。这些举动让网友对政府工作有所了解，也缓解了政府与百姓之间的冲突矛盾。

社会化媒体使"信息流"更为畅通地传递给受众，此时"意见流"的传播就更为重要，发挥网络意见领袖的引导作用能更好地培养公民的参与意识，同时能将公民参与引向更合理有序的方向。

3. 提高网络媒介素养，增强理性参与能力

公民是参与行为的主体，社交媒体中有序理性的公民参与关键在于公民自身。新媒体的发展为公民参与提供了更广阔的平台和海量的信息，为公民参与提供了更有利的条件，但同时这也要求公民要有更高的网络媒介素养。

在社交媒介中，来自各个不同信息源的信息是大量的，并且缺少"把关人"，这就要求网络参与者有自己判断信息真伪、正误的能力。公民在参与网络讨论时应当提升自己对信息的提取、分析、判断和辨别的能力，避免受到网络中不良信息的影响。另外，还应认识到自己的不当言行在网络参与中可能造成的影响。网络中的虚拟性和参与性为公民提供了身份保护，但同时也可能造成言论的随意性，因此，公民在网络参与中还应当自律，规范自己的言行。

2013 年 6 月，京城某报根据社科院发布的《中国新媒体发展报告（2013）》中"去年 1 月至今年 1 月的 100 件微博热点舆情案例中，事件中出现谣言的比例超过三分之一"这一说法，在头版头条以"微博热点三分之一是谣言"为题进行了报道，多家媒体在未核实的情况下进行转载，造成了网民的误解，不明真相的网民开始以讹传讹，甚至有网民将社科院所做的澄清视为政府控制下的言论，将矛头转向政府治理和社会矛盾，这些言论获得网民大量转发，激起网络强烈反响，引发舆论热议，加速了谣言的传播。

在社会化媒体中，不管是媒体工作者还是普通网民都应不断提高自身的参与意识、责任意识，才能更有效地推动公民有序、理性地参与公共事务，才能促进网络社会与现实社会的和谐发展。

4. 运用新媒体加强和创新社会管理，化解社会矛盾，促进社会和谐

作为具有时代创新标志性意义的传播载体，新媒体为加强执政能力建设带来了良好机遇。政府可以将新媒体作为便民新平台，用新媒体创新社会管理方式方法，有针对性地解疑释惑，促进实际问题的解决，从而实现政府在传达决策的同时，也了解社情民意，促进执政决策的科学化、民主化。

因此，在观念上，政府运用新媒体应具备科技意识、开放意识、民主意识，树立以人为本的科学理念，充分重视新媒体渠道反映的社情民意。2011 年来微博大热，这种热度也迅速扩展到两会上，代表委员们也都纷纷开通微博听取民声。如新疆维吾尔自治区党委书记张春贤在 2011 年"两会"期间开通微博，凌晨 2 点多钟还在回复网友提问，被网友亲切地称为"贤大哥"，新媒体畅通了与公众交流的通道。

在方法上，政府工作人员应善于将新媒体技术手段应用于工作领域，创新工作方式。例如利用微博问政，借助手机短信、网络等进行投票等，开展政府与网民的积极互动。例如广东省卫生厅副厅长廖新波，在微博中直面医疗卫生体制改革，与网民互动中坦诚相见，没有官腔和倨傲，借助新媒体大大拉近了政府与网民之间的距离。

B.7

BLUE BOOK

2013～2014：北京收入分配
差距分析报告

李晓壮*

摘　要：

本报告对北京收入分配差距的最新变化与趋势进行了分析。数据显示，2013年城乡居民不同组别之间的收入分配差距逐渐缩小，但缩小幅度放缓；城乡收入分配差距缩小趋势缓慢，近十年城乡收入比均维持在2∶1以上；区域收入分配差距形成梯度化格局，并已定型；最高行业与最低行业工资增速、差距不断扩大，在岗职工工资被平均问题凸出。这些问题，主要是收入分配制度改革失之偏颇，"制度惯性"影响北京全面深化改革；在居民、政府、企业共有的收入分配空间中，政府、企业是收入分配改革的最大受益者；合理有序的收入分配格局还未形成。为此，全面深化收入分配体制改革，必须进一步明确改革目标、原则、条件和突破口，以缩小差距，实现共同富裕，促进社会和谐。

关键词：

收入分配差距　收入分配制度　缩小差距　共同富裕

截止到2014年1月26日，通过百度搜索引擎，以"北京收入分配"为关键词进行查找，共计搜到相关词条1540万条。此外，学者的研究文献也浩如烟海。由此可见，收入分配问题已经成为社会广泛关注的最热点问题之一。在

---

* 李晓壮，博士，北京市社会科学院市情调查研究中心助理研究员，主要研究方向为社会建设。

制度层面，北京收入分配制度改革与国家有相通之处，并深受其影响。在实践层面，北京收入分配情况具有自身独特性，例如，2012 年北京劳动者报酬增长率 13.89%，已超过劳动生产率增长率（2012 年北京社会劳动生产率增长率为 6.19%）约 7 个百分点。基于此，本报告通过对近年北京收入分配差距的变动与趋势进行研究。

2013 年，在加快经济发展方式转变，经济下行压力比较大的情况下，北京城乡居民收入持续增加，其中，农村居民人均纯收入已经连续五年超过城镇居民人均可支配收入增速（见表 1）。2013 年，北京人均地区生产总值达到 932213 元，以常住人口 2114.8 万人计算，按平均汇率折合 15052 美元，已经达到了中上等发达国家水平。此外，北京城乡收入比（2013 年，北京城乡收入比为 2.20∶1）与全国城乡收入比（2013 年，全国城乡收入比为 3.03∶1）相比，远低于全国。总的来说，北京在缩小收入分配差距方面所取得的成就领先全国好多年，居民生活水平得到进一步提高，生活质量得到逐渐改善，幸福指数与社会和谐进一步提升。经济社会发展已经进入现代化国际大都市的新阶段。

表 1　北京城镇居民人均可支配收入与农村居民人均纯收入增速情况

单位：%

年份	2004	2005	2006	2007	2008	2009	2010	2011	2012	2013
城镇居民人均可支配收入实际增长率	11.5	11.2	12.2	11.2	7.0	9.7	6.2	7.2	7.3	7.1
农村居民人均纯收入实际增长率	9.2	8.1	8.7	8.2	6.5	13.5	8.1	7.6	8.2	7.7

资料来源：《北京统计年鉴 2013》（电子版）。

一　北京收入分配差距的变动趋势

从总体格局来看，城乡居民不同组别收入分配差距、城乡收入分配差距、区域收入分配差距、行业收入分配差距是反映北京收入分配差距的主要构成因素。这些因素的变化直接影响北京收入分配差距的变动与趋势。

（一）城乡居民不同组别收入分配差距：收入分配差距正在缩小，但仍接近警戒线

大岛指数，是指城乡居民家庭 20% 的高收入户平均收入与 20% 的低收入户平均收入的比值。大岛指数与基尼系数一样，是反映城镇居民之间和农村居民之间收入差距问题的重要指标。2003～2012 年间，北京城镇大岛指数总体下降，降到 2012 年的 4.03（见图 1）。在此期间，城镇大岛指数经历了"倒 N 型"的变化过程，城镇居民不同组别之间的收入差距也经历了缩小、扩大、再缩小的变化过程，收入分配经历相对平等、相对不平等、相对平等的变化过程。与 2011 年相比，2012 年城镇大岛指数下降 0.08，根据 2013 年已公布的城镇居民人均可支配收入情况，可以预测，2013 年城镇大岛指数应该是下降的，但下降的幅度会很小。如果说，北京 2014 年经济可以保持在 7.7% 左右的平稳运行态势，那么，2014 年，北京城镇居民不同组别之间的收入差距将会进一步缩小。

此外，2003～2012 年间，农村大岛指数总体下降比较明显，与城镇相比，降幅比较大。2003 年农村大岛指数超过了警戒线 6，而后下降到 2012 年的 4.26，降幅达 1.94。这表明，农村居民不同组别之间的收入分配差距状况在向好方向发展，农民居民不同组别之间的收入分配变得越来越相对平等。同理，可以预测，2014 年，北京农村居民不同组别之间的收入分配差距也将进一步缩小。

总的来看，北京城镇居民不同组别之间的收入分配差距和农村居民不同组别之间的收入分配差距不断缩小，城镇和农村大岛指数均在警戒线以下，不过仍接近警戒线。相对城镇（城镇大岛指数 4.03）而言，农村居民不同组别之间的收入分配差距仍较大（农村大岛指数 4.26）。随着农民增收困难等因素影响，扭转这一趋势的幅度与过程将相对比较缓慢。在未来，北京城镇与农村大岛指数下降到 3 左右，应该是下一步工作的努力目标。

（二）城乡收入分配差距：低于全国水平，但差距仍较大

由于城乡经济社会发展的二元体制壁垒，城乡居民收入分配差距比较大。相对而言，北京城乡居民的收入分配差距低于全国水平（见表 2），但是，

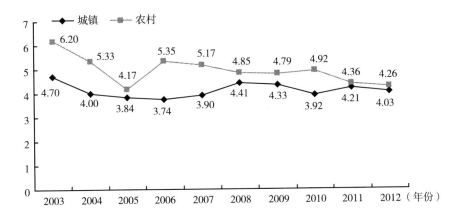

图1　北京市城镇、农村大岛指数

数据来源：相关年份《北京统计年鉴》（电子版）。

2003～2013 年，北京城乡收入比变动有所起伏，城乡差距缩小趋势缓慢（见图2）。2003 年，北京城乡收入比为 2.14，这表明城镇居民人均可支配收入是农村居民人均纯收入的 2.14 倍。2006 年，北京城乡收入比上升到 2.32，为近十年来城乡收入分配差距最高的年份。2011～2013 年，北京城乡收入比一直维持在 2.20～2.23 之间，平均每年下降 0.01，下降速度相当缓慢。近十年中有八年城乡收入比在 2.2 以上，这说明北京城乡收入比进入 2.2 时代，迈进 2.1 或 2 时代比较艰难。同时，在农村居民人均纯收入连续五年增速高于城镇居民人均可支配收入的情况下，城乡收入分配差距缩小趋势不显著。一方面说明，农村居民人均纯收入基础差、底子薄，城镇居民人均可支配收入基础好、底子厚；另一方面说明，农村居民增收的途径在变窄，增收难度在加大。

　　从城乡收入分配状况看，国际上城乡收入分配差距最高在 2 倍左右[1]，北京城乡收入比与国际上城乡收入分配差距的上限相当。作为现代化国际大都市的首都，经过近十年的努力城乡收入分配差距仍然维持在 2 以上，可见北京在缩小城乡收入分配差距方面还有很多工作要做。在未来，城乡收入比下降到 2 以下，应该是北京缩小城乡收入分配差距的努力目标。

---

　　[1]　连玉明主编《中国社会管理创新报告》，社会科学文献出版，2012；徐科：《城乡差距是收入分配结构失衡的最突出体现》，《证券日报》2012 年 12 月 14 日 A3 版。

表2　全国、北京市城乡收入比情况

年份	2003	2004	2005	2006	2007	2008	2009	2010	2011	2012	2013
全国	3.23	3.21	3.22	3.28	3.33	3.32	3.33	3.23	3.13	3.10	3.10
北京	2.14	2.18	2.25	2.32	2.30	2.30	2.23	2.19	2.23	2.21	2.20

资料来源：相关年份《中国统计年鉴》（电子版）、《北京统计年鉴》（电子版）、《2013年北京市经济运行情况》（电子版）。

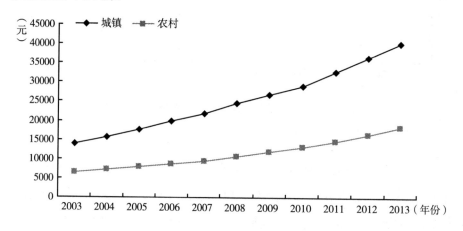

图2　北京市城乡收入比

资料来源：相关年份《中国统计年鉴》（电子版）、《北京统计年鉴》（电子版）、《2013年全市经济运行情况报告》（电子版）。

（三）区域收入分配差距：梯度化格局已定型，区县农村居民收入差距缩小趋势慢于城镇居民

由于北京行政区域划分的不断变动和区域功能定位影响，我们截取近十年来区县之间居民收入分配数据进行分析，见表3。

表3　北京市不同区县城乡居民年人均收入状况

单位：元

年度/城乡	2002				2007				2012			
	城镇/排序		农村/排序		城镇/排序		农村/排序		城镇/排序		农村/排序	
全市	12464		5880		21989		9559		36469		16476	
东 城 区	13117	2	—		23522	3	—		38559	3	—	—
西 城 区	12916	3	—		25204	2	—		39772	2	—	—
崇 文 区	11745	6	—		23281	4	—					

续表

年度/城乡	2002				2007				2012			
	城镇/排序		农村/排序		城镇/排序		农村/排序		城镇/排序		农村/排序	
宣 武 区	11093	9	—		21473	6	—		—		—	—
朝 阳 区	12626	4	8259	1	22377	5	13284	1	37883	4	22152	2
丰 台 区	10862	12	6953	3	20574	8	10350	2	34200	6	18502	3
石景山区	11018	10	—		20745	7	—		35420	5	—	—
海 淀 区	13779	1	7948	2	25312	1	12548	3	41841	1	22364	1
房 山 区	10565	14	5492	8	18713	13	8981	9	30025	11	15192	8
通 州 区	10081	16	5835	5	18887	11	9115	6	30476	9	15936	5
顺 义 区	11894	5	5850	4	19843	9	9266	4	30437	10	15960	4
昌 平 区	9425	18	5751	6	18874	12	9037	8	29950	12	14971	10
大 兴 区	9685	17	5538	7	17899	17	9040	7	31004	8	15329	7
门头沟区	10630	13	5093	12	19466	10	9198	5	32369	7	15715	6
怀 柔 区	11160	8	5303	9	18628	14	8805	10	29562	14	14585	12
平 谷 区	10973	11	5102	11	18018	15	8749	11	29850	13	15067	9
密 云 县	10553	15	5171	10	12962	18	8489	12	29551	15	14590	11
延 庆 县	11367	7	5043	13	17955	16	8311	13	28644	16	14078	13
极差	4354		3216		12350		4937		11128		8286	
极比	1.46		1.64		1.95		1.60		1.39		1.59	

注：北京市四大功能区：东城、西城为首都核心功能区（2010 年崇文、宣武分别并入东城、西城），朝阳、丰台、石景山、海淀为城市功能拓展区，房山、通州、顺义、昌平、大兴为城市发展新区，门头沟、怀柔、平谷、密云、延庆为生态涵养发展区。

资料来源：相关年度《北京区域统计年鉴》（电子版）、各区县相关年度政府工作报告（电子版）。

1. 区域收入分配差距梯度化格局已定型

2002 年、2007 年，北京各区县的城镇与农村居民年收入状况排序变动基本是无序的，并没有形成区域的梯度化状态。但是，到 2012 年，北京市各区县城镇与农村居民年收入排序变动成为有序状态，总体形成首都核心功能区、城市功能拓展区、城市发展新区、生态涵养发展区收入由高到低的明显梯度化格局。

2. 区域收入分配差距扩大趋势显著

2002 年，北京区县城镇最高收入与最低收入之差为 4354 元，到了 2007 年，这一差距扩大到 12350 元，2012 年两者差值为 11128 元，是 2002 年的 2.56 倍。2002 年，北京区县农村最高收入与最低收入之差为 3216 元，到了 2007 年，这一差距扩大到 4937 元，2012 年两者差值为 8286 元，是 2002 年的

2.58 倍（见表 3）。

3. 区县农村居民收入差距缩小趋势慢于城镇居民

2002 年，北京区县城镇居民最高收入与最低收入比为 1.46（最高海淀区，最低昌平区），2012 年为 1.39（最高海淀区，最低延庆县），区县城镇居民收入差距缩小了 0.07。2002 年，北京区县农村居民最高收入与最低收入比为1.64（最高朝阳区，最低延庆县），2012 年为 1.59（最高海淀区，最低延庆县），区县农村居民收入差距缩小了 0.05。区县城镇与农村居民收入差距相差0.02 个点。

现代化推进的非均衡性，资源的聚集性以及功能区发展定位等因素影响，区域收入分配差距缩小幅度缓慢，梯度化格局的定型化将进一步加剧。

（四）行业收入分配差距：最高行业工资收入增速快于最低行业工资收入增速，最高与最低行业工资收入差距大，在岗职工工资被平均问题凸出

进入 21 世纪以来，北京不同行业在岗职工工资水平不断提高，不同行业收入分配状况发生很大变化，产生了一些新问题，见表 4。

表 4　北京市城镇单位在岗职工年平均工资情况

单位：元

年度	2003	2005	2007	2008	2009	2010	2011	2012
全部平均	25312	34191	46507	54913	58140	65683	75834	85307
最高工资	J61713	J92764	J129982	J178322	J180816	J200349	J198409	J209438
最低工资	A14981	A16125	A22160	A23836	O25198	O27806	A34439	O39186
中间工资	O25742	L31699	O41712	G54048	G55076	S60303	S71272	G76642
最高/最低	4.12	5.75	5.87	7.48	7.18	7.21	5.76	5.34

注：①按照 2003 年以后统计年鉴的 19 个行业大类划分，表中相关字母分别对应下列行业：A 农、林、牧、渔业，B 采矿业，C 制造业，D 电力、热力与煤气燃气及水的生产和供应业，E 建筑业，F 交通运输、仓储和邮政业，G 批发和零售业，H 住宿和餐饮业，I 信息传输、软件和信息技术服务业，J 金融业，K 房产业，L 租赁和商务服务业，M 科学研究与技术服务（和地质勘探）业，N 水利、环境和公共设施管理业，O 居民服务、修理和其他服务业，P 教育业，Q 卫生和社会工作（社会福利）业，R 文化、体育和娱乐业，S 公共管理、社会保障和社会组织。②2003 年以前的统计年鉴仅为 15 个行业大类，即缺少 H、I、L、P 这 4 类。

资料来源：相关年份《北京统计年鉴》（电子版）。

1. 最高行业工资收入增速快于最低行业工资收入增速

近十年来，金融业工资收入一直是北京收入最高的行业。2012 年，北京最高行业在岗职工年平均工资超过 20 万，达到 209438 元，同 2003 年年平均工资 61713 元相比，最高行业在岗职工年平均工资翻了 2.39 倍。北京工资最低行业，近十年来，在农、林、牧、渔业和居民服务、修理和其他服务业交替产生。2012 年，北京最低行业在岗职工年平均工资达到 39186 元，同 2003 年年平均工资 14981 元相比，最低行业在岗职工年平均工资才翻了 1.62 倍。这表明，最低行业在岗职工年平均工资增幅缓慢。

2. 最高与最低行业工资收入差距大

2012 年，最高与最低行业工资收入比为 5.34，相差 5 倍多。尤其是2008~2010 年，这三年超出了 7∶1，换言之，最高行业——金融业在岗职工一年的工资收入，最低行业在岗职工要干七年才能赚取相应工资收入。

3. 在岗职工工资被平均问题凸出

2012 年，北京在岗职工年平均工资 85307 元，与 2003 年 25312 元相比，在岗职工年平均工资才翻了 2.37 倍，与最高行业在岗职工年平均工资增长幅度相当，而与最低行业在岗职工年平均工资增长幅度相比，是其 1.46 倍。这表明，最高行业在岗职工工资水平拉高平均工资水平，最低行业在岗职工工资被平均（见表4）。

通过以上数据预测，在未来北京金融业仍将成为收入最高行业，由于第三产业结构升级，农业现代化及农村城镇化，最低行业应该不会出现农、林、牧、渔业和居民服务、修理和其他服务业交替现象，居民服务、修理和其他服务业将成为未来北京最低收入行业。行业工资收入差距将有所缩小，但最高行业工资收入增速仍然会快于最低行业工资收入增速，在岗职工工资被平均现象问题将进一步凸显。

二　北京收入分配差距的原因分析

收入分配差距是社会不平等现象的根源之一，它既是一个经济问题，更是一个社会问题。从社会建设的视角来分析北京收入分配差距存在的问题与成

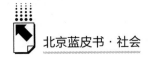

因，主要包括收入分配的制度改革失之偏颇、分配的构成不合理以及合理有序的收入分配格局还未形成三个方面。

（一）收入分配的制度改革失之偏颇

"制度是一系列被制定出来的规则、守法程序和行为的道德伦理规范，它旨在约束追求主体福利或效用最大化利益的个人行为"。① 因此，找寻北京收入分配差距的原因，其首要因素是对收入分配制度改革进行剖析。实际上，各个地区的收入分配制度在宏观上均受制于国家收入分配制度的变革。

改革开放，1978 年首当其冲的是进行收入分配制度大改革，打破计划经济时期的绝对平均主义，实行以按劳分配为主的分配政策。如 1984 年《中共中央关于经济体制改革的决定》确定，要求通过改革，建立多种形式的经济责任制，坚决克服平均主义思想，强调让一部分人先富起来，以先富带动后富，然后共同富裕。1987 年，党的十三大报告特别强调要"允许合法的非劳动收入，要在促进效率提高的前提下体现社会公平"。

1992 年，党的十四大报告首次提出"兼顾效率与公平"。1997 年，党的十五大报告强调"坚持效率优先、兼顾公平"，而且提出要"把按劳分配和按生产要素分配结合起来"，即首次把其他分配方式具体概括为"按生产要素分配"，允许和鼓励资本、技术、管理等生产要素参与收益分配，逐步提高两个"比重"，即财政收入占国民生产总值的比重和中央财政收入占全国财政收入的比重。总的来看，20 世纪 80 年代后期至 90 年代的收入分配政策导向更多强调"坚持效率优先、兼顾公平"，这一指导思想更看重的是经济规律，因为只有经济才是讲效率优先的。

进入 21 世纪，中国发展开始更多强调社会公平和正义。党的十六大报告要求确立多种生产要素按贡献参与分配的原则，强调"初次分配注重效率，再分配注重公平"，同时，首次指明收入分配制度改革要以"共同富裕为目标，扩大中等收入者比重，提高低收入者收入水平"。2007 年，党的十七大报告要求健全

---

① 〔美〕道格拉斯·C. 诺斯：《经济史中的结构与变迁》，陈郁、罗华平译，上海三联书店、上海人民出版社，1994。

多种生产要素按"贡献"参与分配的制度，强调"初次分配和再分配都要处理好效率和公平的关系，再分配更加注重公平"，同时强调逐步提高两个"新比重"，即居民收入在国民收入分配中的比重、劳动报酬在初次分配中的比重，要求整顿分配秩序，逐步扭转收入分配差距扩大趋势，"创造条件让更多群众拥有财产性收入"等。2012 年，党的十八大报告提出"两个倍增"计划，即国内生产总值倍增、城乡居民收入倍增，同时重申"两个同步"，即城乡居民收入水平要和经济增长同步、劳动者报酬要和劳动生产率提高同步。可以看到，效率与公平在初次分配和再次分配中位置的变换，预示对以往强调效率优先理念的扭转，与民共富思想正式形成。北京作为直辖市，作为一级地方政府，国家层面收入分配"制度惯性"（制度惯性，是指以往制度安排在纵向和横向两方面的延伸以及所造成的影响）深刻影响着其收入分配制度改革走向。

（二）收入分配的构成不合理

针对北京收入分配差距实际情况，数据显示，收入分配构成存在不合理现象，住户、政府、企业在收入分配的共有空间中，政府、企业是收入分配改革的最大受益者。突出表现在，收入增长滞后于经济增长、收入增长滞后于财政增长、收入增长滞后于物价上涨三个方面。

1. 收入增长滞后于经济增长

根据北京市统计局 2014 年 1 月 23 日发布的 2013 年全市经济运行情况报告显示，2013 年全市实现地区生产总值 19500.6 亿元，按可比价格计算，比上年增长 7.7%。2013 年全市地区生产总值是 1978 年 109 亿元的 179 倍。相比较而言，北京城乡居民收入增长比较慢，例如，北京城镇居民人均可支配收入 2013 年约达 40321 元，按不变价格计算，是 1978 年 365 元的 110 倍；农村居民人均纯收入 2013 年约达 18337 元，按不变价格计算，是 1978 年 225 元的 81 倍（见图 3）。

2. 收入增长滞后于财政增长

根据 2014 年《政府工作报告》显示，2013 年全市地方公共财政预算收入 3661.1 亿元，增长 10.4%，而城乡居民收入实际增长分别为 7.1% 和 7.7%。此外，如图 3 所示，从北京"收入法地区生产总值"构成情况看，劳动者报酬、生产税净额、固定资产折旧、营业盈余这四部分构成中，劳动者报酬总值

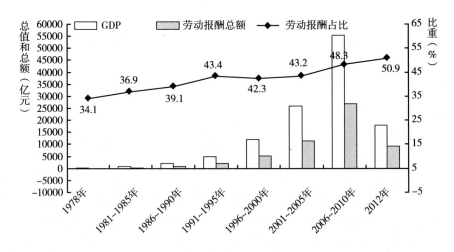

图3　北京市"收入法地区生产总值"及劳动报酬比重

资料来源：《北京统计年鉴2013》（电子版）。

的比重逐步提高，从1978年占34.1%提高到2012年的50.9%，增长了约16个百分点，但是与美国等发达国家劳动报酬高达55%以上的情况相比较（例如在美国，劳动报酬占比是56.3%，企业营业盈余仅占12.4%[①]），还是偏低。这表明，北京城乡居民收入与经济增长、财政增长是同时的，但不是同速的，也不是同步的。也反映出，北京财政税收和其他盈余比重较高，经济增长绩效主要体现在政府收入和企业盈余中。

3. 收入增长滞后物价上涨

收入及其来源是社会成员生存发展的重要物质基础，也是提供消费动力的基础性来源。近年来，北京城乡居民收入一直保持持续增长，但是，消费支出比重逐年下降，进而导致消费结构不合理，影响了消费质量提升和扩大内需。

（1）住房价格猛涨。

2014年北京市《政府工作报告》中第二部分第五个专题指出"着力保障和改善民生，不断增进人民群众福祉"，第一条是住房问题，可见"住有所居"已经成为保障和改善民生，增进人民群众福祉的重中之重。1997年国家取消福利住房后，购房成为居民消费投资的热点商品，但是，住房价格上涨太快，导致一

---

① 陈光金：《谈谈社会关系结构的重大变化》，《浙江日报》2008年1月14日第11版。

些刚性需求者"望房兴叹"，压力巨大。我们统计，1998年以来中国房价和居民收入比（每套90平方米为基准）一直在7∶1到10∶1徘徊①；而北京近年来一直维持在20∶1以上，2013年北京房价与居民收入比更是达到24∶1②。相当于，按照2013年的工资性收入水平要挣够24年才能购买一套房子，当然工资不用于其他消费。同时，随着新建住房和二手房价格上涨，房租和居民收入比也日益攀升。事实表明，北京居民的住房压力相当大，居全国前列。

（2）消费结构不合理。

如表4所示，2003年以来的十年里，北京城镇居民人均可支配收入年均增长16.3%，消费性支出年均增长11.6%，消费支出占可支配收入比重也逐年下降，当然，这里并没有包括购房费用（见表5）。从八大类居民消费价格指数看，北京2010～2013年以来的四年中分别比上年增长2.4%、5.6%、3.3%、3.3%③，一直居于全国前列。居民收入增长了，却受到了住房、教育、医疗等大额消费品的困扰，因而有后顾有忧，使得多数人不敢消费、谨慎消费，不仅影响了即期消费，也削弱消费增长后劲，抑制购买其他发展型和参与型消费品的欲望，导致消费渠道单一、消费面狭窄。

表5　北京城镇居民收入和消费对比情况

年份	2003	2004	2005	2006	2007	2008	2009	2010	2011	2012	年均增长
城镇居民人均可支配收入（元）	13883	15638	17653	19978	21989	24725	26738	29073	32903	36469	16.3%
城镇居民人均消费性支出（元）	11124	12200	13244	14825	15330	16460	17893	19934	21894	24046	11.6%
城镇居民收支比（支∶收）	0.80	0.78	0.75	0.74	0.70	0.67	0.67	0.69	0.67	0.66	-17.5%

资料来源：《北京统计年鉴2013》（电子版）。

---

① 根据《中国统计年鉴2012》（电子版）、《中国统计摘要2013》计算。

② 房价收入比＝（当年商品住宅销售均价×90平方米）/（当年城镇人均可支配收入×当年户均人口数）；居住支出包括购房建房及装修、房屋租赁等。2013年商品住宅销售均价根据2013年北京房价涨幅28.33%计算（卢晓丽：《七城涨幅两成北京领涨全国》，《深圳晚报》，2014年1月3日第B10版），当年户均人口以2.5计算。

③ 参见《北京统计年鉴2013》（电子版）。八大类居民消费包括：服务类（含食品）、烟酒及用品、衣着、家庭设备用品及维修服务、医疗保障及个人用品、交通及通信、娱乐教育文化用品及服务、居住。

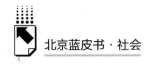

（三）合理有序的收入分配格局有待形成

当前，合理有序的收入分配格局还未形成，存在初次分配不合理，再次分配不公平，权力与资本介入收入分配过程，带来"无创新性财富积累"[①] 的负面效应。这些问题的存在直接决定不同社会阶层收入分配差距大小。建立更加合理有序的收入分配格局是未来收入分配制度改革的重要内容。

1. 初次分配不合理

当前劳动者的劳动没有体现或者没有充分体现劳动价值，也就是说，劳动者劳动报酬没有得到应有的劳动价格。工资性收入是初次分配最为简单的表现形式。从上文所述，北京行业收入分配差距可以认证劳动者初次分配不合理的现象（见图4）。此外，从单位性质来分析，近十年来，排在前几位的高工资行业一直是金融等行业，而其中很多高工资行业都是国有企业单位，且属于垄断行业。当然，一些国有企业单位不属于北京市市属单位，但其员工大都属于北京常住人口，这对拉大北京居民收入分配差距作用十分显著。从图4可以看出，2002年以来，北京国有单位在岗人员年人均工资开始高于其他单位；而2002年之前的改革时期，始终是体制外单位的员工收入高于体制内国有单位员工收入。近期，北大中国社会科学调查中心发布的"中国家庭追踪调查"数据显示[②]，一些企业高管年薪上千万元，个别公司高管年薪甚至高达几千万元，是全国企业在岗职工平均工资的2000多倍，是农民工平均工资的4000多倍。由此可见，由于国有企业的垄断性质在某种程度上形成了巨大的资本积聚池，而这些单位的高管工资高得离谱的现象已成为社会成员的广泛共识。

2. 再次分配不公平

初次收入分配的不合理，导致更多人进入低收入者行列，而再次分配中的不公平问题，进一步加剧收入分配差距的扩大。再次分配中最为首要的标志是与社会保障相关的社会福利。由于城乡二元结构的存在，城与乡不仅存在收入分配差距问题，而且在社会保障制度方面也存在巨大差距，城与乡在低保、医

---

① 陈彦斌：《中国贫富悬殊的体制原因和改革思路》，《凤凰大学问》2013年第76期。

② 张翼：《增长的"陷阱"收入差距过大》，《光明日报》2013年7月20日。

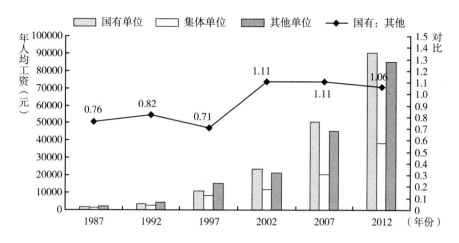

图4　改革开放以来北京市不同类型单位在岗员工年人均收入对比

资料来源：《北京统计年鉴2013》（电子版）。

保、养老、社会救助等社会福利领域都是非均衡的。目前北京社会保障体系仅
实现了制度的全覆盖，并没有实现公民个体社会保障制度的全覆盖；仅实现了
北京户籍人口的社会保障制度全覆盖，并没有实现常住人口社会保障制度的全
覆盖。同时，机关事业单位和企业之间的养老金、公积金等社会保障制度的双
轨制问题十分突出。这些实际存在的问题，一方面说明再次分配对同样生存在
一个区域空间的人来说是不公平的，另一方面说明北京社会保障制度仍然是不
完善、不健全的。结构与制度的二元性同构了再次分配的"逆向调节"，不仅
没有缩小收入分配差距，反而在某种程度上拉大了收入分配差距。如果社会保
障存在的制度障碍问题得不到解决，就很难发挥社会保障本身的社会再分配功
能和社会基本生存保障功能。

　　3. 权力与资本介入收入分配过程，带来"无创新性财富积累"[①] **的负面
效应**

　　权力与资本介入收入分配易带来"无创新的财富积累"，从而导致严重的
社会不公。当巨额财富积累主要依靠维持与权力的友谊乃至是输送利益的情况
下，那么这类经由权力和垄断而获得的巨额财富，要么会用于个人享受，要么

---

　　① 陈彦斌：《中国贫富悬殊的体制原因和改革思路》，《凤凰大学问》2013年第76期。

会用于利益输送，但是很少会用于技术创新。而依赖"无创新的巨额财富积累"所产生的"土豪"又成为当今社会"仇富"现象的重要根源，也留下滋生腐败的温床。由此可见，变革收入分配格局的重要一环是通过约束权力和搞好公平竞争来加速创新性财富的积累。例如，胡润2013北京十大富豪榜显示，入围2013年富豪榜的北京十大富豪中有七位与房地产直接相关①。可见，北京富豪所在行业主要以房地产为主，这一格局亟须改变。而相比之下，美国富豪最多的三个行业是投资、通信媒体科技和零售，德国富豪最多的三个行业是通信媒体科技、零售和食品饮料，瑞士富豪最多的三个行业是制造业、矿业和零售，法国富豪最多的两个行业是奢侈品和食品饮料。

三　北京缩小收入分配差距的对策建议

2013年，党的十八届三中全会，强调"紧紧围绕更好保障和改善民生、促进社会公平正义深化社会体制改革，改革收入分配制度，促进共同富裕"，同时提出"形成合理有序的收入分配格局"。这表明，如果不坚决改革现行制度中的弊端，过去出现过的一些严重问题今后就有可能重新出现②。为此，深化收入分配制度改革必须要在改革目标、原则、条件和途径上有更为清楚的认识。

第一，改革的目标是缩小差距、共同富裕。要以"缩小差距、共同富裕"作为全面深化收入分配制度改革的总目标。21世纪的收入分配制度改革用两个"新比重"（两个"新比重"，是指居民收入在国民收入分配中的比重、劳动报酬在初次分配中的比重）取代了两个"旧比重"（两个"旧比重"，是指财政收入占国民生产总值的比重和中央财政收入占全国财政收入的比重），同时提出"两个倍增"和"两个同步"，可以说，这是重大的理念转变，也是从"国富"转向"民富"的重大突破，更是改革成果人人共享的重要标志。收入分配制度改革的终极目标是要"缩小差距"，实现共同富裕。没有收入分配差

---

① 《胡润2013年北京十大富豪》，http://www.china.org.cn/chinese/2013-04/08/content_28478122.htm。
② 《邓小平文选》（第二卷），人民出版社，1994。

距的缩小，没有扩大中等收入者群体，就不可能实现共同富裕，那么，"倍增"与"同步"的政策也很难落实。如果用具体指标来衡量，我们认为，到2020年北京城乡居民大岛指数应该降到3左右，城乡收入分配差距应该缩小到2以下。

第二，改革的基本原则是社会公平正义。党的十八届三中全会指出，全面深化改革的出发点和落脚点是"促进社会公平正义，增进人民福祉"，这是完全符合社会发展规律的。因此，全面深化收入分配制度改革要以社会规律作为指导性原则，而社会规律的一个重要标志就是努力实现社会公平正义。当前，北京已经进入做大蛋糕的同时分好蛋糕的阶段，分好蛋糕，分得更公平、更合理，发展才有可能可持续。这就需要制定公平合理的分配规则，一方面要监管分配规则的有效运行，制约权力腐败带来的财富积累，反对资本垄断带来的财富地位，确立政府与市场合理定位。另一方面需要提供足够的正义资源来维护社会稳定，这些正义资源包括如城与乡、体制内与体制外均衡的社会保障、社会福利与公共服务等。中国老百姓自古以来就有讲求"不患寡而患不均"的传统，因此，基于社会公平正义的基本原则应该贯穿收入分配制度改革过程的始终。

第三，改革的条件是加快社会体制改革。收入分配制度改革是社会体制改革的重要组成部分。全面深化收入分配制度改革需要以顶层设计上的宏观改革为前提条件。因为，社会体制是规定各社会行动主体之间权利和义务关系的一系列制度安排，影响社会建设各个领域，贯穿于社会建设的每个阶段和环节。因此，进行全面深化收入分配制度改革必须配之以城乡体制、教育体制、科技体制、文化体制、卫生体制、社会保障体制等其他领域社会体制的综合、协同改革，这是收入分配制度改革横向的配套改革问题。同时，还要做好收入分配制度纵向完善补短。最终，形成合理有序的收入分配格局。可以采取的措施如下。

①打破"制度惯性"，更加注重收入分配公平性，提高劳动者报酬在初次分配中的比重，特别是提高一线劳动者（包括脑力和体力）的报酬增长幅度，增加劳动者直接收入的可获得性，要承认作为资本、知识、技术、管理等生产要素唯一载体的劳动者的劳动价值，鼓励其参与收益分配。②完善以税收、社

会保障、社会福利、转移支付为主要手段的再分配调解机制，加大税收调解力度，规范收入分配秩序，严格监管权力腐败，充分保障再次分配合理公平合法，形成"橄榄型"收入的分配格局。③打破垄断，特别是要遏制非创新性企业的垄断地位及其非创新性财富积累，加快制定创新性财富积累的引导性方针、政策，加大科技、生产型服务业、制造业等领域的创新扶持力度，营造公平合理的竞争机制和竞争环境，扭转经济质量不高、产业结构不合理的局面，创新驱动首都合理有序的收入分配格局形成。

第四，改革的突破途径是加强民生建设。民之钱增加，民之钱敢花，减轻民众负担，提振消费信心，提高生活质量，增加民众福祉，加强民生建设是全面深化收入分配制度改革的突破途径，也是解决公众后顾之忧的保障性措施。民生建设是保障社会成员行动能力的基础，是百姓实现社会活动的需要，也是社会建设的重要领域。可以采取的措施如下。

①加大民生建设财政保障支持。首先，建立以常住人口为基数的财政投入增长机制。其次，建立民生投入与 GDP 增长同步机制。地方政府民生投入占一般财政预算支出应在 60% 左右，并与经济发展保持同步增长。最后，建立财政投入主体多元化机制。民生建设是一项系统工程，需要鼓励社会资本投入，兴办教育、医疗、养老等社会企业，弥补政府财政投入不足，及其在公共产品、公共服务供给中的失灵状况。②加大政府购买社会组织服务的力度。继续加大政府购买社会组织服务的力度，支持、引导社会组织参与民生服务项目，提供公开、公平、公正、诚信的竞争环境，不断扩大购买服务范围，不断提升公共服务的质量和效率，同时要加强监督评估机制建设，实现公共服务管理、公共产品提供主体和提供方式的多元化。增强公共服务项目多层次供给能力，满足群众多样化需求。③下决心花大力气解决民生老难题。21 世纪新阶段，最为鲜明的特点是重视民生、保障民生、改善民生，但是，更需要做好回应"民声"的功课，特别是在住房、教育、医疗、养老等领域。因此，首先要构建以政府为主提供基本保障、以市场为主满足多层次需求的住房保障和供应体系，满足居民住房基本需求。其次，加紧研究制定教育、医疗、养老等优质公共资源向新城及落后区域疏解的利益引导机制，同时，建立与落后区域的优势基础设施资源相匹配的人才资源使用机制。"削峰填谷"与"填谷追峰"

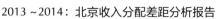

同时并进，促进不同区域、城乡公共资源和公共服务均衡发展。最后，就业是
民生之本。加大就业扶持力度，促进公平就业、自由择业，提升就业能力，健
全公共就业服务体系，促进更高质量就业。总的来说，民生建设是保障收入分
配制度改革的重要突破口，保障和改善民生，谋民生之利，才能解民生之忧，
增民之福祉。

社会福利和养老服务篇

Social Welfare and Senior Care

B.8

以社会创新来解决老有所养：
社区照顾的愿景和实现路径

缪青 李金娟*

摘要：

当前，社区照顾作为社会化养老的重心已形成共识，这一共识需要具体化为社区养老的愿景。在展现了多功能社区照顾的前台要素和结构，并由此讨论了供求结构以及服务短缺的原因之后，文章着重论述了支撑在愿景背后的两个系列的协调机制和社会创新：其一是在社区一级构建协调机制来搞好社区照顾的规范化流程、专业化配置和养老资源的整合；其二是社区外部的政策和市场环境，并落地到行业协会和市一级的政策协调，形成研究、规划、培训的互动平台。"老有所养"作为中国梦的

* 缪青，北京市社会科学院研究员，博士后指导老师，主要研究领域为社会政策、公共生活参与和社会福利；李金娟，博士，北京市社会科学院社会学所，主要研究领域为文化社会学、社会福利。

重要构成，在很大程度上可以通过社区养老照顾的社会创新来一步一步得以实现。

关键词：

老龄化　社区照顾　资源整合　老有所养　社会创新

一　社会化养老的重心与社区照顾的愿景

（一）共识已经形成：社区照顾作为社会化养老的重心

目前，中国老年人口已逾2亿。与此同时，人口老化过程中高龄、空巢和失能老人的数量持续增长，加上老年人在医疗方面的人均支出是年轻人和中年人的6~8倍，日益庞大的老年群体对养老财政、福利和医疗资源带来了空前的压力。

2013年9月24日发布的《北京2012年老年人口信息和老龄事业发展状况报告》中的数据显示，北京60岁及以上户籍老年人口已达262.9万，占全市总人口的比例已达20.3%，较2011年新增15万老人，平均每天增加至少400名老人。其中，80岁以上户籍老年人口42.6万，在2011年的基础上增加了4万人，占到全市户籍人口的3.3%。[①]此外，"相比全国的老龄化趋势，北京市的老龄化现象更加凸显与严峻，60岁及65岁占比分别高出6个和5个百分点。"[②]预计到2015年和2020年，全市老年人口将分别达到360万和450万，分别占总人口的17.6%和20%，人口老龄化形势将更为严峻。

为应对老龄化带来的种种难题，2013年发布的《国务院关于加快养老服务业发展的若干意见》指出，"到2020年，全面建成以居家为基础、社区为依托、机构为支撑的，功能完善、规模适度、覆盖城乡的养老服务体系。养老

[①]　国务院研究发展中心信息网：《北京市户籍人口老人首超两成》，2013年9月25日。

[②]　北京市民政局、北京市老龄协会、北京理工大学、中国心理卫生协会妇女健康与发展专业委员会：《北京市老年人口心理健康及需求状况调查研究报告（2012~2013）》，2013年3月18日。

服务产品更加丰富，市场机制不断完善，养老服务业持续健康发展。"① 民政部的"十二五"规划也指出了社区养老服务的重要性。一些大城市例如北京已提出了注重社区养老服务的9064方案，即"90％的老年人在社会化服务协助下通过家庭照顾养老，6％的老年人通过政府购买社区照顾服务养老，4％的老年人入住养老服务机构"。②

由此可见，在中国社区养老和居家养老（确切地说是"专业化社区照顾支持的居家养老"）作为解决老有所养的主要方案，已经形成共识。近年来，北京市委市政府高度重视老龄化问题：针对老年人居家养老服务的需求，不断推出为老惠老的政策和措施，以此推动老年福利由补缺型向普惠型的转变。例如，建立了政府服务购买机制，改变了传统福利供给和递送的模式。基于福利养老金、高龄津贴等以现金形式进行补贴的制度设计，北京市政府于2010年1月1日起实施了由老年人（残疾人）向市场购买服务式的居家养老（助残）券服务制度。又如，通过在社区建立养老（助残）餐桌并增加养老床位的提供，在全市乡镇、街道配备社区养老（助残）无障碍服务车等途径加大了社区为老服务的投入。此外，基于信息化平台，北京市社区服务平台开通了96156系列服务热线为老人提供精神心理咨询，并启动了主要由"小帮手"电子服务器、"小帮手"社区自助缴费信息机和社区信息发布系统三大项目构成的"小帮手"社区便民服务工程，为老人在社区的日常生活提供了便利。

此外，有关北京市老年需求的多次调查也显示，多数老年人倾向于就近获得照顾服务，并希望能够提供多样化的照顾产品。例如，北京市的一项研究报告表明，将近一半的老年人希望未来能够在居住地附近配备老年大学与日间照料中心等设施。③ 北京市老年人口心理健康及需求状况调查（2012～2013）也显示，90％的老年人希望社区可以提供心理健康公益讲座、心理健康检查、配备专业心理疏导员，建设"休闲室"等精神关怀服务；其中低龄老人（60～

---

① http：//www. gov. cn/zwgk/2013 –09/13/content_ 2487704. htm, 2013 年 12 月 12 日。
② 北京市民政局：《关于加快养老服务机构发展的意见》，2008 年 12 月。
③ 北京市民政局：《居家养老服务体系建设研究——以北京市发展居家养老服务实践为例》，见北京民政网站，2011 年 6 月 13 日。

69 岁）对社区提供精神关怀的期望最高。①

由以上讨论可见，"一个以保障高龄、独居、空巢、失能和低收入老人为重点，依托专业化的服务组织，为老年人提供生活照料、家政服务、康复护理、医疗保健等服务的居家养老服务体系正在建立的过程之中。"②

当然，上述共识的形成说明了社会对养老照顾服务的关注度正在升温，说明了搞好社区养老的重要性和若干特点。不过，无论是政府还是公众对于社区养老照顾的认识还需进一步深化和具体化，包括对多功能服务基本要素以及运行机制的了解。如果在这方面的认识不足，就容易在社区养老的解读上产生一些模糊认识，进而影响到社区老年服务的实际运作。

例如已有报道指出，一些经营者看到开办社区托老所是个赚钱手段，以为只要找几间空房，有几个闲人照看，保证老人的一日三餐就行。这些游离在监管之外的老年托管机构隐患很多，一旦发生火灾等意外，老人行动不便，极易发生伤亡事故。③ 又如，尽管在一些街道和社区为老服务的资金较为充裕，并且一些企业和投资商也开始关注社区养老照顾的领域，但是在运用多功能照顾服务来满足社区中老人的需要方面，显然还需要专家团队提供咨询、规划、质量评估等多种专业支持。

正是在这方面，以下多功能社区照顾的愿景呈现，包括一个展示前台要素的分析框架，以及对后台的系列化的制度安排和运行机制的讨论，将有助于深化对老有所养解决路径的认识。

（二）通过社会创新来解决问题：多功能社区照顾的愿景和实现路径

在这里，我们给出多功能社区照顾的定义："对有照顾需求者，特别是老年人提供上门护理、日间照料、社区托老、志愿者互助以及智能信息等多功能

---

① 北京市民政局、北京市老龄协会、北京理工大学、中国心理卫生协会妇女健康与发展专业委员会：《北京市老年人口心理健康及需求状况调查研究报告（2012 ~ 2013）》，2013 年 3 月 18 日。

② 北京市民政局：《居家养老服务体系建设研究——以北京市发展居家养老服务实践为例》，见北京民政网站，2011 年 6 月 13 日。

③ 张丽娜、余靖静、沈洋：《托老所"僧多粥少"埋隐患》，《新民晚报》2009 年 5 月 19 日。

服务，营造一个使居民能够自立并增进其尊严的生活环境。搞好社区养老需要整合养老资源，并使照顾服务的福利运行与老龄产业形成互动。"① 由此可见，社区照顾涵盖了以下几方面内容：

（1）围绕社区照顾所展开的养老服务体系，是为老年人提供专业化的上门护理、日间照料、社区托老、志愿者互助以及计算机云平台的智能信息等多种服务产品。

（2）营造一个使社区居民和老年人能自立和有尊严生活的环境。人到晚年，身心各方面机能都有所衰退，尤其是一些高龄老人、失智失能老人，他们所要面对的诸如吃饭、穿衣、行走、购物、就医及与人沟通交流等问题更为棘手。多功能社区照顾的核心就在于，当我们每个人面对老年阶段可能发生的失能、失智风险时，作为安全网的长期照顾能够提供专业化服务，使人能够过有尊严的晚年生活，安享垂暮之年的怡然之乐。

（3）老年群体对养生、护理和就医具有多样化需求，这就对服务产品的协调和养老资源的整合提出了很高要求。因此，搞好社区养老需要愿景背后的协调机制，包括整合各种养老资源，例如行政的、医疗的和社区组织的资源，又如要使照顾服务的福利运行与老龄产业形成良性互动。

由以上讨论可见，围绕照顾服务为轴心的老年宜居家园，老有所养透过多功能社区照顾的愿景已经相当清晰地展现在我们面前，多功能意味着从上门护理到全托的多种服务样式以及从养生康复到心理关怀的多种服务产品（见图1）。

城市社区所提供的照顾服务应当是适度普惠型而不是救济型，也即不仅仅考虑低收入老年群体，也要为大量中等收入乃至高收入老年群体提供服务。服务围绕着长期照护，表现为从家庭支持、社区照顾到机构照顾的无缝衔接。

如果说上述多功能照顾的愿景更多是在展示社区养老的前台要素，那么，能否让这些要素很好地协调起来，在很大程度上有赖于后台两个系列的协调机制的作用：其一是社区内的专业化配置和养老资源的整合，其二是社区外部的政策和市场环境，包括多方参与的格局并落地到行业协会和市一级的政策协调。

---

① 缪青：《多功能的社区照顾势在必行》，《求是》2013 年第 7 期。

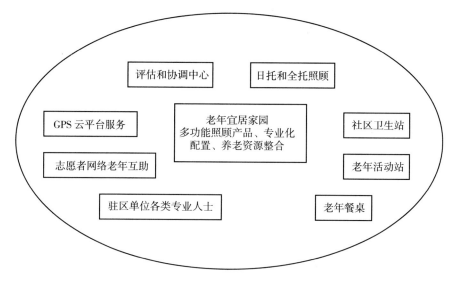

图1 多功能社区照顾的愿景

在展开社区照顾服务的协调性要素——专业化配置和资源整合之前，有必要对北京社区养老照顾的供求关系做一个概略性的估算，也即对在京的260余万老年人来说，有照顾服务需求的大约会有多少人？对此，尚在起步阶段的北京社区照顾的供给能力如何、缺口有多大？这一初步分析将有助于弄清在当下以及未来一段时期，北京需要调动多少社会资源来满足老年群体不断增长的照顾需求。

二 北京社区照顾的供求结构与照顾产品短缺的分析

（一）北京社区照顾的供求关系分析

从北京市居家养老照顾的供求关系来看（见表1），社区照顾直接面对的服务对象约有20万~30万老人（在家庭支持、家政服务以及机构养老等服务分流后），由此推算（按一个护理员照护8个老人的低限护理比率），在未来数年，北京社区的老年服务中心大约需要3万名专业化的养老护理员。在总体上，北京地区有照顾服务需求的老年人约有60多万，大约每5个老年人中就有一个。面对这一总量需求，家庭支持、家政服务以及机构养老的服务板块大约能覆盖1/2～2/3。

表1　北京社区照顾的供求结构分析

群体需求与供给能力	老年群体的照顾服务需求	在未来一段时间的养老资源调动
养老照顾服务的总需求量	60万人左右(该需求量会不断上涨)	随着北京老年人口每年10万左右的增量,需要更多的养老资源
照顾服务(非社区养老照顾板块)的可能供给	大约覆盖30万～40万人左右,包括传统的家庭支持、家政服务和机构养老,参见下面的说明	在一个长时期内供给量增长有限,家政服务供给量不稳定、在缺乏规模化培训的条件下,质量难以提高;而机构养老只能覆盖4%
社区照顾的可能供给	按低限估算约20万～30万人(在家庭、家政等服务分流后,尚不包括需要照顾的病人)	该供给量能够持续增长,在适当投入、规模化培训和多方参与到位的条件下

　　尽管上述估算作为探讨尚无全市范围的抽样数据，不过多方面调查数据的链接包括台湾养老服务方面的数据都有助于厘清现状，提供参考。这些数据包括：①朝阳区调查显示，60～70岁老年群体中有22%的老人需要上门护理，80岁以上的老人服务需求已经上升到30%左右。②北京市老年人口心理健康调查（2013年）表明，约有32万老年人（占老年群体的12.63%）心理健康指数较差，需要进行心理健康教育，必要时进行心理疏导，改善其心理健康状况。③台湾2009年有关"养老服务未来需求"的调查表明，对居家护理"很需要"的老年人（注意是65岁以上）占总数的27.19%，"还算需要"的老人占老年人总数的22.85%。更为详尽的讨论参见《北京社区养老照顾研究》。①

　　如果说社区照顾板块主要面对的老年照顾需求者约有20万～30万人，而在京的260万老年人中有照顾服务的总量需求约有60万，那么伴随着北京老年人口每年10万的增量，照顾服务的需求量还会不断上涨。需要指出的是，面对60万人的需求量，家庭支持、家政服务以及机构养老的服务板块大约能

① 缪青、李金娟：《北京社区养老照顾研究》，北京市社会科学院重点课题，2013年12月。

覆盖 1/2 ~ 2/3，但这些板块在未来的增量有限。例如家政服务的供给，据业内人士的估计，在北京的家政服务员大约有 30 万 ~ 40 万，其中约有 60% 从事老人和病人的照顾。不过，考虑到缺乏定期的培训以及年轻一代农民工进入家政行业的数量趋减（这在很大程度上是城乡一体化的进程使然）等因素，家政服务员的供给不仅不稳定而且数量趋减。而机构养老由于多数位于郊外，不仅亲人探访不便、费用高，而且集中照顾的单调环境缺乏邻里氛围，因而床位增长的空间有限，在未来一段时期也仅能覆盖北京老年人口的 4%。即便在发达国家，机构养老所提供的床位数量也不过覆盖老年人口的 6%。

由此可见，面对老年照顾的需求者来说，只有社区照顾的服务板块能够在未来有持续增长的空间，当然，这需要在适当的投入、规模化的培训和政策跟进的条件下。那么，对于社区照顾所覆盖的 20 万 ~ 30 万需求者来说，需要多少养老护理员呢？按一个护理员照护 8 个老人的低限护理比率，在未来一段时期北京社区的老年服务中心大约需要 3 万专业化的养老护理员（实际上不少社区养老服务中心的托老所也会入住失能失智老人，其护理比率应为 1 : 3）。平均一个社区养老服务中心约需 3 ~ 5 名（按照 2012 年 6040 个社区服务站计算）养老护理员。

根据市民政系统的资料，2001 年以来北京市通过职业鉴定的初级养老护理员共有 7978 名、中级养老护理员有 2373 名。目前，在北京养老机构中的在职养老护理员有 4870 人。考虑到养老护理员的待遇偏低和岗位流失率较高等因素，目前能够在社区日间照料所和托老所从事服务的养老护理员并不多，专业人才的缺口还是相当大的。

（二）社区照顾供给不足的外在表现

1. 功能单一、配套政策不到位，难以满足老年人就近获取照顾的多元需求

目前社区照顾服务供给不足的一个典型表现是：日间照料中心的门庭冷落而托老所却一床难求。按照养老服务规划的要求，许多城市包括北京已经建立了不少日间照料中心。不过，由于专业服务短缺、硬件设施不齐全、收费标准参差不齐以及老年消费偏好等因素的影响，到日照中心寻求照护的老年人寥寥

无几。与此形成鲜明对照的是，一些具有留宿和全托功能的社区托老所的床位，则十分抢手。然而，这些很受老年人欢迎的就近入托服务，却由于政策支持不足发展相当艰难。

2. 社区居委会应成为吸纳各类专业养老资源的平台，却力不从心

在社区提供日托乃至全托等多功能服务，单纯靠政府投入和居委会的努力显然是不够的。例如，提供多种照顾产品涉及从护理、精神慰藉到长期护理保险等一系列环节，涉及服务人员的专业培训，包括从院校的专业教育到社区培训以及职业资格认证等环节。此外，在养老服务的管理层面，有关养老服务组织和企业在社区的准入与退出机制也亟须确立。这些都需要在社区一级进行协调和整合，社区目前还未能发挥其作为资源整合平台的功能。

3. 资金缺乏，照顾需求与养生健康以及养老消费市场尚未形成良性互动

近年来，有关社区老年服务所蕴藏的市场潜力和就业潜力开始受到关注，不少学者开始关注养老消费蕴藏的巨大市场能量。但是，围绕着照顾服务如何与养生健康的协调，如何同老龄产业形成互动，还缺乏制度创新。一个鲜明的例子是，一方面，照顾服务业由于待遇偏低一直在抱怨专业人员短缺和发展艰难；另一方面，养老消费市场却被一些推销种种养老保健品的组织所占据。

由于上述种种因素的影响，"社区能养老吗"仍是人们普遍的疑虑。而这些担心恰恰反映了从政府到公众对社区照顾的认识不足，政策支持力度不够。

（三）深层原因：认识有待深化、养老政策需要协调

之所以强调在社区照顾上的认识不足，是因为观念的变革是社会创新的前提，只有认识不断深化，制度上的创新和政策上的变革才有可能持续进展。当然，要使新的理念"厚实"起来，就不能停留在纲领性的论说阶段，还需要讨论实现路径并延伸到政策制定的各个环节，包括社区的积极参与以及跨部门的互相合作等。

而深化认识的首要环节就在于看到社区照顾的愿景，并由此了解社区照顾的前台要素及其相互关联。缺乏有关愿景的眼界，就无法对照顾服务的供求结构有较为全面的了解，并对支撑其后的多种政策环节展开讨论。其次是要看到实现路径的路线图，这既包括社区一级的管理和协调机制，例如专业化配置和

养老资源整合等，也包括社区外部的协调机制，例如形成多方参与的格局并落地到集研究、规划、培训为一体的互动平台。

此外，还要认识到发达的养老服务业也是发达都市的标志，搞好社区养老是一项能够拉动内需的国民健康工程，应当采取多种措施促进养老服务组织的发育并搞好质量控制。很明显，将社区内外的诸多要素很好地协调起来，使得养老服务业成为令人羡慕的行业，也是治理能力现代化和发达都市的重要表达。对此，更多的讨论参见《北京社区养老照顾研究》。

三 社区照顾的协调性要件：服务流程、 专业化配置和资源整合

本文一开始对多功能社区照顾的愿景讨论，清晰地展现出社区养老的前台要素。要让这些要素能够协调运行并且可持续，必须在社区一级构建协调机制来搞好照顾服务的规范化流程、专业化配置和养老资源的整合。这一协调机制的落地，需要在社区设置专职社工及专项基金并依托老年服务中心来实施。

（一）社区照顾的产品、需求评估和服务流程

1. 多功能社区照顾的服务样式和产品

在社区照顾愿景的框架下，多功能意味着提供从上门护理到全托的多种服务样式，以及提供从养生康复到心理关怀的多种服务产品。就服务样式而言，社区照顾为高龄、空巢和失能老人提供了专业化的上门护理、日间照料、社区托老、志愿者互助以及计算机云平台的智能信息等多种方式。就服务产品而言，它涵盖了生活照顾、健康和营养咨询、心理服务、护理服务、社交及康乐服务，还包括对养老照顾者（志愿者和社区工作者）的"喘息服务"等。

在这里，"喘息服务"是指对从事长期照护的服务者（包括家庭成员）提供一定的心理疏导和干预，以及照顾护理技能方面的指导等。这一帮助会让服务者得到"喘息"机会，在调整工作状态后能够积极地应对护理工作中来自服务对象的负面情绪。

2. 规范的服务流程与居家照顾的需求评估

我们强调作为老有所养的主流方案的居家养老，是专业化社区照顾支持下的居家养老。它在规范的服务流程上鲜明地体现出来，这包括如下几点。

（1）评估照顾需求：由专业人员对需求者进行访谈以了解居家护理可以提供哪些帮助，并进行照护需求的评估。

（2）制订照顾计划：在评估后会根据需求制订照顾计划。

（3）选派合适的护理员以实施照顾计划。

（4）居家服务的督导与跟进：服务组织或公司会在社区老年服务中心的帮助下，跟进护理员的工作，定期对被照护者进行家访以确保服务质量。

（5）保持与被照护者家人的沟通，跟进照顾计划并视情况做出调整以满足老人的需求。

专业化支持的照顾服务还体现在居家照顾的需求评估上，在这方面，上海已对有照顾需求的老人进行专业评估（评估内容见表2），即通过家访来制订照顾服务的方案，并且目前已经实现全市范围的覆盖。通过对老年人的需求进行评估，其优势在于，可以将照料服务资源优先分配给最需要照顾的老人，并据此为老人量身制订个性化的照护方案。

表2 养老服务需求评估

评估表项目	评估报告
一 生活自理能力（主要参数）	一 评估总分计算
二 认知能力（主要参数）	二 评估员总结
三 行为情感（主要参数）	1. 生活自理能力 2. 认知能力 3. 行为情感 4. 视觉能力 5. 社会生活环境 6. 重大疾病诊断
四 视觉能力（主要参数）	三 养老服务建议
五 社会生活环境（背景参数）	四 现时服务情况（持续评估用）
六 重大疾病诊断（背景参数）	五 确认评估报告

（二）支撑多功能照顾的专业化配置

要让上述多功能的照顾服务切实运行起来，支撑其后的专业化配置是极为重要的，其核心环节是养老服务的专业人才供给。随着社会对养老服务的质量要求以及养老护理技术的升级，一个合格的养老护理员不仅要具备爱心、耐心和责任心，而且要具备基本医学知识、护理常识、心理关怀知识和良好的沟通能力，这些都需要通过系统和持续的培训来获得。

在社区照顾的起步阶段，从政府到公众都应认识到搞好社区养老的建设离不开规模化的专业培训，包括有关养老服务的专业教育和职业培训。

1. 长程的专业教育和院校培养

这里谈到的专业教育是指系统性课堂教学、校企结合及实训教学的培养模式，能够为养老服务行业输送具有较高专业素质的服务人员、营运管理人员乃至研究人员。其培训时长一般为3年或4年，培训对象以年轻人居多，多为中高等职业院校在校生，高等院校在校生。课程内容较为系统、专业性强，覆盖了老年学、护理、心理、社会工作、慢病维护、营养学和管理学等相关学科知识。

近年来，北京的三个高职学院北京青年政治学院、北京劳动保障职业学院以及北京京北职业技术学院，为养老服务业培训了300名左右的专业人才。部分毕业生已经开始在工作中崭露头角，担任管理领域的部门主任、院长助理和部门主任助理等职务。

还要清醒地看到，尽管院校教育已经开设了三年期的专业课程，但面对数万养老护理人才的巨大需求，在加快培养专业人员方面仍然任务繁重。

第一，是要提供系统性的培训教材与改进培训流程。就养老服务专业培训教材与培训流程而言，目前还存在诸多不足。例如，专业教材较为缺乏以及核心课程的设置不统一，导致课堂教学随意性大。又如，尽管北京劳动保障职业学院已经形成涵盖居家照护、机构照护、卫浴护理、营养保健、心理照护等几大技能的实训环境和一个老年服务综合性实训系统，但由于现阶段这种以护理服务和心理服务为主的专业实习仍显单一，仍需要拓展学生多方面的技能。因此，在实训内容设置上如何进一步改善老年服务的技能，特别是丰富老年服务经营管理的教学模块，有待进一步开发。

在2012年，通过中国老年服务教育联盟的协调以及举办老年专业人才培养方案与课程标准研讨会，各院校进一步明确了人才培养的目标，并开始着手

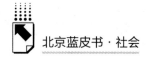
制定相应的课程标准。目前已进行了教材编写并且已有多本教材出版,一定程度上缓解了我国老年服务的培训教材缺乏的状况。

第二,是在大学和研究机构增设跨学科的老年研究中心和老年研究专业,以促进养老服务业的质量提升,促进养老服务行业协会的发展。就大学培养老年服务专业人才来说,从老年学、社会工作、心理学到医疗护理等学科,以及与此相关联的各种研究专业——老龄健康管理、营养、康复、教育、医药和建筑等,都具有重要作用。北京作为教育资源较为丰富的首都,其辖区内从事较为系统的老年研究的仅有中国老龄科学研究中心、中国人民大学社会与人口学院老年学专业等几家,未来还需要通过增设老年研究中心来促进养老服务专业化的建设。

2. 短程的职业培训和社区培训

在现阶段,面对老年人口猛增和照顾服务的巨大需求(前述分析表明,北京未来数年约需要3万名养老护理员,并且还会不断增长),要较快解决专业服务人员短缺的问题,单靠院校教育显然是不够的。例如,北京三所高职院校养老服务的毕业生每年不过一百多名,即便加上初级养老护理员每年培训的1000多名(由民政系统的市养老服务职业技能培训学校提供),养老服务业的专业人才缺口仍然较大。此外,从护理员的年龄结构来看,多为"4050"人员,包括下岗再就业职工和农村剩余劳动力,这些护理员缺乏系统的专业学习和训练,"文化素质低、专业技能差、年龄普遍偏大、流失严重"①。

由此可见,在社区照顾服务起步阶段,在加速发展专业教育的同时,还不能忽视短程的职业培训和社区教育的重要作用。培训的目标一方面在于培养半专业的或初级养老护理员、社区服务人员、与养老服务业相关的人员,另一方面还在于普及居家护理和健康养生知识,改变社会风气。与长程的院校培养相对照,职业培训的实施主体包括行业培训组织、企业和社会组织内部的岗位培训等。其培训时长为1~2个月,培养对象以中老年人居多,包括社区志愿者、下岗失业人员以及与涉老服务相关的人员如职能部门人员、社会组织成员和企

---

① 陈卓颐、陈伟然:《我国养老护理员队伍建设现状与对策》,《长沙民政职业技术学院学报》2009年第4期。

业管理者、医疗系统人员、心理工作者和信息技术人员等。课程内容涵盖选择性的或半专业的学科知识、初级实用技能、初级的老年生理及心理知识、初级护理方法和营养知识，较之院校课程有更大的灵活性。

3. 养老服务业者的教育评估

在加强院校教育和职业培训的同时，还应做好教育评估工作。无论是对院校教育还是对职业培训的评估，大体上都涉及培训目标评估、培训效果评估及特色评估三个部分。就养老服务专业的教学评估而言，需要关注专业的办学方向和制度建设的效果，评估教学工作及人才培养的效果。而特色评估则是了解学校已有优势的影响，是前两部分的补充。在绩效评估方面，目前存在的不足包括：评价指标相关性不强、专业度不高，评价方法有待进一步优化；而缺乏深入的交叉研究和内部关系的探索，可能导致评价信息的失真[1]。这都需要在未来进一步改进。

（三）通过社区老年服务中心搞好养老资源的整合

由于我国社区养老尚在起步阶段，面临资金不足、服务单一、专业人员短缺等困难，因而如何将社区内外的各种养老资源，例如医疗、行政及社会组织等方面的资源协调使用，在努力满足老人多样化需求的同时缓解养老财政的压力，就成为重要课题。

前述愿景的讨论已经提出在社区构建老年服务中心也即协调中心的重要性，具体的运作包括在中心设置专职社工和专项基金，一方面协调多种服务的运作，另一方面协调社区内外多种养老资源的使用。还应当看到中国的社区居委会建制为在社区一级搞好养老资源的整合提供了基础。这不仅是由于社区居委会具有协调社区公共事务的功能，而且是由于北京的社区具有资源整合的传统。

在这里，社区一级的协调机制可以经由社区老年服务中心来有序运行，这包括以下几个环节。

---

① 李绍明、黄嘉丽、黄丹：《养老护理员的素质现状及培养对策研究》，《探求》2013年第4期。

1. 协调社区内外的专业资源

从社区内外的养老资源来看，驻地的单位、企业和各类专业人士以及社区外部的各类社会组织、专业协会的介入是社区照顾的多种支持力量。就养老服务的专业化支持来说，北京是专业人才集聚之地，有着相当的优势。例如，众多社会工作者和心理工作者就是参与养老服务的重要力量。目前北京市持证的社会工作者（指通过社会工作者职业水平考试的社工师和助理社工师）已达1.5万余人，每年还以2000人左右的速度增长，其中在社区工作的占60%，[①]不过，在这些持证社工中能在社区参与养老服务的还十分有限。同样的现象也表现在心理学领域，尽管在北京持证的心理工作者也有近万人，能够参与社区养老服务的人员也不多。通过社区老年服务中心的协调和社区培训，上述专业资源的一部分显然可以在照顾服务中发挥作用。

2. 协调社区内外的福利资源和医疗资源

从社区福利资源的组成要素来看，一方面有民政、卫生、残联、人力与社会劳动保障等部门管理的福利项目涉及多种养老资源；另一方面有社区所辖范围内的各级各类医院、卫生站和康复机构等。统计数据表明，2008～2012年间，北京社区卫生服务中心（站）及门诊部的数量呈现逐年递增的状态，在基层医疗卫生机构（包括社区卫生站、门诊部、医务室）的专业护士达1.3万名。无论是从医院、公共卫生机构以及其他疗养康复机构的分布来看，还是从机构人员及床位数量来看，北京都是全国城市中医疗资源密度最高的城市，在一些方面已接近发达社会的水平。通过社区老年服务中心的协调和社区培训，上述医疗资源的一部分显然也可以在照顾服务中发挥作用。

3. 基于养老服务项目的运作进行资源整合

协调功能实现的一个重要层面是透过社区一级的老年服务中心来解决条块矛盾。这种协调在很多情况下是可以通过资金支持的服务项目来运作的。养老服务项目的实施可以涵盖多方面的内容，其一是对社区居民照顾需求的评估；其二是对社区内的养老资源协调使用，包括行政、医疗和社会组织的；其三是

---

① 北京市民政局党校"三社联动"课题组：《"三社联动"推动基层社会服务与管理创新研究》，2013。

协调社区照料资源和老龄产业的连接。例如，北京的一些社区已经和养老服务公司合作，采用公办民营的方式运作社区照顾服务。服务公司针对有照顾需要的老人开展了一系列服务项目。包括从送餐服务、生活照料到日托和全托服务，并展开了连锁经营的探索，延伸了养老服务的产业链。

由以上讨论可见，在社区养老照顾起步阶段是否具有资源整合的眼界，对于能否搞好社区养老具有重要意义。

四　社区养老与外部政策环境和市场环境的协同

由以上讨论可见，搞好社区照顾的专业化配置以及社区资源的整合，不仅需要在社区（依托老年服务中心）设置专职社工及专项基金用以协调上述功能，还应该通过专家团队的介入、社区外部环境与市场环境的协同来保障其有效运行。如果协同工作做不好，就会影响到养老服务的专业化配置与社区养老资源的整合，从而不利于社区照顾的水平提升（见图2）。

社区协调机制：
依托老年服务中心
的专职社工与专项基金

● 专业化介入：养老服务的行业协会
● 支撑多功能服务的公共政策环境
● 养老服务和老龄产业的市场要素

图2　社区老年服务的协调机制和外部政策及市场环境的关联

社区作为具有地域纽带的社会生活共同体，其扁平化治理或者说"块块管理"是面向社区居民多样化需求的，而社区养老资源的调动很大一部分来自政府职能部门的纵向管理，或者说"条条管理"。其典型表现就是，社区养老项目与市民政部门、卫生部门、人力和社会保障部门、社会建设以及残联等都有关联，如何将这些资源在社区一级协调起来，避免福利资源重置与浪费，是社区照顾的重要考量。

具体可以依托社区老年服务中心来协调养老资源与外部政策的关系，可从以下几个层面来进行。

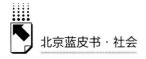

1. 养老服务行业协会的专业化介入

社区照顾的质量提升除了政府投入和居委会的努力之外，还需要行业协会、专家团队的介入。例如，交流多学科专业信息和制定养老服务的规范，组织具有较高专业水准的专家团队来为政府和社区规划社区养老提供方案，提供人员培训和专业评估等。就目前来看，关于老年服务的行业协会大致分布在心理、医疗、康复、社会工作以及信息服务等多学科领域，还涉及与多功能服务相关的养生产品和养老产业集群等领域。值得一提的是，当前关于主流行业协会的讨论主要集中在营利性企业组织构成的行业协会领域；而以非营利性社会服务机构组成的新兴的社会工作行业协会尚未进入主流行业协会研究者的视界。[①] 这也从一个侧面说明，一些新兴行业协会在社区养老照顾上的重要角色还有待发挥。

2. 社区外部政策环境的优化

从改善社区外部的政策环境而言，应该在市一级形成社区养老照顾的专门协调机制，用以协同民政、卫生、社保等职能部门的公共政策和养老资源。社区内涉及养老服务的资源整合的滞后，一定程度上与行政管理上的条块矛盾不无关联。例如，一家日间照料中心的一位老人需要做一般性的医疗检查，而离这个中心300米有一个社区卫生站有上门提供服务的能力。但出于医疗系统的限制性条款以及规避风险的考虑，卫生站没有这样做，结果只能让日照中心的人员将老人运送到300米外的卫生站接受检查。这既带来了老年人的不便，也造成了养老资源的浪费。这一问题的解决显然需要市一级的协调机制。

3. 社区外部的市场环境优化

在现阶段，社区作为吸纳各种养老资源的平台，由于缺乏协调机制尚力不从心。具体表现为社区照顾供给服务单一、专业服务短缺等。在这种状况下，很多社区需要引入专业化的养老服务公司来为老年人提供多样化、专业化的服务产品。对于养老服务组织和公司的发展，一方面需要给予税费优惠、护理补贴，加快护理保险制度出台等政策支持，让那些为老年人做事和服务的人切实

---

① 彭善民：《由外及里：社会工作行业协会的认同发展探微——以浦东新区为例》，《福建论坛（人文社会科学版）》2011年第12期。

感到政策支持，在扶助老人有尊严地生活的同时，能够有尊严地工作；另一方面还要依托社区老年服务中心构建准入和退出机制，在行业联盟和政府的指导下实施多层面质量监管。

综上所述，本文对多功能社区照顾的愿景讨论，在清晰地展现社区养老的前台要素和结构的同时，也凸显了支撑其后的两个系列的协调机制："其一是社区内的专业化配置和养老资源的整合，其二是社区外部的政策和市场环境，包括多方参与的格局并落地到行业协会和市一级的政策协调。"当然，这些社会创新和政策跟进又离不开更为综合的观念更新和政策变革，诸如看到养老服务行业联盟的重要性、看到社区照顾是一项拉动内需的国民健康工程，以及采取多种措施发展养老服务组织和营造"让老年人有尊严地生活、让服务者有尊严地工作"的社会氛围等。限于篇幅，更多的讨论参见《北京社区养老照顾研究》。

2013 年 3 月习近平在人大第一次会议讲话中谈到，"我们要随时随刻倾听人民呼声，回应人民期待"，在"病有所医、老有所养、住有所居上持续取得新进展"。很明显，只要认识到位和政策跟进，"老有所养"作为中国梦的重要构成，在很大程度上可以通过社区养老照顾的社会创新来一步一步得以实现。

B.9

社会工作的就业困境*及对策建议

姜海燕**

摘　要：

虽然社会工作专业近年来得到了大力发展，但中国社会工作专业目前面临着就业困境。这与中国社会工作的发展路径和慈善事业欠发达有关，其导致社会上缺少新增的社会工作岗位。同时，原有的政府体系内的一些社工岗位，由于历史原因，岗位更替较困难，导致存量部分的社工岗位对社会工作毕业生来说较难进入。另外，社会工作岗位的待遇偏低与社会工作毕业生自身素质不高也是就业困难的原因。要解决这样的困境，需要政府大力投入，给予社会工作以政策支持，促进民间组织的发展，同时逐步推进社会工作岗位的专业准入制度。并且加大社会工作的专业教育，提高社会工作毕业生的自身素质。

关键词：

社会工作　就业困境　民间组织　准入制度

一　社会工作就业困境

随着中国社会工作教育的发展，每年有大批社会工作专业的毕业生涌向人才市场。在大学生就业形势越来越严峻的今天，社会工作毕业生的就业形势非

---

* 本文所指就业困境是指毕业生的就业对口困境，即从事社会工作相关职业的困境，并非整体就业困境。

** 姜海燕，法学博士，现任职于中国社会工作教育协会办公室，主要研究方向为社会工作、社会保障。

常困难,已经就业的毕业生专业对口率相当低。令人担忧的是,即使在社会工作领域就业,毕业生们也无法长期持续工作,导致社会工作在岗人才的大量流失。而另外,政府则一再强调对社会工作人才的大量需求,并提出了要持续增加社会工作人才的重大计划。这种人才需求和人才流失同时存在的悖论构成了社会工作专业的就业困境。这种矛盾现象应引起政府、教育界和社会工作相关人士各方的高度关注。

中国社会工作近年来得到了很大发展,在政府推动和高校改革的影响下,社会工作教育在全国发展迅速。截至目前,全国已有330多所高校设置了社会工作专业,其中北京有27家。280多家院校开设了社会工作本科专业,61家院校设有社会工作硕士专业。每年全国社会工作专业的大学毕业生接近一万人。同时,据民政部相关负责人统计,自2008年全国社会工作者职业水平考试推广以后,截至2013年,已有12万多人通过了考试,其中社工师3万多人,助理社工师9万多人,预计每年还会有大概2万人通过此考试。由于职业水平考试的通过人员大多为在职人员,与毕业生的重合有限,因此,将两项相加,每年新增的社会工作专业人才估计会在3万人左右。社会工作专业人才的培养在逐步走上正轨。

与此同时,当前中国社会客观存在对社会工作的高需求。

第一,市场化与城市化进程的加速,使人们的生活方式发生了重大变迁。一方面原子化的生活方式对社会服务提出了更高要求,另一方面,人们对社会服务的要求已不再是满足温饱,而是需要更高层次、更有尊严和价值的服务。高质量服务的提供需要受过专业训练的社会工作者。

第二,经济的快速发展也带来社会矛盾多发,例如,近年来各地频频出现维权事件,甚至有些还发展成为极端的暴力事件。对此,社会工作可以发挥专业优势,起到重要作用。社会工作可以从信访、司法矫正服务、心理服务和社区服务等方面入手,维护社会公平,减少悲剧事件的发生,提高居民的生活质量,从而维护社会稳定。

近年来,政府也在关注和推进社会工作的发展。2010年6月国务院发布了《国家中长期人才发展规划纲要(2010~2020年)》,提出要统筹推进社会工作人才队伍的建设。2012年民政部发布了《社会工作专业人才队伍建设中长期规划（2011~2020 年)》(以下简称《社工人才规划》)，《社工人才规划》中表示，我国的社会工作还存在"人才数量缺口很大、能力素质不高、结构不太合理等问题"。而且指出，"我国社会工作专业人才队伍发展总体水平与现有经济实力不相匹配，与人民群众不断增长的社会服务需求不相适应，与构建社会主义和谐社会的要求还有较大差距"。并且提出到 2015 年，社会工作专业人才总量增加到 50 万人，到 2020 年，社会工作专业人才总量增加到 145 万人，而目前我国已有社会工作者 20 万人。从数据上来看，人才缺口还很大。

社会对社会工作人才的需求如此之大，而全国高校也在不断培养社会工作人才，按理说社会工作专业的就业应该是水到渠成的，不存在困难。而实际情况则令人担忧。不仅就业率在大学各专业的排行趋于末端，而且专业对口率相当低。

高校的资料显示，社会工作专业毕业生的就业率一直处于各个专业就业率的较低水平，例如，复旦大学社会工作专业的就业率排行在全校为倒数第四；青岛大学 68 个本科专业，社会工作专业的就业率排在第 64 位[1]。而且，即使就业，能够在社会工作相关领域对口就业的毕业生比例也较低。从全国范围看，毕业后实际从事社会工作的专业学生不足 8%[2]。

就北京地区的高校而言，由于本科生考研率较高，很多学生选择了在社会工作专业继续深造，因此，适当地增加了社会工作的对口率。例如，中央民族大学 2013 年毕业生中，有 51%从事了与本专业相关的职业，其中考相关专业的研究生占 37%，于相关领域就业的仅占 14%[3]。

人才流失的另一表现是社工在岗人员的流失率相当高。据调查，深圳社工流失率不断攀升，从 2008 年的 8.2%，到 2011 年的 17.6%，再到 2012 年的 18.1%。早期的深圳社工仍在岗的已不足 30%，逾七成已离岗。根据《2011 年度东莞市社会工作发展综合评估报告》，2011 年东莞市社会工作者离职率达 19.79%。广东是中国社会工作发展较为迅速的地区，也是社会工作专业社会

---

① 周绍宾、张华：《社会工作专业的就业思考》，《中国社会导刊》2007 年第 14 期。

② 人力资源和社会保障部专业技术人员管理司司长孙建立：《培养造就宏大的社会工作人才队伍》，2011，来源于社会工作网。

③ 数据来源于中国社会工作教育协会提供的《中央民族大学社会工作专业自评报告》。

认知度相对较高的地区，不断攀升的离职率给社会工作的就业环境敲响了警钟。此外，武汉、北京等全国各地也出现了不同程度的社工人才流失现象。

二　就业困境的原因剖析

社工专业毕业生之所以会面临就业困境，与社会工作的职业化有很大关系。如果在人才市场上没有足够的可供毕业生选择的成熟的社会工作岗位，就会堵塞社工专业毕业生的对口就业通道，导致他们流失到其他行业。可以说，社会工作岗位是社工就业的必要条件。因此，虽然社会上存在大量需求，但目前这些需求还没能转换为成熟的社会工作岗位，这是造成社工就业困境的主要原因。中国之所以没有培育出成熟的社会工作岗位是有多方面原因的。

第一，中国社会工作的发展路径是从课堂走向社会的，这导致社会工作的专业化先于职业化的发展。

中国的社会工作作为舶来品，它的兴起有别于西方路径。中国社会工作是从教育界首先发起，并在教育者的推动下，得到政府响应而发展起来的。而在社会工作的发源地——西方发达国家，社会工作是从社会需要中脱胎而来，是因为慈善组织在开展服务过程中需要专业知识的指导，才逐渐加大对员工的专业培训，并逐渐发展为学校里的一门专业。也就是说，西方的社会工作是从社会逐渐走向课堂的，这样就可以形成人才需求带动人才培养和人才供给，从而形成就业的良性循环。但是，中国的发展路径正好相反，是从课堂走向社会的过程。也就是说社会工作首先在学校里获得承认，然后才走向社会，即社会工作的专业化先于职业化。这样社会工作人才是先被学校培养出来，然后再寻找就业空间。这就要求社会工作的职业化要跟上专业化的步伐，而中国的情况恰恰是职业化过程较为困难，还没有跟上专业化的步伐，因而造成毕业生堆积，导致社会工作的人才流失。

不过，中国作为后发现代化的国家，许多专业的发展往往是教育界人士首先从西方引进，然后逐步在高校推广，再逐渐走向社会。这样的走向的健康发展，还有赖于政府、社会和教育界各方力量的共同努力。

第二，中国的慈善事业不发达，是导致社工岗位不足的重要原因。

社会工作专业本身具有社会福利的属性。主要的服务对象大多是弱势群体，他们对社会工作服务有非常大的需求，但是，他们没有足够的购买力。因此，一般而言，社会服务的资金来源基本是政府或民间的慈善基金，资金提供方一般为政府财政或非营利机构。社会工作服务的发展在很大程度上取决于政府的福利供给和民间的慈善行为。

西方社会工作的起源与他们的慈善传统有很大关系，慈善事业得到各个民间基金的支持，使得社会工作服务可以在民间首先发展起来。而中国由于经济发展水平的限制和慈善传统的断裂，目前社会上的慈善资金规模比较小。而且，还有相当一部分来自于国外基金会。慈善资金和慈善事业薄弱的限制导致中国的社会工作服务很难从民间发展起来，从而使中国的社会工作变得极其依赖政府的政策和资助，缩小了社会工作发展的空间。

第三，原有的体制内的社会工作岗位对于高校毕业生来说较难进入。

在世界各国，都有很多社会工作岗位是设置在政府的社会福利体系内的。在中国，由于之前没有社会工作这个专业，大部分与社会福利相关的岗位都由政府的公务员或社区工作人员担任。这些人对中国社会工作的发展同样具有重要作用，他们被学者称之为"半专业的社会工作者"①。中国的社会工作岗位可以分为两个部分，一部分是存量，另一部分是增量。其中，存量的部分即是现存的政府体系内部与社会福利相关的岗位。社会工作在寻求增量发展的同时，也应该注重存量部分的发展。不过，这部分岗位在招聘、待遇与人员更替方面与市场上的一般聘用有所不同，从而也限制了社会工作毕业生进入这些岗位的渠道。现有的民间组织中的社会工作岗位待遇不高，工资水平与工作要求失衡，导致人才大量流失。

在目前有限的社会工作岗位上，社工的待遇仍然偏低。例如，在北京的一些机构，政府购买的社工岗位每个月平均能拿到手的工资大概为2000多元，靠这样的工资在北京生活相当拮据。又如，2007年《深圳市社会工作人才专业技术职位设置及薪酬待遇方案》中提出的社会工作的工资标准，五年时间几乎没有做过调整。其中指出，具有助理社工师证、本科毕业的社工工资指导

---

① 王思斌：《体制转变中社会工作的职业化进程》，《北京科技大学学报》2006年第1期。

线为每个月 3720 元，专科毕业生一般为每个月 3330 元。直到 2012 年，据新华社报道，深圳市民政局才将一线社工的工资标准提高到 4700 元，如果算上缴纳社保和机构的浮动，社工一个月能拿到手里的也就在 3000 多元，还不及当地工厂工人的工资水平。但是，社会工作者的工作压力却是非常大的。他们要组织各种各样的活动，接触各类弱势人群，由于社工的知名度不高，他们需要付出非常大的努力才能完成任务。这样就形成了工资待遇与工作量的失衡，导致大量社工无法坚守社工岗位。

第四，除了社会工作岗位的数量和质量有待提高外，社会工作专业毕业生的自身素质不高也是就业困难的原因之一。社工毕业生在专业技能和专业素养上都有待提高。

由于中国的社会工作教育处于快速扩张的阶段，在师资、配套设施、实习和培养方案上都还不成熟，培养出来的社会工作专业毕业生还存在很多问题。目前为了缓解就业压力，大多数高校采取的是通才式教育，即不细分服务领域的一般性社会工作教育。这样做一方面可以增加学生的就业面，但另一方面也丧失了在某些领域的专业化程度，让学生觉得自己没有学到什么专业技能。

例如，老年社会工作是社会工作专业的一个重要领域，但是，中国社会工作领域中从事养老服务的非常少，相关研究也较少。这与中国社会工作教育的通才模式有关。本科教育阶段不进行专业细分，到硕士阶段在选修课程中才增加专业方向。而中国的社会工作硕士和博士的培养点还非常少，因此导致各个领域的专业研究都较少。另外，这也与缺少老年社会工作实务的训练有关。

除了教育方面的原因，学生的工作技能问题也与中国社会工作的发展阶段有关。由于中国的社工服务正处于形成期，很多社会工作服务都是探索性的，是没有经验可循的，这对社会工作者提出了更高的要求，要求社会工作从业者具有多方面的综合素质，这样的岗位要求对于刚刚毕业的大学生来说还是相对较高的。

三 对策建议

由上可知，要解决社会工作毕业生的就业困境，关键在于增加相关的工作

岗位，提高待遇，这些都需要增加对社会工作的投入。这个投入需要政府、民众与高校等多方力量的共同努力，其中政府起着至关重要的主导作用。

第一，政府需加大对社会工作事业的投入，增加社会工作相关服务的支出。

中国的社会工作服务无论从人数还是从服务质量上都还远远不能满足社会需求。在大多数发达国家和地区，职业社会工作者占人口的比例一般约为2‰～2.5‰。据报道，美国专业社会工作者占总人口比例为2‰，日本为5‰，加拿大为2.2‰，我国香港地区仅注册社工就占总人口的1.7‰。也就是说，拥有这些数量的社工才能满足当地的社会需要。如果我国也按照2‰的比例计算，约需要260万专业社工，民政部的"社工人才规划"中指出，中国目前现存社工仅有20万，显然，这会导致中国的社会工作服务远远不能满足社会的需要。社会工作服务直接影响着民众的生活品质，随着我国经济的发展，我们已经到了应该大力发展社会福利，提高居民生活品质的阶段。由于我国民间的慈善资金有限，没有政府的大力支持，社会工作很难有资金来源。因此，政府应加大对社会福利和社会工作事业的投入，将财政支出更多地投入与民生关系密切的福利服务上，以促进社会工作的整体发展。只有政府对社会工作服务认可，加大对社会福利和社会工作服务的投入，才能使中国的社会工作发展具有强有力的支撑。

第二，促进民间组织的发育与发展，以提供更多的新增社工岗位。

在世界各地，民间组织都是社会工作岗位非常重要的提供者。我国香港地区的注册社工中，在民间机构工作的占61.16%。而目前我国民间组织的数量和规模还远远不能满足需求，随着社会对各种社会福利服务需求的不断增加，仅仅依靠政府提供会对政府的服务能力构成很大的挑战，在这种情况下，政府应逐步推进社会管理体制创新，将社会服务的提供逐步下放至民间组织手里，通过政府购买服务，为民间组织的发展提供空间。同时，应适度放开对非营利组织的管制，并给予一定的政策倾斜支持，如税收减免等。民间组织强大起来，能够为公众提供更多更好的社会服务，也会有大量新的社会工作岗位出现。

第三，逐步推进社会工作岗位的准入制度，设立资格门槛。

虽然社工师和助理社工师考试已在全国推开，但是，社会工作职业化的门槛制度依然没有建立起来。应该逐步在社会工作岗位上设置准入制度，充分发挥社工师考试的作用，这样才能促进社会工作的职业化，进一步解决大学生就业的问题。鉴于对存量人员进行更新的难度较大，政府福利体系内的社会工作岗位不妨实行"新人新办法，老人老办法"的过渡制度。一方面，对于现存的工作人员，加强社会工作专业知识的培训，鼓励他们积极参加全国社工师考试，通过者可在待遇方面差别化对待；另一方面，对于准备招入体制内的社会工作人员，应明确专业准入制度，即规定需要通过社会工作师考试并且具有相关专业的本科学历以上人员才能应聘。如此，既可以提升现存的社会工作专业化的水平，又能不断为福利体系增加新鲜血液，共同推进社会工作的专业化和职业化发展。

第四，加大高校社会工作的专业教育与在岗培训。

社会工作者的自身专业素质也是制约社工就业的重要因素，提高高校专业教育水平可以有效提高社工毕业生的专业素质，以便更好地满足岗位需要。中国社会工作教育正在经历快速扩张的阶段，难免出现教育质量上的参差不齐。因此，需要加强各高校的社会工作专业教育建设，提高师资力量，增加对老师专业能力的培训，同时完善实习制度和实习督导，提高学生的实务能力。目前，中国社会工作教育协会正在做全国高等教育体系内社会工作专业本科教育的专业评估，希望能"以评促建"，带动各高校推进社工教育建设，完善教学方法和师资队伍，增加学生的实习时间和督导，以期在量变之后逐步完成社会工作教育的质变。同时，对于在岗的社会工作者也要加强培训，增加督导力度，在提高专业能力的同时，舒缓他们在工作中积攒的负面情绪，重视可能产生的职业倦怠，使在岗社工有动力继续坚守岗位，减少流失率。

第五，循序渐进，不急于求成，做好社会工作机构和服务的质量控制。

还应当看到，西方发达国家社会工作的职业化已有100多年的历史。我国社会工作的发展则正值扩张期，解决就业困境和社会工作发展中出现的其他问题需要一个过程。在努力完善的同时，也要给社会工作的专业化和职业化发展一定的空间和时间，不急于求成，踏实稳健，逐步解决过程中的难题，这样才能保证社会工作未来的健康发展。目前珠三角地区急剧兴起的大量社工机构已经出现了各种问题，如恶性竞争，服务质量不达标以及缺少社工精神等情况。广州某些机构在竞标家庭综合服务中心项目时，存在内定、陪标等不合理现象；政府在评估和监管上经验不足，导致社会工作的评估困难；同时，公众对社工的认识度有限，社会工作者的经验也较少，使得社会工作服务的开展非常困难，服务质量难以保证。

这些问题的出现在很大程度上是急于求成、缺乏质量控制的不良后果。在专业发展的扩张期，出现专业化和职业化的困境可以说是难以避免的，社会工作从业者、教育者和政府理应冷静看待和分析社会工作发展过程中存在的问题。社会工作的快速发展不是目的，做好质量控制，保持健康的发展步伐，中国的社会工作才能有更美好的未来。

养老服务专业人才培养现状及对策分析*

李红武　赵华夏**

摘　要：

养老服务专业人才队伍建设是我国养老服务体系建设的重要组成部分。文章分析了养老服务专业人才培养的现状及存在的问题，结合教学实践并借鉴国外经验，认为缺乏政策上的顶层设计与资源上的优化组合是造成养老服务人才培养瓶颈的主要原因，因此，应当建立政府政策保障为主导，院校整合资源培养专业人才为核心，企业加大人力资源投入相配合，形成政府、院校、企业多方联动的支撑体系，从而破解我国老龄事业发展的人才瓶颈。

关键词：

人口老龄化　养老服务　人才培养　顶层设计

专业教育是解决养老服务人才匮乏的必经之路。早在 1999 年，长沙民政职业技术学院和大连职业技术学院就敏锐地把握到了我国老龄化发展的趋势，率先增设了老年服务与管理专业，开始培养为老服务专业人才。北京市 2010 年有院校开办老年服务与管理专业，目前已经有 3 所院校设有专业培养为老服务人才。按照院校每届毕业生 40 名推算，近年来 3 所院校为北京市培养的为老服务专业人才已达 300 名左右。一些毕业生已经开始在养老服务工作中崭露

---

* 本论文属于北京青年政治学院 2014 年度教育教学建设项目"养老服务人才培养现状及对策研究"及 2014 年度北京青年政治学院科研学术团队养老服务研究学术团队阶段性成果。

** 李红武，博士，北京青年政治学院社会工作系副教授，研究方向为老年社会工作、社区文化建设；赵华夏，硕士，中国老年报社编辑、记者。

头角，担任院长或部门主任，以及任院长助理和部门主任助理等，一些毕业生的工作业绩受到媒体关注，他们成为北京养老服务业发展的重要力量。

一　快速老龄化与滞后的养老服务人才建设

"老龄产业作为一项朝阳产业，喊了很多年却一直未能升起，养老服务专业人才的匮乏是这一朝阳产业发展缓慢的重要原因之一。"

"我们是一家涉老企业，服务项目涵盖了居家养老、社区养老与机构养老三大板块，需要大量有专业背景的基层工作者和有能力的管理者，……真诚地希望能与贵校合作，共同培养为老服务的专业人才。"

前者是 2013 年 10 月在第八届中国老龄产业高端论坛上北京市老龄委的主题发言，后者则是笔者在与一实习单位沟通时，负责人表达的对于养老服务专业人才的渴求。虽然角度不同，但都道出了养老服务专业人才的匮乏与快速老龄化对人才需求之间的矛盾。

我国已进入老龄化社会。据《中国老龄事业发展报告》（2013），"2013 年老年人口数量突破 2 亿大关，达到 2.02 亿，老龄化水平达到 14.8%。"[1] 应对人口老龄化，我国提出了构建"以居家养老为主体、社区养老为依托、机构养老为支撑"的社会化养老服务体系，在加快养老服务业发展的过程中，专业人才的培养是基础性环节。居家养老作为快速老龄化的主流应对，应当是"专业化社区照顾支持下"的居家养老。[2] 同样，机构养老的发展也需要走专业化之路。

养老服务业作为新兴产业，在人才需求方面"未备先老"的问题显得尤为突出。对未来中国城市地区养老服务业的市场需求的分析表明，到 2015 年，仅城市居家养老、社区养老及机构养老（这里的机构，特指护理型机构）需要的基层服务人员的保守数量为 473 万人，而到 2050 年将需要 1554 万人。[3] 养老服务专业人才的匮乏成为制约我国发展养老服务业的软肋。

---

① 吴玉韶主编《中国老龄事业发展报告（2013）》，社会科学文献出版社，2013。
② 缪青：《社区养老照顾势在必行》，《求是》2013 年第 7 期。
③ 王莉莉：《大力发展老龄服务事业和产业成为国家战略》，《中国老龄事业发展报告（2013）》，社会科学文献出版社，2013。

二 我国养老服务专业人才培养的现状、 存在的问题及原因分析

（一）我国养老服务专业人才培养的现状

快速老龄化与养老服务专业人才匮乏之间的矛盾已经引起政府的关注。2006 年国务院转发《关于加快发展养老服务业的意见》指出，要加快培养老年医学、护理学、营养学、心理学、管理学等方面的专业人才，要有计划地在高等院校和中等职业学校增设养老服务相关专业和课程。这一政策出台前后，一些院校开始增设涉老的相关专业，目前全国已有 40 余所院校增设了老年服务与管理专业（以下简称"老年专业"，见表 1），但主要集中在高职和中职层次。从目前招生规模来看，按照每届招生 40 人为标准，年均招生不足 2000人，远不能满足社会对养老服务专业人才的需求。

表 1 开办老年专业的学校

序号	院校	序号	院校	序号	院校
1	长沙民政职业技术学院	2	大连职业技术学院	3	北京社会管理职业学院
4	北京青年政治学院	5	北京劳动保障职业学院	6	北京京北职业技术学院
7	天津职业大学	8	江西职业技术学院	9	上海中医药大学
10	江苏钟山学院	11	江苏经贸职业技术学院	12	江苏昆山登云科技职业学院
13	上海邦德职业技术学院	14	江苏南京应天职业技术学院	15	重庆城市管理职业学院
16	邢台医学高等专科学校	17	青海畜牧兽医职业技术学院	18	菏泽家政职业技术学院
19	淄博师范专科学校	20	哈尔滨科学技术职业学院	21	陕西工运学院
22	哈尔滨民政职业学院	23	福建华南女子职业学院	24	乌鲁木齐职业大学
25	云南新兴职业技术学院	26	柳州职业技术学院	27	武汉民政职业技术学院
28	四川文理学院	29	鞍山师范学院	30	新疆职业大学
31	东北师范大学	32	天津青年职业学院	33	河南推拿职业学院
34	四川城市职业学院	35	四川志翔职业技术学校	36	陕西自强中专学校
37	江西民政学校	38	武汉民政职业学院	39	河南省民政学校
40	北京城市学院				

（二）我国养老服务专业人才培养面临的问题

北京青年政治学院于 2008 年开始筹划老年专业，2009 年申报并获批，2010 年开始招生。结合该院的办学经历及相关调研，笔者认为养老服务专业人才培养面临着如下问题。

1. 市场定位过于宽泛，人才培养缺乏分层

人才培养目标的制定在很大程度上取决于市场对人才的需求，这决定着人才培养的方向。笔者在调研中发现，各院校的人才培养目标过于宽泛，缺乏对专业技能及人才层次进行分析。如对专业技能的表述，大部分院校都认为学生应该"具备专业的老年照护、营养、康复、情感慰藉以及老年活动组织与策划、健康管理、老龄产业经营与管理等主要职业能力和从事养老服务实际工作的基本技能"，而在就业方向方面，则强调"面向养老机构、老年人服务的综合性社区服务中心、社区社会工作站、老年产业，从事老年服务机构与老年产业企业管理、老年社会工作"，专业技能的模糊性及就业方向的普适性使得"国内各高校开设的老年专业内容，大多过于宽泛，主观设想培养的人才能够适应各种为老服务机构，培养万能型的养老服务人才"①，这成为目前我国养老服务人才培养中比较突出的问题。

2. 课程设置缺乏系统性，核心课程五花八门，亟须进一步规范

规范的课程体系是实现人才培养目标的重要保障。各院校在课程设置方面往往依托各自的教学传统与办学优势，形成了各具特色的课程体系。结合自身优势突出办学特色无可厚非，但作为行业性的养老服务应该有相对统一的核心技能，形成相对统一的核心课程。然而现实是各院校的课程设置五花八门，即便在核心课程方面也存在很大的差异，因此，养老服务如何在专业课程建设上增强系统性、规范性以及核心课程方面的相对统一性，是老年专业的重要课题。

3. 专业教材匮乏，课堂教学随意性大

教材是实现教学工作体系化的重要指导。由于缺乏合适的教材，教师在实

---

① 这一观点，转引自全国老龄工作委员会办公室副主任、中国老龄科学研究中心主任吴玉韶于 2013 年 11 月 23 日在"老年服务与管理专业指导委员会暨中国老年服务教育联盟工作会"上的发言。

际教学过程中要么使用替代性教材，要么自编讲义。以笔者所在的院校为例，老年专业有专业课程 22 门，但真正能够找到合适教材的寥寥无几，很多课程需要教师自编讲义。"缺乏统一教材，大量使用替代教材，教学中随意性大"①成为制约我国老年专业发展的另一困境。

4. 专业师资不足，素质需要提升

教师是实现人才培养目标的重要桥梁。老年专业作为实践性很强的专业，需要教师具备理论的前沿性与实践的经验性。为此很多院校采取了"走出去，请进来"的教学模式，但现实的困境在于，由于专业教师数量不足，繁重的教学、科研及日常管理工作让教师很难有时间去企业一线进行挂职锻炼；而一线工作者的流动性让课堂教学缺乏稳定性。

5. 工学结合缺乏实效

养老服务专业人才需要学校、社会与企业三方联动，共同培养，即教学实践中的工学结合。高效的工学结合需要高效的双基地建设，而在实际合作过程中，因教育体制、人才流动及企业成本等多方因素的影响，这种双基地往往成为院校向企业提供人才的单向行为，这在很大程度上造成企业大部分工作人员对学生实习重要性认识不足，加之部分管理人员及一线人员本身素质不高，学生在实习中不仅得不到重视与培养，反而受到排挤与冷落。这使工学结合流于形式，造成了资源的极大浪费。

6. 招生就业不容乐观

养老人才市场需求广泛，但在学生专业选择与毕业就业方面却不容乐观。以笔者所在单位为例，2010 年开始招生，每年招生的完成率只有 85% 左右。而对我院首届 18 名学生毕业生工作满意度的回访中发现，表示满意的只有 2 人，9 人选择了一般。究其原因，社会认知偏见、待遇低、工作强度大、职业前景黯淡等是导致学生不愿意报考老年专业以及毕业后人才流失的重要原因②。

---

① 陈卓颐、黄岩松：《老年服务与管理专业办学存在的问题及对策研究》，《中国老年学杂志》2004 年第 3 期。

② 对此，长沙民政学院陈卓颐教授也有精彩的分析。参见陈卓颐、黄岩松《老年服务与管理专业办学存在的问题及对策研究》，《中国老年学杂志》2004 年第 3 期；陈卓颐、陈伟然：《我国养老护理员队伍建设现状与对策》，《长沙民政职业技术学院学报》2009 年第 4 期。

三 养老服务人才培养的顶层设计与对策建议

缺乏有效的顶层设计是造成我国老龄事业发展面临诸多困境的重要原因，这一点已经得到了学界、社会和政府部门的广泛认同。[①] 我国老年专业在人才培养方面存在的诸多问题也需要从顶层设计着手，建立政府、企业、学校与社会多方联动的政策支持体系，实现养老服务人才的多渠道、多层次、立体化培养。

（一）政府层面：积极主导，政策保障

政府应该结合市场需求及人才培养的规律制定相应的人才发展规划并出台可行的政策予以保障。

1. 目标方面，坚持长期规划与短期培训相结合

十年树木，百年树人。国家应该会同研究机构、教学单位、社区和企业等各方尽快出台《养老服务人才队伍建设中长期规划》。结合我国老龄化的现状，笔者认为应该考虑如下两个方面的内容。

第一，专业教育与职业培训相结合。

专业教育着眼长远，解决我国养老服务人才建设的可持续发展问题。笔者认为应该通过多学科合作，解决我国养老服务人才培养的专业性问题，主要由院校来承担，对此，笔者将在下面加以分析，这里不再赘述。

职业培训立足当下，满足我国当前人口老龄化对于专业人才的需求。我国于2002年出台了《养老护理员国家职业标准》，国家应该以此为标准，并出台相应的激励政策，加大对标准的执行力度，加强对基层养老服务人员的技能培训。

第二，分类培养与分层培养相结合。[②]

---

① 对此，《中国老龄事业发展报告（2013）》中有多篇文章都提到这一点，如董彭涛、翟德华：《积极应对人口老龄化成为中央的战略部署》，第19页；张秋霞：《老龄政策体系基本框架正在形成》，第43页；王莉莉：《大力发展老龄服务事业和产业成为国家战略》，第154页。
② 参见张秀兰等《养老服务人才培养框架体系及培养模式研究》，《福利中国》2013年第5期。

分类培养，是指养老产业在人才需求方面既需要技术型人才，也需要管理型人才，同时还需要涉老产品的研发人员及营销人员，因此，在人才培养方面，要鼓励院校在对养老市场与养老服务的岗位进行细分的基础上，采取分类培养，形成自己的专属领域。

分层培养，是指对于从事养老服务的工作人员而言，国家应该为其在学历提升与职称晋升等方面搭建相应的发展平台，使其有较为明确的职业发展规划，从而形成合理的金字塔形状的人才培养模式。

总体而言，在制定《养老服务人才队伍建设中长期规划》的过程中，要考虑到分类培养与分层培养、专业教育与职业培训相结合的人才培养原则，只有这样，才能保障养老服务人才队伍可持续发展，形成合理的人才梯队。

2. 政策方面：强调政策制定的针对性与可操作性

2013年国务院下发了《关于加快发展养老服务业的若干意见》（以下简称《意见》），第三部分"政策措施"第五条"完善人才培养与就业政策"中，对养老服务人才培养与学生就业方面进行了专门的论述。其内容与2006年国务院文件相比，在教育培训、实习基地建设及职业规划方面更具有针对性，但在可操作性方面，仍需要进一步细化与加强。

第一，教育培训方面。

《意见》指出，"教育、人力资源和社会保障、民政部门要支持高等院校和中等职业学校增设养老服务相关专业和课程，扩大人才培养规模，加快培养老年医学、康复、护理、营养、心理和社会工作等方面的专门人才……充分发挥开放大学作用，开展继续教育和远程学历教育……加强老年护理人员专业培训，对符合条件的参加养老护理职业培训和职业技能鉴定的从业人员按规定给予相关补贴"。

《意见》涉及专业教育与职业培训。但如何在实际中贯彻执行，需要制定实施细则。比如，在人才招生规模方面，院校需要有一定的招生自主权。在护理员培训方面，参加者寥寥无几。"培训时间长，机构人手紧张"是造成企业参与动力不足的重要原因。在继续教育方面，目前老年专业基本停留在中、高职层次，由于缺乏老年专业的本科与研究生教育，专业人才在实践中找不到适合的提升渠道。

第二，实习基地建设方面。

《意见》提到"依托院校和养老机构建立养老服务实训基地"，在实际中，很多院校也与机构签订了实训协议，但缺乏相应的法律规范，使得实训协议形同虚设，工学结合流于形式。

第三，职业发展方面。

《意见》提到三点值得关注，一是"鼓励大专院校对口专业毕业生从事养老服务工作"；二是强调"养老机构应当积极改善养老护理员工作条件，加强劳动保护和职业防护，依法缴纳养老保险费等社会保险，提供职工工资福利待遇"；三是"养老机构应当科学设置专业技术岗位"。

前文提到，社会认知偏见、待遇低、工作强度大、职业前景黯淡是导致学生不愿从事养老服务的重要原因，《意见》的出台，有助于改善养老专业从业人员的待遇，但需要进一步细化来保障政策的执行力。在政策鼓励方面，德国与日本的经验值得借鉴。在德国，学习老年护理课程的人其学费由国家劳动部门、地方政府共同承担。学生学习采用"半工半读"的方式，即通过学校安排学生与实习单位签订实习劳动合同，实习单位给付学生生活补贴。[①] 日本政府则通过向学生提供无息贷款的方式，鼓励年轻人参加社会福祉士和介护福祉士专业考试。东京福祉人才中心向相关专业在读学生提供学费和生活费的无息贷款，学生毕业后可分期分批还贷；获得社会福祉士或介护福祉士认定资格并在东京都内各福利机构连续工作 5 年以上者，可以免除所有贷款。[②]

（二）院校层面：目标明晰创特色，资源整合育人才

院校是人才培养的摇篮，承担着教学与科研的双重任务。笔者认为，要解决前文提到的我国养老服务人才培养方面的问题，应该从如下几个方面着手。

1. 整合优势资源，引领学科前沿

养老产业作为一项新兴产业，既具有一般产业的基本特点，又具有自身发

---

① 转引自缪青《社区养老势在必行》，《北京青年报》2011 年 3 月 3 日。
② 康越：《日本养老人才队伍建设简析》，《中央民族大学学报》（哲学社会科学版）2013 年第 3 期。

展的特殊规律。以院校为主的养老服务教育机构，要发挥自身的优势，有前瞻性地在专业教育与人才培养方面提供政策支持，从而为养老服务人才培养奠定基础。

笔者认为，在资源整合方面，应该突破院校及专业限制，建立老年服务专业研究团队，整合院校及行业的优势资源，探索老年服务市场的需求特点、政策保障体系及人才培养目标等内容，从而引领学科前沿。

2. 建立专业联盟，研发核心课程体系，制订课程标准

各院校人才培养目标不明晰，课程体系不统一，课程标准不规范等问题，很大程度上源于缺乏统一的组织来进行协调。2010年我国成立了中国老年服务教育联盟。联盟成立以来，充分发挥联盟优势，并于2012年组织召开了老年专业人才培养方案与课程标准研讨会，通过研讨，各院校进一步明确了人才培养的目标，并开始着手制定相应的课程标准。在核心课程建设方面，臧少敏通过调研总结出本专业16门核心课程①，分别为老年生活照护、疾病护理、膳食与营养指导、紧急救护等9门生理健康服务类，老年心理健康、心理咨询两门心理健康服务类，老年人际沟通、活动组织与策划两门休闲娱乐类及养老机构经营与管理、居家养老服务、老年社区经营与管理3门老年服务管理类课程。在教材建设方面，老年服务教育联盟整合各院校的优质资源，进行了教材编写，目前已有多本教材出版，一定程度上缓解了我国老年教育教材缺乏的现状。

3. 健全职业培训体系，提升教师自身素质

完善的职业培训体系是提升教师整体素质的关键。尽管职业院校师资建设强调双师型，但由于缺乏完善而有系统的职业培训体系，老年专业教师在职业提升方面只能靠自己钻研或到企业一线挂职锻炼来提升。这一方面，日本的经验值得借鉴。为保证教学质量和提高政府部门工作效率及效果，日本不仅成立了国家层面的中央福祉人才中心和47个都道府县福祉人才中心，形成了从中央到地方的完整的培训、职介和援助体系，而且还指定国立保健医疗科学院专

---

① 臧少敏：《高职老年服务与管理专业核心课程体系研究》，《北京劳动保障职业学院学报》2013年第1期。

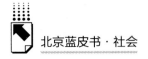
门负责各级政府福祉部门行政工作人员的培训，并从 2002 年起，规定所有从事相关教学工作的教员，必须完成累计 300 小时以上的在职培训。[①]

此外，加强院际交流、强化校企合作也是提升教师自身职业技能的重要手段。

（三）企业层面：加大人力资源的投入

企业是人才实现自我价值的重要场域。养老企业，一方面要参与市场竞争，创造更大的经济效益，另一方面，也应承担起人才培养的责任与义务，加大人力资源的投入力度，共同为养老服务的发展奠定基础。当然，国家应该尽快出台相应的政策与激励机制，鼓励企业参与到人才培养的行列中来。

总体而言，基于顶层设计的眼界，搞好政府、企业、学校乃至社会的多方联动，才能突破我国养老服务行业人才培养的瓶颈，为积极应对我国人口老龄化奠定人才基础。

---

① 康越：《日本养老人才队伍建设简析》，《中央民族大学学报》（哲学社会科学版）2013 年第 3 期。

B.11

养老服务职业培训的现状及反思*

李红武 王婷 杨萍**

摘 要:

专业化支持的养老服务,作为应对快速老龄化的主流方案已成
共识。而无论是社区养老还是机构养老,专业服务队伍的稳定
性和人才储备的可持续性不可或缺。面对养老服务业的专业人
才短缺,职业短训以其培训周期短、服务范围广、收益见效快、
内容针对性强等特点成为重要途径。在职业培训方面,北京经
过多年的探索,初步形成了涵容职业技能鉴定、专题知识讲座
以及民众知识普及等形式多样的职业培训。同时也存在一些问
题,诸如培训内容不系统、经费不足、师资不稳定等。有鉴于
此,政府应当尽快出台政策、加大投入,建立以职业需求为导
向的多层次、可持续的培训体系,形成职业短训与院校教育相
结合的人才培养结构,从而加快养老服务专业人才的输送。

关键词:

养老服务 专业人才 职业培训

一 职业培训的现状及面临的挑战

(一)现实发展

养老服务职业培训不仅是专业人才职业化的有效途径,而且是解决我国当

---

* 在撰文过程中,北京市社会科学院缪青研究员对本文论述的角度、材料的取舍及文章结构等方
面提出了重要意见,本文三位作者在此深切致谢。

** 李红武,博士,北京青年政治学院社会工作系副教授,主要研究方向为老年社会工作、社区文
化建设;王婷,博士,北京劳动保障学院讲师,主要研究方向为心理学;杨萍,北京寸草春晖
心理咨询中心负责人。

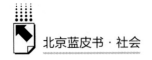

前老龄化背景下养老服务专业人才匮乏的重要手段。北京作为老龄化发展程度较快的城市之一，近年来在为老服务的职业培训方面做了许多有益的尝试与努力，形式趋于多样，并取得了一定的成效。这主要表现在以下几个方面。

1. 技能型知识培训

主要的培训对象为半专业的或初级养老护理员、社区工作人员。这类培训基本上由政府部门、行业协会、涉老企业以及社会组织等为主，以项目短训的形式进行。这类培训不仅满足了为老服务工作者终身教育的学习需求，而且，企业中的有专业知识和实践经验的专业人员，能把企业的服务、管理及技术改进等方面的最新情况与培训对象、培训内容紧密结合，及时传授给培训对象，促进了企业的服务质量提升和行业发展的规范性。

在职业技能培训方面，2001年以来北京市参加培训并通过职业鉴定的初级养老护理员累计达到7978名、中级养老护理员2373名、高级养老护理员301名。在培训养老护理员方面，北京市养老服务职业技能培训学校功不可没，承担了北京市及相关在京培训机构的属地鉴定工作，该校2013年培训鉴定的养老护理员达1775名，其中获得资格证书鉴定的初级养老护理员为977名、中级养老护理员702名、高级养老护理员96名。

社会组织和养老服务公司在职业培训上也做了许多工作。例如，东城区助人社工事务所对社区助老员的短期培训、寸草春晖老年心理服务中心所做的关于社区康复人员的技能培训。北京慈爱嘉养老服务有限公司〔美国仁爱华（Right at Home）居家养老品牌在中国的特许经营网点〕对员工的培训较为规范，其培训课程包括：①入职前培训课程3个月，涉及生理心理、慢病维护等40个科目；②入职后的持续培训课程每周三小时，涉及人生技能、康复护理、中医保健等。公司自2011年成立至今，共开展培训424800课时。

2. 专题型专业知识培训及继续教育

这一部分培训的对象为养老服务业各类专业人员如医务工作者、社会工作者、心理工作者、信息技术工作者以及政府职能部门人员以及企业管理者等。培训通常采取专家专题讲座的形式，邀请国内外有造诣有影响的专家进行讲授与交流。

比如民政系统就经常聘请涉老服务的各类专家对所属系统和老龄办等

单位的相关人员进行培训。以居家养老的专职培训为例，其内容包括：①发展居家养老服务，破解养老服务难题；②当前国内外主流的居家养老服务模式；③居家养老服务工作的重要意义、目标任务、工作原则、工作内容和具体要求；④居家养老服务机构的设置与建设；⑤服务人员职业道德教育、护理工作性质和工作规范；⑥老年人整体护理和生活照料、家政服务、康复护理、精神慰藉；⑦各地居家养老服务管理工作经验交流及案例分析。

3. 普及型知识培训

培训的对象主要是面向普通民众，培训的内容既包括如何让老年人的晚年生活过得更加健康充实、丰富多彩，也包括代与代之间如何相处等内容，这类培训往往采取社区大讲堂的方式，面对的对象比较广泛。

比如东城区助人社工事务所在东城区开展的"传统文化社区大讲堂"项目，重在以传统文化为载体，在年轻人之间宣传尊老、敬老、爱老、孝老的文化传统，从而促进代际和谐；东城区"新乐道社会工作事务所"长期关注阿尔茨海默病的预防，邀请具有医学背景的专家深入社区开展关于阿尔茨海默病相关知识的讲座，并组织社会工作者开展相关的小组活动，培训家中有阿尔茨海默病的老人的家属，教给其护理技能及如何提供精神支持；"北京耆乐融精神养老发展中心"开展的社区教育活动，聘请相关专家与志愿者，为社区老年人举办现代传媒（如音频、视频制作）、居家园艺等各种活动。

此外，北京市还通过职业竞赛来培养人才。2008年以来，北京市已组织3届养老护理员职业技能大赛，有12000余人次养老护理员报名参赛，通过竞赛培养人才、发现人才、选拔人才，促进了北京市养老护理职业的发展，整体提升了首都养老服务业服务质量和行业形象。在第一届和第二届全国养老护理员职业技能竞赛中，北京市派出的选手均获得了个人和团队进入前三名的好成绩。

总体而言，北京市开展的不同层次的多样化培训，不仅提高了为老服务工作者的职业技能与职业伦理，从而有助于提升老年人晚年生活的质量，而且还影响着公众对养老服务行业的认知。而这种认知的改变，不仅有助于改变社会对养老服务的社会偏见，而且有助于提升养老服务工作者的职业声望，激发他们为老服务工作的积极性。

（二）面临的挑战

尽管北京市在养老服务职业技能培训方面取得了一定的成绩，但与快速老龄化对养老服务人才的大量需求相比，仍然远远不能满足。民政部人事司公布的《2013年养老护理员职业技能鉴定工作报告》（民职鉴办〔2013〕127号）显示，到2020年，全国将组建600万人的养老护理员人才队伍。就北京而言，有学者估算，北京地区有照顾服务需求的老年人约有60多万，大约每5个老年人中有一个。面对这些需求，家庭支持、家政服务以及机构养老的服务板块大约能够覆盖1/2~2/3，其余将由社区照顾来承担，这样社区照顾的老年人将达到20万~30万，由此推算（按一个护理员照护8个老人的低限护理比率来算），在未来数年北京社区的老年服务中心需要3万名专业化支持的养老服务员。①

面对如此大的人才需求缺口，仅仅依靠专业院校来培养是远远不够的，为此需要进一步加大养老服务职业培训的力度。而且国际经验也显示，职业培训不仅是保障为老服务从业人员专业化的有效武器，而且是解决我国目前为老服务人才匮乏的重要途径②。在进一步讨论养老服务职业技能培训之前，有必要对职业培训和职业教育的概念做一个梳理。

二　养老服务的职业教育与职业培训的异同

职业培训和职业教育是一对既有联系又相互区别的概念。职业培训作为短

---

① 缪青、李金娟：《以社会创新解决老有所养：社区照顾的愿景和实现路径》，《北京社会发展报告（2013~2014）》，社会科学文献出版社，2014。
② 如德国特别重视养老护理员的职业培训，开设了专门针对老年精神病护理的在职人员短期班，转引自缪青《社区养老势在必行》，http：//bjyouty.ynet.com/article.jsp？oid=76903993．日本为确保福祉人才的质量，从2002年起，政府就规定所有从事教学工作的教员，必须完成累计300小时以上的在职培训。而且还指定国立保健医疗科学专门负责各级政府福祉部门行政工作人员的培训。转引自康越《日本养老人才队伍建设简析》，《中央民族大学学报》2013年第3期。

程的知识技能传授，又可称为社区培训、继续教育；其目标相当宽泛而且培训的对象以中老年居多，包括：①初级和中级技能知识：面向养老服务从业者；②专题型专业知识、继续教育：面向与养老服务相关的各类专业人员，企业和组织内部的员工继续教育；③普及型知识：面向公众的社区照顾介绍，居家护理和健康养生知识。而职业教育作为长程的系统知识传授，又可称专业教育、学历教育，其目标是为养老服务行业输送具有较高专业素质的服务人员、营运管理人员乃至研究人员。职业教育的培训对象以年轻人居多，多为中高等职业院校在校生、高等院校在校生。

职业培训和职业教育都需要在一定的管理模式下组织教学，让学生/学员获得知识与技能，从而为养老服务业输送有资质的人才。就区别而言，职业培训无论在管理体制、教学内容以及服务对象乃至教学周期方面，都呈现出不同于职业教育的特点：

第一，就管理体制而言，职业教育属于系统规范的学校教育，而职业培训的实施主体更为宽泛，包括职业培训机构、社区、养老服务组织和公司，以及职业院校组织的短期培训。①

第二，就教学内容而言，与职业教育强调知识的系统性相比，职业培训更强调培训知识的针对性与实用性。如寸草春晖老年心理服务中心在培训社区老龄工作者的过程中，结合培训对象的特点，将培训内容定位为与居民沟通技巧的训练及相关老龄政策的解读。而对一些政府官员的培训，在内容方面，则既要注重政策的宏观解读与趋势预测，又要注重微观标准的制定与执行，以及经验的交流与分享。根据不同的对象和需求，以及培训的现场情景进行灵活应对，这样培训更有实用性与针对性。

第三，就教学对象及教学周期而言，职业教育的对象一般为全日制在校学生，教学周期较长，一般为 3 年。而职业培训的对象则非常广泛，既可以是新入职的员工，也可以是老员工；既可以是企业管理者，也可以是政府相关部门的领导及工作人员，培训周期一般较短，大多为 3 ~ 5 天。

第四，就教学形式而言，与职业教育以课堂教学为主相比，职业培训形式

---

① 国务院：《中华人民共和国劳动法》，1995 年 1 月 1 日。

多样，既可以让工作者走进课堂，聆听专家集中授课，也可以让专家走下讲台，进行现场指导；既可以组织工作者参观学习，也可以召开研讨会进行学术交流，还可以组织技能竞赛，以赛促学。丰富多元的培训形式，更利于提高工作者的积极性，避免职业倦怠。

二者在诸多方面呈现出各自的特色，参见表1：

表1 职业教育与职业培训各自特色列表

类别	职业教育	职业培训
实施部门	职业院校	社区、职业培训机构、养老服务组织和公司、养老机构等
培养性质	职业教育	非学历教育、职业岗位培训
培养目标	为老服务专业技术人员	初级养老护理员
	机构中、高层管理人员	技能知识：半专业的或初级养老护理员专题知识 继续教育：各类专业人员 普及型知识：居家护理和健康养生知识
培养对象	青年人居多：中等职业院校在校生，高等职业院校在校生	中老年居多：①社区工作者、下岗失业人员，社会志愿者；②职能部门管理者、医疗人员、企业管理者、社会工作者、心理工作者、信息技术人员；③社区居民和公众
培养原则	课程系统性：核心＋拓展	实用性：解决学员应知应会的问题；
	技能实用性：理论＋实践	实效性：理论知识与实践相结合
	强调系统性与专业性	专题型知识，针对性与实用性
培养时长	3年及以上	1～2个月
培养模式	校内课堂教学	集中短训、课堂学习
		专家讲座
		服务组织和公司内部的继续教育
	校企结合，实训教学	横向交流，各种服务项目活动
教育成本	交纳学费，人均成本高	优惠政策和补贴，人均成本低
使用教材	专用教材或讲义	PPT课件，自编手册、无固定教材
知识内容	较为系统地覆盖了老年学、老年护理、老年心理、老年社会工作、老年医学、老年营养、老年常见病等相关学科	老年人生理及心理特点；常见病及护理方法；营养膳食搭配；职业道德素质及相关法律法规知识；专题型为老服务的各类专业知识

三 养老服务职业培训存在的问题

尽管北京市在养老服务职业技能培训方面取得了一定的成绩，并初显成效，但由于职业培训尚处于起步阶段，在实际的培训过程中还存在不少问题，主要体现在如下方面。

（一）培训体系方面：缺乏规划，系统性不强

为老服务职业培训不单纯是对某一单项职业技能或技巧的简单训练，而是一项复杂的系统工程，需要国家从宏观层面进行顶层设计，围绕国家对人才的需求，借鉴国际经验，建立符合我国国情的职业培训体系。然而，现阶段我国为老服务职业培训尚处于起步阶段，无论在为老服务职业技能指导方面还是在为老服务工作者的职业生涯规划方面尚缺乏系统的规划与指导，对于为老服务职业培训机构也缺乏相应的规范与监督，这导致了在为老服务职业培训方面各培训机构各自为政，培训内容较为散乱，系统性不强。

（二）培训师资方面，师资流动较大，缺乏稳定性

师资是确保培训质量的重要保障。然而，在为老服务人才培训方面，培训师资不足且流动性大是目前各培训机构面临的主要困境。由于没有足够的师资，机构无法满足需求量日益旺盛的社区、养老院为老服务人员的职业培训。而师资的流动性也对机构工作的可持续性造成了不小的影响。一些专业为老服务机构为了充实自己的人才队伍，采取了专兼职相结合的运作模式，但由于为老服务基本属于微利行业，很难保证兼职队伍的稳定性。

以北京市寸草春晖老年心理服务中心（以下简称寸草春晖）为例。寸草春晖是一家从事老年心理专业服务的民办非营利性质的专业机构，成立于2006年。为了保证服务的专业性，寸草春晖特别注重自身专业团队的建设，其专业团队汇聚了以中国老年学学会老年心理专业委员会为主并整合其他相关专业的著名专家、知名学者，组成了中心的顾问队伍，并且聘请有专业资质和经验的人士担任中心的心理咨询师及心理辅导师。但真正属

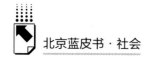

于机构自身的专职培训师仅有 1 名，其他兼职专家能够提供持续服务的寥寥无几。

（三）培训对象方面，生源差异性大，效果不明显

为老服务关涉范围较广，性质不同，服务的项目也就不同；岗位不同，需要的技能也不同。因此，在为老服务职业培训方面，需要对工作人员从事的工作性质与岗位进行充分的了解，培训有针对性才能有效果。

然而在实际的培训过程中，由于培训师对培训对象了解不够，加之培训对象本身差异性较大，经常造成培训效果较差的现象。一位长期从事养老护理员职业技能培训的老师表示，在目前从事养老护理的从业人员中，既有一些职业院校毕业的大学生，也有再就业的下岗职工，还有很大一部分来自偏远地区的打工者，由于所受的教育背景不同，加之各自人生经历迥异，在进行养老护理员培训的过程中就需要区别对待，比如，对理解力较强的大学生，侧重于实际操作技能与技巧的培训；而对于接受教育较少的下岗职工或者外来务工人员，在讲解的过程中就要重视深入浅出，如果不重视生源差异，就很难保证培训效果。

（四）培训经费方面，经费不足，可持续较差

经费不足是制约为老服务人才职业培训发展的重要原因之一。上文提到的培训机构师资不足和流动性强的问题，一个很重要的原因就是缺乏足够的资金支持，无法形成稳定的培训团队。就目前北京市开展的职业培训而言，无论是以职业技能知识为主的培训，还是专题型专业知识及继续教育为主的培训，以及普及型知识培训，在经费投入方面都存在严重不足，经费上的不足导致了知识培训方面可持续性较差。

以在北京市养老服务职业技能培训学校为例，作为重要的为老服务专业培训机构，虽然每年有专项资金用于开展养老护理员的培训与认证工作，但其每年上千人数量对于日益旺盛的人才需求来说还远远不够。而对那些涉足为老服务的养老服务组织而言，经费问题不仅关乎着其开展工作的深度与广度，更关乎着其组织的生存与发展。仍以寸草春晖为例。其用于养老服务的培训经费，

一部分由机构向政府申报项目批准获得，其余部分由社区负责提供。此外，社区还要负责提供场地、桌椅、投影仪等硬件设施。一些志愿服务项目经费无着落，这对项目的持续及扩大服务造成了严重影响。此外，由于中心的工作均定位在公益服务，人少工作量大，工作人员的工资及保险都不能保障，因此，造成工作进展慢，已经可复制的工作模式不能得以推广，间接造成了资源的浪费。

（五）培训课程方面，课程不规范，缺乏系统性

就笔者掌握的资料来看，除了专题型讲座以及市养老服务职业技能培训学校有较为系统的培训课程外，不少养老服务组织受自身工作性质、任务等因素的影响，在培训课程方面尚不够系统也不够规范，只能满足一时之需，对于为老服务工作的质量提升收效有限。此外，缺乏资金支持、培训对象异质性大以及没有稳定的、经验丰富的师资团队进行课程研发也是造成培训课程不规范、培训内容缺乏针对性的重要原因。

四 对策与建议

针对我国养老服务职业培训的现状与存在的问题，笔者认为应该具有顶层设计的眼界，从资金扶持、加快社会组织发展以及引入行业协会强化监管等几方面入手，实施规模化的短期职业培训，以满足养老服务业巨大而迫切的需求。

（一）政府层面：政策制定与资金扶持

1. 政策上，建立完善的职业培训体系

完善的政策法规是保障养老服务职业培训的重要指导。前文提到，目前我国养老服务职业培训不系统，一个很重要的原因就是国家政策层面没有系统规范的政策法规，从而导致具体实施过程中缺乏指导。因此，国家应该尽快从宏观层面，结合我国的实际需求研究建立具有指导意义的可执行的养老服务职业培训的相关政策体系，这样无论是以政府为主导的培训机构，还是民间NGO

组织以及涉老机构在组织人员养老服务培训方面，就可以有政策可依，遵循相应的培训规范与目标。这一方面，日本的经验值得借鉴。日本在职业培训方面，由国家层面的中央福祉人才中心和 47 个都道府县福祉人才中心构成的政府培训机构覆盖了全国各地，形成了从中央到地方的完整的培训、职介和援助体系。①

2. 经费上，加大投入，建立相应的资金补贴与项目购买制度

当前北京市为老服务职业培训项目，无论是政府主导的以职业技能培训为主的职业培训，还是专家团队为主的专题型知识讲座，乃至以 NGO 机构为主的普及型社区教育为主的职业培训，其共同面临的困境之一是培训经费不足的问题，因此，政府应当多方筹措资金，加大经费投入，建立相应的资金补贴与项目购买制度，从而扩大为老服务职业培训的规模，保证为老服务职业培训项目的可持续性。具体而言如下。

在技能知识培训层面，结合北京市养老机构养老护理员人才发展结构及数量，为养老服务职业技能鉴定提供充足的资金保障，以保证养老护理员职业培训及职业鉴定的可持续发展。

在专题型专业知识培训方面，北京市应该与行业协会合作，针对不同的对象设计相应的培训主题，形成系统的职业培训体系，而北京市政府则应设立专项资金予以支持，以保障培训的质量。

在普及型知识培训方面，由于普及型知识大部分由组织承担，因此，在养老服务组织发展之初，政府在政策与资金方面加以扶持，一方面采取培育与孵化的方式，保障养老服务组织的生存与发展；另一方面运用项目购买的形式，对一些具有规模化效应的项目，不断追加资金投入，促进其规模化培训的发展，有利于解决我国目前养老服务人才短缺的现状。

此外，北京市还应当建立鼓励员工培训的补贴制度，以鼓励那些对员工培训较好的企业并做出示范。例如，北京慈爱嘉养老服务有限公司，为了保证服务质量通常对应聘者实施三个月的入职培训、对在岗员工坚持继续教育。这样的培训显然提升了服务成本。为了保障培训项目的可持续性，公司希望得到适

---

① 康越：《日本养老人才队伍建设简析》，《中央民族大学学报》2013 年第 3 期，第 60 页。

度的培训补贴。

此外，政府还应当为打破职业培训与院校培养的藩篱提供政策上的支持，使养老服务工作者的继续教育，尤其是本科教育与研究生教育方面实现突破，从而实现养老服务工作者职业技能提高、专业技术晋升以及学历水平提升的有效融合，进一步促进我国养老服务教育与培训的大发展。

（二）以社区、居家服务为平台，通过养老服务组织开展教育

作为服务社会的机构，养老服务组织和服务公司以其公益性、灵活性以及非营利性等特点，成为参与养老服务的重要力量。在政策与资金的支持下，各类养老服务组织在员工培训方面应搞好服务定位，加强内在修为，通过品牌服务，扩大自身影响。

在养老服务强调以社区养老和居家服务为主导的背景下，养老服务组织应该充分发挥其"船小好调头"的优势，以社区、居家服务为平台，以老年人实际需求为导向，整合多方资源，开发相应的培训课程，创建灵活多样的职业培训机制，形成多方联动的社区养老职业培训体系，即由社区"报菜单"，职业院校"下厨"，养老服务组织"撒料"，从而实现社校企互助互建，现实需求与职业培训的有效融合。

（三）鼓励职业院校与设立企业充分发挥各自优势，合作开展职业培训

《国务院关于大力推进职业教育改革与发展的决定》（2002）中明确指出，充分依靠企业开展职业教育和培训。未来可以鼓励和支持具有实操经验或者实务培训能力的为老服务机构和学校发挥各自优势，联合建立研究培训机构和项目中心，与社区、企事业单位建立对口联系。为老服务机构要充分发挥现有职业学校和培训机构的作用，在满足自身需求的前提下，积极面向社会开展职业教育和培训，使企业的教育资源成为社会、社区教育培训资源的有机组成部分。为老服务机构也支持自身技术人员、管理人员和有特殊技能的人员担任培训师，充分利用先进设施、信息资源、专业人员等优势，积极调整专业设置、教学内容和培养目标，加强实践教学，提高培训质量；注

重职业道德教育，开展涉及员工和社会的公共健康、安全服务等方面的知识和技能培训。

（四）社会监管方面：引入行业协会，施行第三方监管，强化培训质量

加快发展养老服务人才再培训不仅要在数量上满足现实需求，而且要在培训的过程中保证培训的质量。民政部人事司发布的《2013 年养老护理员职业技能鉴定工作报告》对质量问题进行分析时指出，"由于养老护理员培训新版教材的出版，各地对新版教材和新题库还存在掌握不到位、培训不到位的情况，加上存在考培不分，全国养老护理员师资、考评员队伍人员分布不均等问题都在某种程度上对养老护理员的培训和鉴定质量大打折扣"。[①] 报告从三个方面指出了影响养老护理员培训质量的因素：第一是教材的问题，应该适应需求，及时更新培训教材，满足岗位需求；第二是师资问题，没有高质量的师资队伍建设就很难提升培训质量；第三是体制问题，培训与考评过程中的考培不分的问题，既当培训员，又当考评员，过分追求鉴定中的通过率，而将培训质量置之不顾。

上述问题不仅在养老护理员培训方面存在，在养老服务培训中同样存在。因此，为了保证养老服务培训质量，除了要加强教材建设与师资队伍建设之外，笔者认为，更重要的是改变现有体制问题，引入第三方力量，即行业协会来对养老服务职业培训质量进行评估与监管，从而改变目前养老职业培训过程中存在的既是培训者又是鉴定者的不合理现象，从而保证养老服务职业培训的质量。

总之，加快发展养老服务职业培训是破解当前我国对养老服务专业人才迫切需求难题不可或缺的重要力量与途径。在发展养老服务职业培训的过程中，应注重从政策与资金上加大对养老服务组织的培育与扶持，更应打破现有的培训体制，引入行业协会对培训质量进行评估与监管，从而达到养老服务专业人才数量与质量的有效需求，满足我国当前的社会需求。

---

① 民政部人事司：《2013 年养老护理员职业技能鉴定工作报告》，2013 年 12 月 31 日，参见网站 http：//preview. jnjd. mca. gov. cn/article/zyjd/bgswj/201312/20131200571310. shtml。

参考文献

刘小刚：《成都市武侯区社区教育"三三模式"案例研究》，中国电子科技大学硕士学位论文，2013。

蔡洁：《基于 NGO 服务的居家养老方式研究》，河北经贸大学硕士学位论文，2012。

曾昱：《人口老龄化与城市社区养老服务模式探析》，福建师范大学硕士学位论文，2005。

蒋逸民：《社区教育课程开发研究》，《开放教育研究》2010 年第 1 期。

王名：《非营利组织管理概论》，中国人民大学出版社，2002。

民政部人事司：《2013 年养老护理员职业技能鉴定工作报告》，2013 年 12 月 31 日。

B.12

医疗卫生领域民生服务的问题与对策

李伟东*

摘　要：

完善医疗卫生领域的民生服务是社会建设的重要内容，体现了政府对医疗卫生事业的重视。从现状来看，北京市总体医疗资源较优越、公共卫生服务体系较完善，但也存在医疗资源分布不均衡、医疗成本较高、大医院医疗服务获取艰难、医疗资源投入不足、医疗基础设施城乡差异较大等问题，本着满足民生需求、为民服务的思路，本文提出医疗领域公共服务建设方向：医疗保障体系一体化、公立医院医疗服务去营利化、社区卫生服务保障化、农村医疗卫生服务城市化、医疗资源分散化等。

关键词：

医疗卫生　医疗资源　去营利化一体化

医疗卫生指标是评价社会发展进步的最重要的综合指标之一。根据 2013 年北京市经济社会统计报告之《北京市民生状况调查报告》，"看病难、看病贵"超过"房价过高""物价上涨"等，在被访市民关注的社会问题中排名第一位。市民最希望政府解决的社会问题，排在第一位的也是"加大医改力度，解决看病难、看病贵问题"，排在"调控物价"和"提高收入"前面①。可见医疗卫生服务问题在民众心目中的重要地位。

---

* 李伟东，博士，北京市社会科学院社会学所副研究员，主要研究领域为农民工问题、城市化研究及社会记忆。

① 徐燕、丁海峰：《北京市民生状况调查报告》，《2013 年北京市经济社会统计报告》，同心出版社，2013，第 360 ~ 361 页。

一 北京市医疗卫生服务现状

（一）卫生资源：总量较大，分布不均衡

1. 卫生资源总量大

北京市集中了数量巨大的医疗卫生资源，是医疗资源较充足的城市之一。截至 2012 年年末，全市共有卫生机构 9964 个，比上年末增加 265 个；其中医院 593 个。卫生机构中社会办医机构 3475 个。卫生机构共有床位 10 万张，比上年末增加 0.5 万张；其中医院 9.2 万张。卫生机构中社会办医机构床位 1.6 万张。全市卫生技术人员达到 19.4 万人，比上年末增加 1.3 万人；其中执业（助理）医师 7.4 万人，注册护士 8 万人。全市医疗机构总诊疗 17873 万人次，出院 221.7 万人次。

2. 分布不均衡

虽然北京市医疗资源总量较大，但是各城区差别较大，也存在分布不均匀的问题。例如：千人口实有床位数，人均资源最丰富的东城区与人均资源最少的通州区相差 4.6 倍；每千人口执业医师数，最高的东城区与最低的通州区相差 4.8 倍。

医疗资源分布的特点是除地区差距大外，城乡差距也大。一些农村地区占比较大的区，甚至医疗资源离达标都很远，这在号称医疗资源全国最丰富的北京，几乎不可想象。据 2011 年北京市综合评价情况显示，在一共 15 个指标中，距离达标要求最远的是医疗卫生指标"每千人拥有的医生数"，只实现目标值的 40.2%。[①]

医疗资源分布不均衡还表现在优质医疗资源分布上。作为优质医疗资源的代表，三甲医院数量无疑是最有号召力和说服力的。北京市现有三甲医院 80% 以上都集中在海淀区、西城区、朝阳区、东城区四个城区，如果算上丰台

---

① 孟素洁、杨晓琼：《北京市农村城镇化进程监测报告》，《2013 年北京市经济社会统计报告》，同心出版社，2013，第 212 页。

区和石景山区的三甲医院，则城六区集中了 90% 以上的三甲医院，优质医疗资源集中于城市中心区的情况极其明显。

（二）医疗保障全覆盖，保障水平有差异

北京市的医疗保障制度建设相对完善，通过城镇职工基本医疗保险制度、城镇居民基本医疗保险制度和新型农村合作医疗制度等，实现了基本医疗保险全覆盖。

1. 职工和居民医疗保险

根据北京市统计年鉴，2012 年参加基本医疗保险的人数是 1279.7 万人。当年本地人口为 1295.5 万①，参保比率为 98.78%；2010 年，根据北京市委关于加快建立城乡统一的社会保障体系的要求，整合"一老一小"和无业居民大病医疗保险制度，出台了《北京市城镇居民基本医疗保险办法》，从 2010年 1 月 1 日起，北京市 150 万城镇居民开始享受门诊报销待遇，实现持卡就医、即时结算。为此，北京市政府加大财政补贴力度，每年投入 6.9 亿元，确保"一老一小"和"无业居民"门（急）诊和住院费用的报销。《北京市城镇居民基本医疗保险办法》的颁行标志着城镇居民医保制度在北京逐步走向成熟。

2. 新农合建设

2012 年参加新农合的人数是 267.5 万，参加比率达到 98.1%；基本达到了全覆盖的要求。新农合制度建立以来，经过不断调整，新农合医疗保障水平大幅提高。2011 年和 2012 年，北京市分两次一共把 15 类疾病纳入新农合重大疾病保障范畴，参合农民受益面也逐步扩大，新农合医疗年度补偿人次由 122.6 万人次增加到 633.2 万人次，住院受益面从 2.9% 上升到 8.2%。

（三）医疗服务水平尚可，费用较高

1. 医疗服务总水平较高

北京致力于提高医疗卫生服务水平，扩大医疗服务范围，效果较显著。

---

① 根据《北京市统计年鉴 2012》，常住人口 2069.3 万，常住外来人口 773.8 万，推算获得。

2012 年，北京市医疗机构就诊人次达到 1.8 亿人次，其中外地患者近 4000 万人次，本地患者为 1.4 亿人次。对比之下，2010 年全市诊疗总人次为 1.46 亿人次，两年增加 23%。目前北京市已经形成环五环医疗服务圈，城区内大医院还将向五环外迈进。

2. 医疗费用居高不下

公众关注医疗卫生服务除了其中的质量、资源分布问题外，价格费用问题也是一个重要方面。北京市看病费用统计显示：从 2009 年到 2012 年四年间，几乎各项门诊、住院费用指标都呈现连年增长趋势。考虑到门诊和医疗费用占病人总费用的比例，尤其是在住院病人中所占几乎达到 70%，这种增长对病人整体治疗费用的影响是显而易见的。从总体上看，病人医疗费用负担仍然不小。

3. 医疗服务试点效果待检验

北京目前五家试点医院试行医事服务费制度，医药分开，取消 15% 的药品加成和挂号费、诊疗费。目的在于取消以药养医，提高医生出诊价格，也提升其职业尊严感。从试点效果看，有市民反映，在一些医院的非重点科室，一些主任医师没有多少病人。①

（四）公共卫生服务体系建设较完善，效果较好

1. 公共卫生服务体系建设较完善

北京市完善公共卫生服务体系建设，建立起以突发公共卫生应急机制、疾病预防控制体系、医疗救治体系、卫生执法监督体系和公共卫生信息系统等"一个机制、四个体系"为核心的较为完善的首都公共卫生体系，公共卫生突发事件处置、应急救治和大型活动保障能力显著提高。同时，积极推进基本公共卫生服务逐步均等化，重点实施了为 0~6 岁户籍儿童免费进行健康检查、为 60 岁以上老年人和在校中小学生免费注射流感疫苗、为适龄妇女免费开展宫颈癌和乳腺癌筛查等 10 类 42 项基本公共卫生服务项目和 11 项重大公共卫生项目等，社会效果很好。

---

① 方芳：《大病医保制度京上半年或出台》，《北京日报》2013 年 3 月 19 日第 7 版。

2. 服务效果较好

公共卫生服务取得较好的效果，具体来说，在传染病防治、儿童疫苗接种、预期寿命等方面，北京市公共卫生服务都取得较好的成绩。传染病防治效果较好，死亡率较低。卫生防疫工作比较全面，其中儿童免疫接种工作基本做到了全覆盖。

二 医疗卫生服务存在的问题

1. 身份区隔严重，多个医疗保障体系并存

2012 年，北京市市级公费医疗人员，涉及市属公务员、事业单位、公立医院、高校教职工约 22 万人，已全部纳入职工医保，实现持卡就医。此改革进一步消除了医疗保险的身份差别，在公务员、事业单位人员和普通职工之间实现了平等就医。但是职工、居民和农村人口之间的医疗保险差别仍然存在。

具体来说，差别主要表现在门诊费用补偿和住院费用补偿标准不同。职工部分，门诊费用补偿社区卫生服务机构为 90%、非社区卫生服务机构为 70%，住院费用根据就医医院等级不同报销比例不同，总体上在 85% 以上；居民部分，门诊费用补偿 50%；住院费用老人、无业人员和残疾人 60%，学生70%；新农合部分，门诊费用补偿为 40%，住院费用补偿为 60%[①]。其他还有起付费、封顶数额等都有不同。可见在保障水平上，呈现从职工、居民到农村居民逐步下降的趋势，而且差异仍然很大。

2. 医疗投入不足，民众医疗负担仍重

据 2012 年北京市卫生事业发展统计公报，2011 年全市卫生总费用持续增长，政府投入增加较快。2011 年北京市卫生总费用筹资总额为 977.3 亿元，按可比价格计算（下同），比 2010 年增长 12.6%。2011 年北京市卫生总费用占地区生产总值（GDP）比例为 6.0%，比 2010 年上升 0.24 个百分点，为近五年最高水平。公报显示，2011 年政府卫生支出增长速度达到 14.0%，高于

---

① 新农合补偿标准各区县略有不同；2012 年北京市规定 9 类重大疾病全市统一报销比例为 70%，也是为了减轻农民医疗负担的举措。

卫生总费用增长速度。政府卫生支出占卫生总费用比重为 28.2%，比 2010 年上升 0.35 个百分点，其中北京市及各区县财政支出所占比重为 26.3%，比 2010 年上升 0.85 个百分点，北京市各级财政投入增长速度更快。2011 年北京市卫生总费用筹资总额中政府、社会、个人现金卫生支出所占比重分别为 28.19%、46.37%、25.44%，分别比 2010 年增长 0.35、-0.90、0.55 个百分点。

从公告中可以看出：政府卫生支出占财政支出比例不高，在 6% 左右。直接后果是政府支出在医疗卫生负担比例不高，相比之下，OECD 国家国家负担在 70% 以上，北京市的个人医疗负担仍很重。

3. 社区卫生服务保障能力欠缺，患者错位就医现象严重

2000 年在卫生部《关于发展城市卫生服务的若干意见》的指导下，北京市制定了《城市社区卫生服务中心设置指导标准》，建设包括预防、治疗、康复、健康服务、卫生保健、计划生育和医疗养老服务等社区卫生服务功能，最终实现"七位一体"的社区卫生服务体系建设。

在实践中，社区卫生服务体系虽然建立有年，但是因为不能有效吸引患者就医，长期存在大医院一号难求，社区医院门庭冷落的两极化现象。社区卫生服务不能吸引更多的患者来就医，从患者主观方面分析，主要是认知不足、患者认同度低造成，"三低一高现象"严重：信任度低、认知度低、利用度低，需求高。

认知不足、认同度低有市民主观认知的原因，但也与我国医疗体制的现状有关系。长期的投资、医疗人才、先进设施向高等级医院倾斜，造成了群众对大医院的盲目信赖心理，而实际存在的不同等级医院之间的医疗设施和水准的差距也加剧了这种不信任心理。即便是经历了数年的社区卫生服务建设和改进，不断提高对社区卫生机构的投入，打造"15 分钟健康服务圈"，增加站点的设置，扩大医疗专业人士的数量等，但社区医院与大医院的差别经年历久形成，很难一时间被打破。目前在政府财政补助上，每年 156.6 亿元的医疗领域财政支持，投向社区卫生服务也只是 35.6 亿元，只占 22.7%。考虑到社区卫生服务的加强还只是最近几年的事情，场地、设备、人员配备很多是从零开始，这部分的财政投入仍显不足。

4. 农村医疗投入低、负担大，城乡医疗保障水平差距大

2012 年北京市卫生事业建设统计公报通报了社区卫生服务支出的情况。2012 年全市社区卫生服务中心（站）总支出为 93.6 亿元，财政补助 35.6 亿元；2012 年，全市 2981 家村卫生室，总支出为 7897 万元，上级补助收入为 2404 万元。比较一下城市社区卫生服务的支出和财政补助，卫生财政支出向城市、向大医院倾斜态势明显。

医疗消费也表现出城乡差异。根据北京市统计局发布的数字，2013 年 1 ~ 8 月北京市城镇居民人均医疗保健支出为 1209 元，农村居民人均医疗保健支出为 776 元，分别占总支出的 6.9%、9.0%。农村居民医疗保健支出比城镇居民多两个百分点，绝对量却只占城镇居民的 64%。可见城乡收入差距仍然很大；农村居民的医疗保健负担比城市居民高；农民居民医疗保健水平低于城镇居民。

三 结论与建议

本文认为，医疗卫生社会服务事业的发展方向，应该本着尽量满足民生需求、为民服务的思路，在制度设计、资源配置、运行管理机制等方面加强探索，争取实现医疗保障体系一体化、医疗投入福利化、公立医院医疗服务去赢利化、社区卫生服务保障化、农村医疗卫生服务城市化、医疗资源分散化。

1. 医疗保障体系一体化

目前并行的三个医疗保障体系虽然实现了对市民的医疗保障全覆盖，但是在补偿额度、补偿比例、最高保障水平等方面存在身份差异的现象，人为造成群体区隔，不利于社会整合和团结。探索一体化的医疗保障体制，从制度安排上排除人为的分类是接下来要探索的重要问题。

城市内部医疗保障一体化有两个方面，一个是居民本身"一老一少"和无工作居民医保的同等待遇问题。此问题随着 2013 年对一老和无工作居民报销补偿水准提高到 70%、年度最高限额提高到 17 万元，已经得到解决；但是另一方面，存在于居民和职工之间的差异仍然没有消除，这是医疗保险体制分割的一个重要表现。

医疗保险更大的身份差异来自城乡之间。几十年来，户口制度对社会的和谐发展造成了巨大伤害，医疗保障制度就是其中一例。《北京市十二五时期卫生发展改革规划》提出要"不断缩小城乡医疗保障水平差距，努力实现城乡人群政策范围内报销水平一致"。北京市各地区也正努力于此。如密云县2013年新农合制度实施方案规定，从2013年1月1日起，新农合人均筹资水平和报销比例大幅度调高，是向全体市民权利均等方向前进的重要步骤。

2. 公立医院医疗服务去营利化

《北京市十二五时期卫生发展改革规划》提出：公立医院改革要"确保公立医院公益性的完善和发挥"。这为正在进行中的医疗体制改革规定了一个方向。多年以前，随着市场化改革的突进，多个民生领域都被卷入市场的大潮中，这中间既有住房、教育，也有医疗，从而最终形成了严重影响国民生活质量的"新三座大山"。当前一轮的医疗体制改革拨乱反正，重提公立医院的公益性，是对前一段盲目市场化发展教训的深刻总结，也符合人民群众的迫切要求和愿望。

目前北京市已经沿着这个思路在做出探索。通过医事制度改革探索医药分开、基本药物制度改革提高社区医疗服务能力等，对医疗机构的营利化倾向有较大的影响，但是还是要看到，医疗卫生事业还没有达到公益水准。比如医事制度改革探索医药分开，提高医生门诊费用，一方面固然提高了医生的职业自尊，但是也存在一些问题，比如因为诊疗费高昂，导致病人向低端医疗资源分流，门诊部分较高端医疗资源应用不足；另一方面，随着医疗保险保障比例的提高，有过度治疗现象存在，病人在医疗费用的绝对量上也有所上升。

3. 社区卫生服务保障化

社区卫生服务的改进首要问题是资金。建立多元资金筹措机制，首先是医保资金，要充分发挥医保基金的补充作用。建立合理的对基层医疗机构的补偿机制，如通过政府购买服务的方式，给予基层医疗机构财政补贴；逐步提高人均基本公共卫生服务经费标准，引导其流向基层医疗卫生服务机构。还要探索合理渠道强化政府责任，尤其是提高中央政府的医疗补助水平。

其次是人才。社区卫生服务是医疗服务的把门人，只有具备了相关的业务水准和能力才能够承担起这一任务。但是目前社区卫生服务的现状是无论全科医生还是专职护士人才都严重缺乏。这既不能满足加强社区卫生服务体制建设以推进医疗改革的时代要求，也不能满足群众就近获得高质量卫生健康服务的社会需要，人才问题是社区医疗服务无法实现保障职能的关键。

最后是制度建设。建立起完善的转诊标准和程序对于社区卫生服务的功能实现非常重要。目前通过探索"医联体"，既加强了社区医院和上级医院在医疗救助上的合作，也加强了病患转诊分流，是很好的尝试。但是相对于北京市成百上千家社区和社区卫生服务机构来说，目前的努力远远不够。相应的，信息制度、基本药物制度都需要完善。此外，制度建设还包括基层医疗服务的标准建设。

4. 农村医疗卫生服务城市化

党的十八大报告指出："坚持工业反哺农业、城市支持农村和多予少取放活方针，加大强农惠农富农政策力度，让广大农民平等参与现代化进程、共同分享现代化成果。"《国家基本公共服务体系十二五规划》也提道："打破行业分割和地区分割，加快城乡基本公共服务制度一体化建设，大力推进区域间制度统筹衔接，加大公共资源向农村、贫困地区和社会弱势群体倾斜力度，实现基本公共服务制度覆盖全民。"政策层面对农村的关注可谓力度空前。

农村医疗服务真正城市化，达到城市社区服务的水准，除了资源配置要加大向农村倾斜力度外，人才支撑是关键。做好医疗人才下沉工作、尽可能吸引医疗人才下乡服务是提高农村医疗服务质量的根本。可以探索大医院医疗卫生人员定向支援等措施，通过定职、晋级等方面的优惠政策，鼓励大城市医院的人才短期下乡服务，提高农村地区的医疗服务水准。

为了提高服务质量、吸引人才，相应的硬件建设也是重点。在倡导、努力建设区域医疗中心之际，还要考虑到更多离人民群众日常医疗服务要求更近的乡镇医院、村医疗室的医疗条件改善要求，在真正基础的层面为改善农村医疗卫生服务托底。

5. 医疗资源分散化

医疗资源配置不均衡问题在北京非常突出。这种集中对地区社会生活的影响也很严峻。对于城市来说，大医院往往是社会管理压力较大的地区，给市政设施和日常管理带来较大压力，这是医疗集中自然产生的外部性，增加了城市运转负担。

但是医疗资源分配不均衡更大的问题在医疗公平。集中在城区的医疗资源成为患者追捧的对象，经多年的集中发展，优质医疗资源聚集，而很多偏远地区则医疗资源严重缺乏，优质资源更是阙如。这导致即使是北京人，要想获得较好的医疗服务，也要到城里才能有机会，这种医疗资源布局安排无疑既增加了非城区群众的医疗成本，也降低了医疗效率，社会后果是严重影响了人民群众的医疗公平感。

以目前的新城建设为契机，积极调整市域范围内医疗资源的空间布局，把原来密集于城市中心区的各大医院合理外流，促进其分散布局，既可缓解城市人口、交通压力，也有助于提高资源利用质量，降低地区群众医疗成本。

社会治理和城乡
一体化发展篇

Social Management and Integration of Urban and

Rural Development

B.13

首都人户分离人口的现状、
面临的难题及政策建议分析

陆杰华　胡　晓*

摘　要：

　　随着城市化进程的推进，首都人户分离人口规模日益扩大。人户分离现象的突出加剧了北京市人口与社会管理的难度，如何面临人户分离人口带来的难题成为重要课题。本文主要在对首都人户分离人口的主要特征进行厘清的基础上，深入分析首都人户分离人口服务管理体制所面临的突出问题及其成因，并尝试提出缓解首都人户分离人口问题的政策思路。

* 陆杰华，法学博士，北京大学社会学系教授、博士生导师，主要从事人口学相关研究；胡晓，北京大学社会学系研究生，主要从事人口学相关研究。

关键词:

> 首都人户分离　人口特征　服务管理体制　社会管理创新

一　引子

　　人户分离现象的产生一方面是中国特有户籍制度框架下的产物,另一方面也与改革开放以来市场经济的发展与城市化进程的推进所带来的人口流动的社会时代变迁背景相关。20 世纪 80 年代以来市场经济的发展与户籍政策的松动使得大量农村劳动力涌入城市形成外来流动人口,而这些流动人口大多居住于城市的郊区或者是城郊接合部;而 90 年代以来城市化进程所推动的大规模的城市建设和旧区改造,大量居民从市区迁居到郊区,而其中有相当数量的居民在迁居后其户口因某种原因没有随迁,形成城市内部分离人口。一方面,这个规模巨大且日益增长的城市内部人户分离人口成为城市转型进程中的夹心层一族,其重要原因是因为人户分离所面对的困境及其诉求较少受到学界、政府与社会的关注。另一方面,这些具有"隐蔽性"且数量巨大、成因复杂、变动频繁的人户分离人口也给人口服务管理带来了巨大的困难,往往成为事实上的管理盲区。

　　1982 年我国第三次人口普查"人户分离"一年以上的人口仅为 657.5 万,1990 年第四次人口普查"人户分离"一年以上的人口已达 2135.36 万,2000 年第五次人口普查时人户分离半年以上的外来流动人口已达到 1.05 亿。[①] 2010 年第六次人口普查数据显示,全国大陆总人口中市辖区内人户分离的人口为 3995.9 万人。近十年来北京人户分离人口规模也在不断增加。第六次人口普查数据显示,2010 年北京 1256.7 万常住户籍人口中,人户分离人口多达 345.4 万人,占常住户籍人口的比例为 27.5%,与 2000 年人口普查相比,2010 年北京人户分离人口增加了 127.9 万人,占户籍人口的比重上升 7.7 个百分点,平均人户分离时间长达 5.5 年。[②]

---

① 耿慧志:《大城市人户分离特征综述和对策思考》,《城市规划学刊》2005 年第 4 期。
② 陆杰华、黄匡时:《关于创新首都人户分离人口服务管理体制的理论思考》,北京市社会科学界联合会,《科学发展:深化改革与改善民生》,北京师范大学出版社,2012。

人户分离现象加剧了城市人口与社会管理的难度，影响了城市公共资源与服务的配置，并会对城市规划与城市化发展以及所带来的社会、经济结构的变化产生深远影响。首先，人户分离现象使得传统的户籍管理由于缺乏对个人信息的动态追踪而很难对这部分人口实施有效的服务和管理，从而出现户籍管理的真空地带，而对人户分离人口管理的失控，也无疑给城市的社会管理创新带来一定的难度。[①] 其次，城市人口信息是城市规划制定空间战略与配置公共资源的基础和依据，人户分离现象的加剧将可能造成城市人口资源布局规划的失真现象。在一些地区，由于实际居住人口少于户籍人口数，按户籍人口配置的公共资源量就将大大超过实际居住人口的需要量，从而造成资源的浪费；而在另一些地区，由于实际居住人数超过户籍人口数，故又会出现公共资源配置的相对不足。[②] 最后，人户分离现象特别是本文所关注的城市内部分离人口现象的实质是中国特有户籍制度约束下的一种城市化发展的阶段性特征，是大城市郊区化的初级阶段：中心人口开始涌向郊区，但相关产业与公共服务设施并未配套跟随。

我们认为，人户分离人口因为其存在的体制性原因将在未来一段时间内长期存在，其规模将越来越大，越来越普遍。在这样的宏观背景下，如何全面认识和分析首都人户分离存在的问题，不仅有利于缓解首都人户分离现象带来的负面影响，同时也对于创新首都人户分离人口服务管理模式有着重要的参考价值。因此，本文将基于实际调研结果与相关统计数据对首都人户分离人口的主要特征进行探索，深入分析首都人户分离人口服务管理体制所面临的突出问题及其成因，并尝试提出缓解首都人户分离人口问题的政策思路。

二　首都人户分离人口的主要特点分析

1. 人户分离人口规模日益扩大，且分离时间趋于延长

2000 年以来，北京市内人户分离人口持续而快速增长。根据第五次全国

---

① 吴瑞君：《大城市内部人户分离现象及对策研究——以上海市为例》，《人口研究》1991 年第 6 期。
② 吴瑞君：《大城市内部人户分离现象及对策研究——以上海市为例》，《人口研究》1991 年第 6 期。

人口普查数据，2000 年北京市内人户分离人口为 206.2362 万人，其中市辖区内人户分离人口 188.6217 万人。而到 2010 年"六普"时，北京市内人户分离人口已达到 345.3755 万人，其中市辖区内人户分离人口达到 273.8462 万人。10 年间北京市内人户分离人口增长 139.1393 万人，市辖区内人户分离人口增长 85.2245 万人。

第六次人口普查数据还显示，北京市内人户分离人口分离时间在"半年至一年""一年至二年""二年至三年""三年至四年""四年至五年"和"五年至六年"的人口分别占据市内人户分离人口规模的 7.62%、12.89%、13.57%、14.84%、7.73% 和 6.26%；而分离时间在六年以上者更占市内人户分离总人口数的 37.1%（见图 1）。这从一个侧面表明，首都人户分离人口离开户籍地时间渐趋延长。

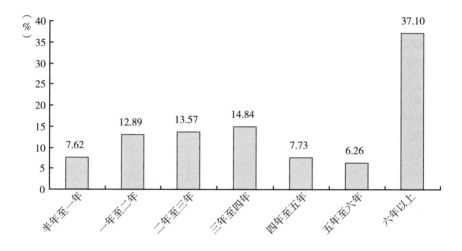

图 1　北京市内人户分离人口分离时间情况

数据来源：2010 年第六次人口普查数据。

2. 人户分离人口聚集分布在城市功能拓展区和城市发展新区

由表 1 可知，北京市内人户分离人口主要集中在城市功能拓展区与城市发展新区，分别占到了全市市内人户分离人口的 51.48% 与 31.01%，而首都功能核心区与生态涵养发展区仅占到 10% 与 7.89%。而从城区来看，又主要集中在城市功能拓展区的朝阳区（20.94%）、丰台区（13.92%）、海淀区

（12.64%）与城市发展新区的昌平区（10.21%）。受城市规划和布局的影响，城市功能拓展区和城市发展新区成为吸纳人户分离人口的主要流入地，城市发展新区成为继城市功能拓展区之后第二大吸纳人口的重要流入地，说明北京城市整体规划对人口在各功能区的重新布局起着主导性作用。[①]

表1　北京市内人户分离人口分布情况

单位：人，%

区域	2010 年第六次人口普查					
	合计		区县内		跨区县	
	人数	百分比%	人数	百分比%	人数	百分比%
首都功能核心区	332190	10	118019	7.46	214171	6.20
原东城区	61958	1.79	30459	1.92	31499	0.91
原崇文区	59805	1.73	18292	1.16	41513	1.20
原西城区	92867	2.69	35586	2.25	57281	1.66
原宣武区	117560	3.40	33682	2.13	83878	2.43
城市功能拓展区	1778163	51.48	793771	50.16	984392	28.50
朝 阳 区	723305	20.94	359884	22.74	363421	10.52
丰 台 区	480705	13.92	117339	7.41	363366	10.52
石景山区	137532	3.98	45801	2.89	91731	2.66
海 淀 区	436621	12.64	270747	17.11	165874	4.80
城市发展新区	1070954	31.01	448180	28.32	622774	18.03
房 山 区	125210	3.63	85287	5.39	39923	1.16
通 州 区	206086	5.97	99075	6.26	107011	3.10
顺 义 区	161953	4.69	112091	7.08	49862	1.44
昌 平 区	352698	10.21	65650	4.15	287048	8.31
大 兴 区	225007	6.51	86077	5.44	138930	4.02
生态涵养发展区	272448	7.89	222604	14.07	49844	1.44
门头沟区	59632	1.73	41079	2.60	18553	0.54
怀 柔 区	64064	1.85	54308	3.43	9756	0.28
平 谷 区	48154	1.39	42993	2.72	5161	0.15
密 云 县	65994	1.91	55747	3.52	10247	0.30
延 庆 县	34604	1.00	28477	1.80	6127	0.18
总　　计	3453755	100.00	1582574	100.00	1871181	100.00

数据来源：2010 年第六次人口普查数据。

---

① 王莉：《北京市人户分离人口状况：基于户籍登记的分析》，《人口研究》2011 年第 2 期。

区县内人户分离人口主要集中在城市功能拓展区，占到了区县内人户分离人口总数的50.16%，说明城市功能拓展区内部人口流动比较活跃。城市发展新区与生态涵养发展区其次，分别占28.32%与14.07%，首都功能核心区仅占到7.46%。从城区来看，区县内人户分离人口在朝阳区（22.74%）与海淀区（17.11%），其他城区都都在10%以下。

跨区县人户分离人口城市功能拓展区与城市发展新区，分别占跨区县人户分离人口总数的28.50%与18.03%，首都功能核心区其次，占到6.20%，而生态涵养发展区仅占到1.44%。从城区来看，区县内人户分离人口在朝阳区（10.52%）与丰台区（10.52%），其他城区都在10%以下。

由此可见，北京市内人户分离人口主要集聚在城市功能拓展区与城市发展新区。城市功能拓展区和城市发展新区聚集的人户分离人口较多是因为在北京城的拆迁改造过程中，两个区域新建了大量的居民住宅，从而容纳了大量的人户分离人口。尤其是城市发展新区其房价的优势及相对较为便利的交通条件吸引了大量人户分离人口迁入。首都功能核心区在城市拆迁改造人口疏散的过程中主要是人口的流出地，而生态涵养发展区由于距城区较远，受交通等因素的影响，吸纳人口较少。[①]

3. 中青年人是人户分离人口的主体，且呈现出年轻化态势

由图2北京市内人户分离人口性别年龄金字塔可知，人户分离人口以15～59岁的青壮年劳动力人口为主，市内人户分离人口以年轻人口为主，呈现出"年轻化"态势。另外，就整体与各个年龄段来说，女性人数虽都略微地超过了男性，但性别结构仍保持了相对的均衡。

从分区域情况看，北京市内人户分离人口的性别比城市发展新区最高，生态涵养发展区与城市功能拓展区其次，首都核心功能区最低。说明在城市发展新区及远郊区县男性人户分离人口居多，而女性人户分离人口更偏向于在城区等距离市中心较近的地方聚集。区县内人户分离人口的性别比城市功能拓展区最高、生态涵养发展区与城市发展新区其次，首都核心功能区最低，呈现由近

---

① 王莉：《北京市人户分离人口状况：基于户籍登记的分析》，《人口研究》2011年第2期。

郊区向远郊区县和城区减少的特征。跨区县人户分离人口的性别比生态涵养发展区最高、城市发展新区其次，城市功能拓展区与首都核心功能区最低，说明跨区县人户分离人口中，女性人口尤其偏向于向城市中心聚集，而男性人口更偏向于向城市外围地区扩散。

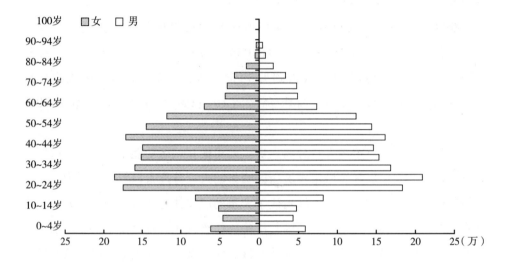

图 2　北京市内人户分离人口性别年龄金字塔（5 岁组）

数据来源：第六次人口普查数据。

4. 婚姻状况主要以有配偶为主，教育水平处于中上水平

由图 3 可知，北京市内人户分离人口的婚姻状况以有配偶为主，占到了市内人户分离人口总体的 70.8%。由图 4 可知，北京市内人户分离人口有 74.6% 达到高中及以上水平，其中大学本科水平与研究生水平分别占到 26.27% 和 6.10%，处于中上水平。

由表 2 可知，从总体上来看，北京市内人户分离人口跨区县人户分离现象居多，占到了市内人户分离人口总数的 54.18%。从分区域的情况来看，首都功能核心区、城市功能拓展区与城市发展新区都以跨区县人户分离现象居多，分别占到 64.47%、55.36% 与 58.15%，仅生态涵养发展区以区县内人户分离现象居多，跨区县人户分离人口仅占到 18.29%。

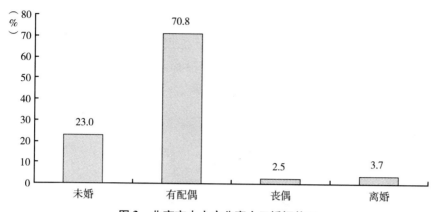

图3　北京市内人户分离人口婚姻状况

数据来源：2010 年北京市公安局人户分离。人口数据，转引自王莉，《北京市人户分离人口状况：基于户籍登记的分析》。

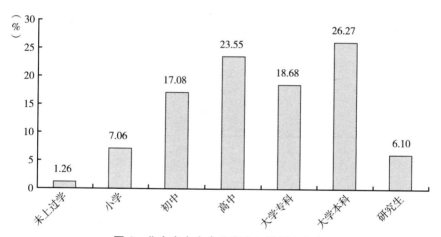

图4　北京市内人户分离人口受教育程度

数据来源：2010 年第六次全国人口普查数据。

表2　北京市内人户分离人口构成情况

单位：%

区域	第六次人口普查	
	区县内	跨区县
首都功能核心区	35.53	64.47
原东城区	49.16	50.84
原崇文区	30.59	69.41
原西城区	38.32	61.68

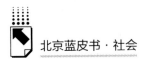

续表

区域	第六次人口普查	
	区县内	跨区县
原宣武区	28.65	71.35
城市功能拓展区	44.64	55.36
朝 阳 区	49.76	50.24
丰 台 区	24.41	75.59
石景山区	33.30	66.70
海 淀 区	62.01	37.99
城市发展新区	41.85	58.15
房 山 区	68.12	31.88
通 州 区	48.07	51.93
顺 义 区	69.21	30.79
昌 平 区	18.61	81.39
大 兴 区	38.26	61.74
生态涵养发展区	81.71	18.29
门头沟区	68.89	31.11
怀 柔 区	84.77	15.23
平 谷 区	89.28	10.72
密 云 县	84.47	15.53
延 庆 县	82.29	17.71
总　　计	45.82	54.18

数据来源：第六次人口普查数据。

三　首都人户分离人口服务管理体制面临的突出问题及成因分析

目前，首都人户分离人口服务管理体制面临的突出问题主要包括四个方面。

第一，人口属性呈现多元性，城市人口管理成本和风险骤增。

户籍人口、人户分离人口（简称户分人口）和流动人口交叉在一起，人口服务管理难度加大。有些地区的流动人口占据主流，有些地区的人户分离人口占据很大一部分，有些地区流动人口和户分人口占据主流。一方面，人口的多元属性和多元诉求，迫使相关政府职能部门不断增加人力、物力、财力投入，管理成本不断增加，而由人口多元属性带来的不确定性，则进一步加剧了现阶段乃至未来社区管理工作的潜在风险。

第二，人口信息难以准确采集和及时变更，人口管理协作机制待建立。

在人户分离群体中，一个较大的问题就是相关信息采集困难。当前，在基层社区的人口管理中，信息采集主要来自于日常行政登记、入户调查以及群众开具证明时的事后补充登记。这样的人户分离人口信息采集依然是处于一个被动状态，而且所搜集信息的真实性和动态性在基层社区之间存在显著差异。人户分离人口的管理不仅涉及公安、人口计生、劳动、民政、工商、房管、拆迁、物业等诸多行政部门和公司企业，而且还要求区域之间的协作和联动，强调提高综合管理能力。然而，目前的人口管理工作还未真正建立一个能够实现"信息共享"的人口管理协作机制。

第三，属地化管理与公共服务目标难以落实到位，人口服务管理模式待改进。

人口管理模式经历了从"户籍地管理"向"属地化管理"的政策转变过程。基于以往政府管控型人口管理的思维、以"人户合一"为特征的"户籍地管理"模式已无法适应变革的社会形态，构成明显的体制障碍，给现代城市的社会管理带来诸多难以调和的矛盾。一般来说，属地化管理模式更易于对人口进行公共服务与管理。然而，在首都实际调研中，属地化管理在当前阶段还存在诸多问题，一方面，人户分离人口地区基础建设设施与公共服务滞后于人口聚集地区，社区周边的学校、幼儿园、医院、银行、邮局等公共服务机构远远不能满足居民的日常生活需求，并存在社区周边环境脏乱差、交通的拥堵等城市病。这些问题的存在既是当地人户分离人口未随迁户口的原因，也使得部分人户分离人口因对当地公共服务不满而不愿配合社区工作。另一方面，居住地社区也存在想为人户分离人口提供优质服务，但却因信息缺失而找不到服务对象的尴尬局面。

第四，人户分离人口难以完全融入社区，社会协同公众参与机制待创新。

在实地调研中，一些社区对人户分离人口采取与户籍人口一视同仁的管理策略，服务热情周到，然而在短时间内及现行体制下，人户分离人口社区参与率依然不高，依然难以在感情上、生活上完全融入居住地社区。例如，个别社区户籍人口的物业费水平略低于人户分离人口；人户分离人口在社区选举等关系居民切身利益的重要问题上参与率不足；社会协同、公众参与意识不强，机制不顺等问题凸显。上述问题呼唤着区域人户分离服务管理体制的创新。

形成前面人户分离服务管理问题的原因是多方面的，概括而言，现阶段人户分离服务管理问题存在的深层次原因主要包括。

一是人口服务管理体制机制创新滞后。人户分离是与户籍制度相联系的问题。户籍制度在当前形势下存在管理上的弊端，各种完善单一的户籍管理制度的探索也在不断进行，但一个根本问题是没有在管理的体制机制方面做出突破。当前户籍制度带来的各种资源分配问题才是制约的瓶颈，我们缺乏的是一种可以集教育、医疗、养老和公共服务于一体的新的人口服务管理体制机制。

二是区域之间公共资源及服务配置不合理。区域内各地区的资源及服务配置不合理是导致人户分离的另一个重要原因。由于各区县财政资源不同、功能定位不同，相应的公共资源配置以及各种公共服务存在较大区别，尤其是主城区往往集中最好的医疗、教育、交通、公共服务等重要资源。在现行户籍政策下，与户口相挂钩的资源配置不均导致了人与户严重分离。

三是"城"与"业"功能定位模糊。城市发展需要统一的规划和布局，尤其要区分"城"与"业"的功能定位。目前北京"摊大饼式"的城市发展势头使得"居住"与"工作"仍旧在地域上分离，"城"与"业"没有形成一个清晰明确的功能定位，造成了人口居住在此地，却没有就业岗位，从而形成大量人口钟摆式流动。

四是城市规划及其配套设施前瞻性研究不足。城市规划直接影响着一个城市的人口分布格局，因此做好城市规划至关重要。当前城市规划主要存在的问题有：其一，产业发展整体统筹协调不够，造成产业布局和人口布局的分割形态；其二，产业发展与人口增长、资源环境承载能力之间的矛盾突出；其三，配套基础设施建设严重不足。这些问题都是需要在城市规划之初加以考虑，并在执行过程中进行动态的评估和调整。

五是对社会管理理念认识存在偏差。社会管理理念认识偏差也是人户分离局面形成的重要原因之一。在管理理念上，没有从根本上转变管理观念，没有变"管"为"服务"。在人户分离人口管理中，这主要表现在两个方面：一方面，没有在国家层面上出台相关户籍政策，"以户管人"的政策不能更好地服务于人户分离人口；另一方面，对于人户分离人口在医疗、教育等公共服务上的基本需求还不能有效满足。

四　解决首都人户分离人口问题的政策思路

第一，以健全信息共享机制为抓手，探索构建全市人、户和房的新型人口服务管理机制。未来人口服务管理机制的信息共享着眼点在于实现户籍、身份证、房产等信息的联网，并初步实现信息的动态更新，特别是要加强区县人户分离信息的共享机制，其中通过提供所在居住地的就业、教育、卫生、计划生育、社会保障、住房等方面的基本公共服务来调动人户分离人口主动去所在居住地和户籍地动态更新相关信息。

第二，以居住证制度为突破口，创新基本公共服务属地化模式。由于越来越多的中心城区居民向昌平、大兴、通州、房山、顺义功能新区迁徙，可以尝试探索以居住证管理为主的新型基本公共服务模式，将所在地的居住证与基本公共服务挂钩，逐渐剥离以往以户籍为基础的基本公共服务模式。

第三，加强对城市总体规划的评估与完善，注重住宅聚集地区城与业的衔接。事实上，近年来北京诸如回龙观、天通苑等住宅聚集区的发展也为未来城市总体规划的调整和完善积累了教训。应当及时总结城市总体规划实施以来城市新区住宅聚集区的成功经验，吸取其教训，特别是加强对这些地区规划实施过程的评估和监督，并以此调整未来住宅聚集区的布局和发展思路。

第四，构建区县服务管理合作机制，全面推进区域间基本公共服务和基础设施均等化。目前，北京市人户分离服务管理问题所在的症结在于缺乏区县之间在信息和管理服务上的合作机制。因此，下一步加强各个区县人户分离人口信息共享机制势在必行，特别是要消除区县之间基本公共服务和基础设施的巨大差异，不断推进区域间基本公共服务和基础设施均等化进程。

B.14

北京市老年流动人口现状研究

曹婷婷*

摘　要：

北京市流动人口服务与管理是近年来北京社会管理与建设工作的重要方面，而老年流动人口虽然在流动人口中所占比例不高，但随着老龄化问题的日益突出以及流动人口家庭化趋势的增强，老年流动人口群体逐渐引起关注。《人民日报》等主流媒体都曾就"北漂"老人的生活、心理等问题做过专门的报道。本文从北京市流动老人的基本情况、流动原因、生活状态等方面入手，结合基于朝阳某社区的调查访谈，分析了目前流动老年人群体最关心的问题、面临的主要困难，并从社会支持、社会认同等多理论角度提出对策建议。

关键词：

老年流动人口　社会支持　社会保障　服务管理

随着城市化进程发展，流动人口服务与管理成为北京市发展的重要方面。长期以来，流动就业人口是研究者关注的焦点。而随着老龄化问题的加剧[①]，流动人口中的老年群体开始受到越来越多的关注。解决好老年流动人口[②]的医疗、养老、社会融合、心理健康等问题，是北京市社会管理建设的重要方面。

＊　曹婷婷，博士，北京市社会科学院社会学所助理研究员，主要研究领域社会建设与管理研究、性别研究。

①　截至2011年底，根据全国老龄委的统计，中国60岁及以上的老年人口约有1.9亿，占总人口的14％。2013年，这一数字突破2亿，预计到2050年老年人口将达到全国人口的1/3。

②　本文老年流动人口是指非北京户籍的老年人群体，不包括市内人户分离的情况。

一 流动老年人口现状

（一）人口结构

根据北京市第六次人口普查，北京市常住外来人口共7044533人，其中老年人口238704人，占常住外来人口总数的3.4%，老年抚养比为2.0%。从年龄组看，以60～64岁的老人居多，占到了全部老年流动人口的47%；从性别比例看，两性人数基本持平，男性122197人，女性116507人，两性人数均随着年龄增长呈下降趋势，性别比的具体情况如下：60～64岁为108.4，65～69岁为101.6，70～74岁为107.7，75～79岁为105.7，80岁以上为81.3，可见，80岁以下的男性老人多于女性老年人数量，但高龄老人中女性比例较高；从婚姻状况看，约83%的老人有配偶，约15%丧偶，未婚和离婚的各占约1%（见表1）。

表1　老年常住外来人口的年龄、性别结构

单位：人

年龄	老年常住外来人口			
	合计	男	女	该年龄段占全部老年常住外来人口比重（%）
60～64岁	113043	58788	54255	47.4
65～69岁	59953	30219	29734	25.1
70～74岁	36942	19155	17787	15.5
75～79岁	17378	8930	8448	7.3
80～84岁	7277	3480	3797	3.0
85岁以上	4111	1625	2486	1.7

数据来源：北京市第六次人口普查数据。

从地区分布看，主要集中在朝阳区、海淀区和昌平区，分别占全市老年流动人口的20.6%、17.1和13.5%（见表2）。

表2 老年常住外来人口的地区分布

单位：人

地区	60~64岁	65~69岁	70~74岁	75~79岁	80~84岁	85岁以上	该地区占全部老年常住外来人口比重(%)
北京市	113043	59953	36942	17378	7277	4111	100
东城区	3273	1810	1244	628	304	190	3.1
西城区	5466	3161	2223	1224	522	295	5.4
朝阳区	23228	12673	7724	3443	1402	817	20.6
丰台区	13172	6692	3976	1877	832	478	11.3
石景山区	4477	2552	1608	720	283	153	4.1
海淀区	18082	10465	6927	3269	1361	798	17.1
门头沟区	748	394	275	165	50	49	0.7
房山区	3686	1936	1134	613	274	169	3.3
通州区	8793	4396	2528	1098	425	210	7.3
顺义区	3426	1739	1067	469	208	82	2.9
昌平区	16161	8126	4592	2038	821	411	13.5
大兴区	8445	4089	2332	1155	480	323	7.0
怀柔区	1543	699	450	244	110	52	1.3
平谷区	716	330	225	100	49	20	0.7
密云区	1076	562	356	182	95	36	1.0
延庆区	751	329	281	153	61	28	0.7

老年流动人口大多是非就业人口，北京市60岁以上的就业人口只有2954人。值得说明的是，上文数据是以60岁作为老年人口划分年龄的起点①所做的统计，而北京市非就业老年流动人口的实际情况要更为复杂一些。例如，我国大部分地区的女性退休年龄在50周岁或55周岁（按工作性质不同而不同），有许多女性在退休后就加入到了流动的行列。② 数据显示，常住外来人口中，50~54岁的206381人，男性120561人，女性85820人，而就业的男性8547人，女性3769人；55~59岁的189106人，男性101571人，女性87535人，就业的男性5590人，女性1806人。50~59岁的男性就业率只有6%，女性只有3%。

① 国际上通常采用65岁作为老年人的界定，而我国则界定60岁以上的公民为老年人，我国老年人权益保障法第二条规定，"本法所称老年人是指六十周岁以上的公民"。
② 此数据选择标准具体可参见孟向京、姜向群、宋健等：《北京市流动老年人口特征及成因分析》，《人口研究》2004年第6期。

（二）流动原因及生活现状

1. 流动原因

关于老年人迁移的主导理论是 Litwak 和 Longino 提出的生命周期理论，这个理论将老年人的迁移分为三个阶段：向好的自然环境迁移；向成年子女或其他亲属迁移，即家庭指向型迁移；进入养老机构。①

以往的研究成果显示，我国的老年人流动主要是家庭团聚型流动，其中又以来北京帮助子女照顾孩子、料理家务的为大部分，其他流动的原因还包括需要子女照顾、享受天伦之乐、务工经商、退休返籍等，但所占比重均较小。老年人流动的特殊性在于其首要动因并非出于职业发展和改善生活环境的追求，而更多的是一种家庭决策，一半以上的老人是出于子女的生活需要被邀请而来，承担的是照顾者的角色，这其中有着强烈的市场因素，因为北京雇用保姆的成本很高，加上中国传统的家庭伦理观念，邀请父母来照顾孩子、料理家务成为一种理性而经济的选择，并且父母照料子女的同时也得以通过家庭团聚实现情感满足。北京流动老人的子女大多经济状况较好、在北京有稳定工作；进城务工者较少选择带老人一起迁移。

2. 居住格局与家庭新秩序

老年流动人口对原来城市核心家庭的介入必然带来家庭关系的变化，新的家庭格局引起家庭秩序和家庭伦理的调整和重组。通过对朝阳区某以年轻人为主要居住群体的社区的访谈调查，笔者发现北京老年人口的流入对家庭关系的影响主要具有以下特征。

第一，住房空间紧张，居住格局影响生活质量。

北京房价的昂贵使得年轻人难以负担户型较大的房子，居住面积大多在100 平方米左右，其中又以 100 平方米以下的小户型为主，且购房普遍存在啃老现象。孩子出生后，不少夫妇将父母接来照顾孩子，一般而言双方父母轮流来京，也有少部分是双方父母同时来京或女方与男方的母亲同时来京。家庭人

---

① 曹志华：《流动老年人社会认同研究——以北京市安慧里社区流动老年人为例》，中央民族大学硕士研究生学位论文，2012，第 8 页。

口的增加使得居住空间受到限制，不少老人需要在客厅或狭小的次卧居住，而共同居住无论对年轻夫妇还是老人而言，私密空间均遭到破坏。加上北京的社区基本是高楼大厦，邻里关系比较淡漠，不少老人表示在北京的生活有被"关着"的感觉，居住环境的相对封闭，加重了老年流动人口的孤独感。

第二，家庭关系复杂化，家庭结构重组。

强调家庭内部感情和亲密的城市核心家庭，阻止了扩大亲属，包括老年父母的参与。因为下一代的出生，双方父母成为家庭新成员，诸如男女方父母的摩擦，代际差异引发的生活方式、思想观念等方面的矛盾和争论，血缘关系与婚姻关系的调整等，都给家庭秩序带来新的挑战。而且，由于老年流动人口迁移的年轻化倾向，一些50岁左右的女性在退休后来北京帮子女照顾家务，但丈夫由于尚未退休无法久居北京，这种情况造成老年夫妇的两地分离，因此这部分女性流动性较强，常常选择在北京和家乡来回奔波，丈夫和子女无法兼顾。

二　流动老人遇到的主要问题

（一）依靠子女与眷恋故乡的情感矛盾

流动老年人口离开熟悉的家乡，到陌生的城市，主要是为了给予子女生活上的帮助或实现家庭团聚，传统的家庭伦理观念和情感诉求是推动老年人加入流动行列的重要因素。另外，这些来到北京的老人对新的居住环境和生活方式有一个适应过程，来到北京，意味着脱离了原来的单位体系和熟人社会圈，心理上的落差需要填补。因此不少老人选择在家乡和北京轮流居住，并不一定选择永远留下，对于未来的养老问题也并没有明确规划。

（二）社会保障制度的异地对接存在制度性障碍

对流动老年人口而言，医疗与养老等福利政策的属地性规定是这一群体面临的主要制度性障碍。

目前，异地医疗报销和医保关系转移等问题困扰着不少流动老年人，我国老年人异地就医面临着医保定点、报销手续复杂、报销范围狭窄、比例较低、周期较长、各地各单位报销政策不一致等困难，加上北京看病难、医疗费用高，使得许多流动老年人害怕生病，不少老人一旦身体健康出现问题，出于成本考量，往往无法选择留在子女身边治疗，而只能回到原籍就医；还有不少老年人，本身的养老保险和医疗保险不足以支持北京的物价水平和医疗费用。

虽然流动老年人口通过流动实现了与子女的团聚，但是子女对于老人的支持大多是经济上的和情感上的。由于工作的繁忙、生活压力的加剧，很少有子女有精力照顾老人。因此，北京市流动老年人口显现出年轻化倾向，高龄老人所占比重较小。选择留在北京养老的老人，面临不少难题。比如北京养老机构要价较高，居家养老和社区养老服务对于户籍老人与流动老人的差别对待等。

（三）社会融入与社会认同的困境

流动老年人口的社会融入感和社会认同感是他们在新的居住地保持愉快心情的重要前提。由于经济、社会、文化等因素，户籍在北京是影响社会认同的重要因素。北京市流动老人的总体社会认同度处于偏低的水平，很多流动老人并没有把北京作为长久的居住地，流动具有较强的暂时性和目的性，生活很大程度上局限于家庭内部。这种认同威胁包括群体价值威胁、接纳威胁和区别性威胁。[①] 具体而言，由于老年流动人口群体在社会地位的自我评价、社会接受度、社会福利覆盖面等方面感觉到与非流动老年人群体消极的社会比较，产生被排斥、受歧视的感觉，让他们很难对北京产生融入感和归属感。

三 对策建议

（一）从制度层面统筹规划，推进老年流动人口服务与管理市民化

要切实改善流动老年人口处境，维持其身心健康，需要切实从老年人权益出发，推动老年流动人口服务与管理的市民化。2013 年 6 月 29 日，北京市老

---

① 曹志华：《流动老年人社会认同研究——以北京市安慧里社区流动老年人为例》，中央民族大学硕士研究生学位论文，2012，第 62 页。

龄办配合《中华人民共和国老年人权益保障法》中"对常住在本行政区域内的外埠老年人给予同等优待"的规定，发布外埠老年人享受同城优待政策的实施细则，包括符合条件的外埠老人，可以向自己居住的小区居委会或者村委会提出申请，办理老人优待证、优待卡，享受免费乘公交、免费逛公园等 9 项优待措施（包括在京的港澳台老人、归国华侨）。可享受优待政策的"常住外埠老年人"，是指在北京居住满 6 个月以上的外埠老年人，在本市行政区域内，60~64 周岁可以办理《北京市老年人优待证》，65 周岁及以上可以办理《北京市老年人优待卡》。这是服务管理市民化的重要一步，能有力加强老年流动人口对北京的归属感和认同感，丰富他们的生活。政府应该以此为突破口，继续从制度层面推动对流动老年人口服务管理的创新工作，建立健全相关法律政策，近一步消弭户籍限制，促进流动老年人口融入北京，安享晚年。

（二）创新公共服务体系，落实老年流动人口社会保障与社会支持工作

通过社区登记制度落实流动人口登记，保证老年流动人口登记资料的完整性和实效性，在确实掌握资料的基础上更好地开展服务管理工作。建立和完善方便退休老人异地生活的基本制度，加快对老年人社会保障、社会福利等政策改革，方便老人退休后实现跨区域流动。

医疗方面，一方面要加强社区医院等基层医疗机构的建设，扭转传统的对流动人口提供有限服务的局面，将流动人口服务纳入公共服务体系，通过政府购买公共服务等方式关注流动老年人口健康。例如笔者访谈社区旁边的社区医院常年开展免费为 60 岁以上老人测血压等活动。安徽等地实行的家庭医生服务也值得借鉴，这是一项由街道社区卫生服务中心组织医生提供上门医疗健康服务的计划。辖区内流动人口可以与中心签订《家庭医生服务协议书》，签约后，中心将为老人建立健康档案，实行健康管理，了解老人以往病史，提前对危害老人身体健康的因素实行干预。签约老人享受家庭医生服务和每年一次包括血常规、尿常规、胸透等在内的体检。服务内容由全科医生和老人约定，每年上门服务不少于 4 次，对重点人群还开展随访管理。

另一方面，要研究落实城乡社会保障制度衔接，医疗保障关系跨制度、跨

地区转移接续等办法，扩大医疗保障覆盖面，尽量向弱势群体倾斜，打破异地看病限制，简化异地医疗报销手续，配合医疗卫生改革的不断深入真正解决"看病难，看病贵"的问题。

大力发展养老机构、老年公寓、老年娱乐场所等机构对老年流动人口的服务，居家养老、社区养老服务等应该逐步将流动老年人口纳入服务对象。

除了制度方面，应该呼吁子女和社会对流动老年人群体加强关注，尤其是心理健康的关注。呼吁子女通过增加陪伴时间、加强沟通交流等方式加强对老人精神和心理的慰藉；社会支持上，发挥专业人员、民间组织的作用，给予老人心理咨询等服务。

（三）以社区为依托，整合社会资源，搭建老年人精神文化生活平台

社区是社会的基本细胞，流动老年人口的孤独感、边缘感很大程度来源于陌生环境下人际关系的缺失，因此积极发挥社区居委会、社区组织的作用，开展各种适合老年人的精神文化活动，有利于老年人融入社区、融入北京，保持健康快乐的心态，促进家庭、社会的和谐。

访谈中有一位退休后来北京陪伴女儿的女性，因为原来担任较高的工作职位、有较高的社会地位，退休后不适应巨大的落差和北京陌生的环境，陷入抑郁的边缘，后来通过参加社区模特队、合唱团等活动交到了很多志同道合的朋友，觉得生活一下子开阔了起来。

流动老年人口是资源整合的重要社会力量，应该创造机会鼓励他们发挥余热，以"参与式社区服务"方式，打破老年流动人口社区参与不足的问题，以文化生活为纽带，丰富流动老年人的生活，打破其与户籍人口之间的歧视与隔阂，在自助助人的过程中，分享成果、承担义务、享受生活。以本文受访社区为例，该社区以居委会为组织枢纽，建立了老年合唱队、老年模特队、老年舞蹈队等社区组织，吸纳了不少老年流动人口参加，其中舞蹈队、模特队的队长都是由流动老年人担任。这些组织除了丰富老年人的文化生活，更重要的是为他们搭建了交流的平台，这些老人除了活动时间，也会相约去锻炼身体、串门等。这样的方式有效打破了老人进入城市对狭小居住空间和淡漠邻里关系的不适应感和孤独感。

B.15

发达国家人口有序管理的诚信基础初探

尹德挺　王　慧*

摘　要：

本文对国外发达国家诚信体系建设的模式特点、核心要素以及
路径依赖进行了深入研究，概括出美国模式、日本模式和德国
模式，并以我国目前人口管理中存在的诚信问题为导向，探讨
了发达国家人口有序管理的核心要素，即注重诚信教育，建立
人口有序管理的社会意识；健全诚信记录体系，建立人口有序
管理的信息基础；健全诚信奖惩机制，建立人口有序管理的利
益导向。

关键词：

人口有序管理　信用　发达国家　路径依赖

诚信约束是人口有序管理的核心要素之一，既能为人口有序管理提供准确
的信用信息，又能营造出人口有序管理的良好社会氛围，是实现人口有序管理
持续良性运行的制度基础。然而，随着人口流动规模和范围的扩大，诚信体系
不健全、诚信约束机制不完善以及失信成本过低等问题，已严重影响到我国人
口有序管理的有效性和规范性，一定程度上造成了流动人口的行为失范及人口
管理的无序与无奈。党的十八届三中全会提出"建立健全社会征信体系，褒
扬诚信，惩戒失信"，体现了政府部门对诚信问题的特别关注。目前，如何结
合我国现实情况，通过诚信建设加强社会治理，规范人口管理，仍是亟待破解

---

* 尹德挺，博士，北京行政学院社会学教研部副主任、副教授，硕士生导师，主要研究方向为流
动人口管理；王慧，北京行政学院社会学教研部人口学方向 2013 级硕士生。

的难题。基于此，本文拟在以下两方面进行初步探索。

第一，对发达国家影响人口有序管理的诚信体系建设路径进行归类，提炼诚信建设影响人口管理的运行模式及核心要素。

第二，以目前我国人口管理中的诚信问题为导向，概括发达国家能为我所用的经验，寻求未来的发展路径。

一　文献回顾

关于发达国家诚信建设的国内文献主要集中于对德国（廖永刚，2009；商信，2006 等）、美国（韩阳，2005；何建奎等，2004；陈文玲，2003；林鸿熙，2009 等）、日本（张扬，2009 等）及新加坡等国的研究，并比较了几者之间的差别，即是以政府为建设主体，还是以市场、组织为建设主体（曾小平，2004；曹元芳，2006 等）。在此基础之上，多位学者进一步探讨了诚信建设在发达国家人口管理中的重要作用（尹德挺，2012；朱冬梅等，2005；接栋正，2008；杜放、郑红梅，2006 等）。例如，朱冬梅、尹德挺等人指出，在美国人口管理中，若个人信用记录良好，可以享受教育、贷款等多方面的优惠，反之，有关部门将出面予以法律制裁等惩罚。然而，尽管这些研究已将诚信建设和人口管理问题连接起来，但依然缺乏理论框架的支撑，两者互动的核心要素和作用路径有待明晰，这便形成了本文的逻辑起点。

二　国外促进人口有序管理的诚信模式

根据诚信体系影响人口管理的主要路径不同，我们可将发达国家人口有序管理的诚信基础分为三种模式，即美国模式、日本模式以及德国模式。

（一）美国模式：以市场为主导

1. 模式概述

美国模式的突出特点是在市场为主导的诚信体系下推进人口有序管理。美国在信用管理上，采用纯市场化的管理模式①，信用评估机构（商业市场信用评估机构、资本市场信用评估机构、消费者信用评估机构）是私人企业，在市场经济体系下自由发展；借助社会安全号和信用卡，记载个人的信用记录，并在诚信约束方面形成市场化的奖惩机制，求职、租房、贷款等都由市场来调节，从而推动人口遵循管理规则。

2. 核心要素

（1）社会基础：诚信教育和宗教。

美国公民从小就开展诚信教育。例如，美国波士顿大学教育学院设计的基础教材重点突出诚信教育，儿童教育的基本内容包括自律、守信、诚实、敢于承认错误等②。美国中小学的人格教育"六特质"之一即是"可信赖性"，并细化为容易评判的行为准则："诚实"体现为不欺诈、不欺骗、不偷盗，"可信赖"体现为按照自己之所说行事，赢得好声誉，忠诚于家庭、朋友和祖国③。

宗教对诚信的要求为美国社会提供了道德价值规范，21世纪初，美国基督教徒总人数为1.6亿，约占总人口数的60%④，宗教活动在很大程度上影响着民众的思想、情感和行动。基督教有关社会生活的教训中包括"诚"的方面，如"只有神才能做到，一诺千金，言出必行；人多述说自己的仁慈，但忠信人谁能遇着呢；君王凭诚实判断穷人，他的国位必永远坚立"。⑤ 可见，宗教的教义要求美国人自觉做到诚实。

社会各界关注诚信。在美国的企业招聘中，诚信程度是个人评价的重要指标；在日常生活中，个人也非常自律自觉，重视口头约定契约，不会轻易地违反口头约定。互信是美国社会的一大特征，当社会给予个人最大信任的同时，

① 曹元芳：《发达国家社会信用体系建设经验与我国近远期模式选择》，《现代财经》2006年第6期。
② 林鸿熙等：《美国诚信体系建设对我国的启示》，《科技和产业》2009年第12期。
③ 江新华：《美国中小学"六特质"人格教育：内涵、模式与效果》，《外国中小学教育》2005年第8期。
④ 吴嘉蓉：《浅论美国的宗教与民族主义意识形态的政治作用》，《四川行政学院学报》2006年第5期。
⑤ 唐荣双：《试论美国宗教教育在其思想政治教育中的作用》，《经济与社会发展》2004年第2期。

在没有监督体制约束的社会活动中，个人也做到了自觉诚实守信。

（2）信息载体：信用卡与社会安全号。

信用卡记载信用记录。在美国日常消费中，主导的消费方式是信用卡消费[①]。美国人在购买房屋、汽车等耐用消费品时，主要采用分期付款的信用消费。信用卡的获取、信用额度的大小与个人的累积信用记录相关。随着信用记录的累积，银行会返现（cashback），而且返还比例越高的信用卡，申请则越难，需要个人更为良好的信用记录。信用卡返现范围非常广泛，包括超市、加油站、便利店、水电购置、餐饮店、书店、电影院、美容院、出行、家居、旅游等方面。

社会安全号承载信用记录。在美国，诚信行为在与银行相关的领域通过信用卡进行记录，而在社会生活中则通过社会安全号码进行记录和监管。两种途径对个人诚信的记录并不是独立的，而是相互嵌套的。社会安全号是申请信用卡的信用凭证，同时也是人口服务管理的重要凭证。每个人的银行账号、税号、信用卡号、社会医疗保障号等都与社会安全号码挂钩。根据这一号码，有关部门能够查询到个人的基本信息、就业、缴税、信用、服役、犯罪、学习经历甚至就诊等记录[②]。

（3）管理机制：以利益引导为主的诚信体系建设。

美国的诚信约束建立在利益引导的基础之上，并非强制。由于美国健全的市场经济体制及精细化的社会分工，交易成为个人与社会联系的重要纽带，市场通过奖励诚信行为，惩罚失信行为，从而引导个人诚实守信。诚信记录良好的个人，可以获得更多的优惠，享受到更优质的服务和更多的发展机会；诚信记录差所带来的惩罚不仅体现在求职上，还体现在租房、申请信用卡、日常购物、子女享受免费教育等方面。这种奖励和处罚机制使得每个理性的个人都会选择诚信做人，从而保持良好的诚信记录。

市场通过对诚信的监管来促进个人诚信水平的提高，同时，个人诚信水平的提高又使得社会在很多方面放开对诚信的监管，给予个人更多的信任。"被

---

① 林鸿熙等：《美国诚信体系建设对我国的启示》，《科技和产业》2009 年第 12 期。

② 童民：《感受美国的信用》，《校园心理》2008 年第 3 期。

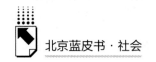

信任感"作为市场对个人的回报，强化了个人对诚信的追求。

3. 路径依赖

美国不限制人口的流动，但人口的流动并不盲目。总体来看，诚信体系对人口管理的影响路径主要表现在以下两个方面（见图1）。

第一，通过社会安全号等信息载体，确保人口诚信记录的全面性且不受地域限制。美国在人口迁移流动管理方面，基本遵循了市场规律，依靠社会安全号和"身份证"① （信用卡、驾照、护照）对流动人口进行管理和信息的追踪。在美国，通过社会安全号信息，可以在电脑系统中查询个人的纳税和医疗登记情况，进而实现对迁移流动人口有效的信息追踪和服务管理。诚信记录嵌套在社会安全号里，对个人的求职、教育、住房等诸多方面产生影响，个人社会安全号不会改变，这种信用可以在更广泛的地域内使用。当个人迁移到另一地点生活工作时，个人之前的诚信记录依然有效，同时也会在新的地方继续记录个人的信用情况，这样就形成了"人口信息登记－诚信记录－人口服务管理"的良性循环。

第二，较高的社会诚信度以及有效的外在机制约束，确保了人口登记信息的真实性。在美国，不论是本地居民还是流动人口，从最基本的住房开始，不管是买房还是租房，都必须使用具有良好诚信记录的社会安全号进行登记；从工作角度上，个人被企业雇用的前提是拥有良好的诚信记录，这是市场所认同的指标；从子女受教育角度看，父母必须在迁入地通过稳定的住址、电话缴费单等，建立起为当地政府所信任的长期居留意愿的诚信记录，这样才能为子女申请到享受免费义务教育的机会；从个人受教育角度看，个人申请大学的时候，诚信问题是学校关注的重点，举荐信非常重要，信中内容要求实事求是②，失信公民申请不到满意的大学；通过原来的诚信记录登记租房，并在迁入地获得当地的诚信记录，这是个人在迁入地享受社会服务的重要依据。个人只有在诚信评估结果鉴定为"可信"之后，才能在迁入地享受相应的社会服务和社会福利。

---

① 朱冬梅、陈樾园等：《发达国家认可管理办法及对我国的启示》，《西南民族大学学报》2009年第12期。

② 于茂昌：《美国社会道德调节机制简论》，《北方论丛》1996年第1期。

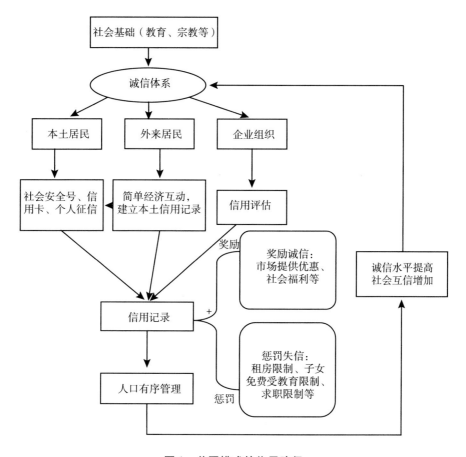

图1　美国模式的作用路径

（二）日本模式：以企业为主导

1. 模式概述

日本模式的突出特点是在企业为主导的诚信体系下推进人口有序管理工作。在信用管理上，采用会员制的管理模式，信用机构由会员单位共同出资组建，会员单位之间能够享受到信用机构提供的共享信息[1]；通过企业、征信机构和信用卡，记载个人诚信记录，并在诚信约束方面，形成严厉的失信追究制

---

① 曹元芳：《发达国家社会信用体系建设经验与我国近远期模式选择》，《现代财经》2006年第6期。

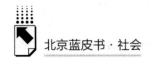
度，从而规范人口行为。

2. 核心要素

（1）社会基础：诚信教育。

日本受传统儒家文化的影响，诚信在其文化体系里占有重要地位。日本的诚信教育几乎贯穿人的一生，在家庭中父母经常教育孩子"不许撒谎"①，学校教育突出"诚实"二字，公司管理强调"诚信"的经营理念。通过家庭、学校、社会各方的监督教育，日本公民建立了普遍的诚信意识，这对实现人口有序管理产生了积极影响，有利于培育人口有序管理的社会意识。

（2）信息载体：企业、征信机构和信用卡。

在日本，企业、征信机构和信用卡在个人诚信记录方面起着主要作用。日本企业的用人制度一般是终身雇佣制，从而使得企业和员工形成了特殊的依存关系。企业记录着个人的基本情况和工作情况，这些信息在会员制的企业之间共享。征信机构的信用信息则是通过企业信息共享的方式获得。例如，日本消费者征信最大的组织是日本银行协会下属的银行个人信用信息管理中心②及与其进行信息交流的授信机构，如银行、保险公司、贷款业者、信用卡公司、分期销售商及有关保证公司、讨债公司。信用报告中信息的范围包括消费者的身份识别信息、个人经济情况信息、可间接推论个人经济状况的信息、与该信用授信合同有关的信息。

（3）管理机制：失信责任追究严厉。

日本在失信责任追究方面非常严厉，个人出现失信行为要承担严重的后果。在企业中，个人如果出现严重失信行为，会被企业解聘，而且行业内人员及企业的诚信记录是"会员制"模式，诚信记录在会员间共享，会员企业能够很方便地查询到个人的不良信用记录；在日常生活中，失信追责也十分严厉。比如，酒后驾车一经发现，处罚的不仅仅是酒后驾车者本人，连出售给驾驶人酒水的经营者也要接受处罚。这种处罚方式使得失信不仅是个人的行为，而且还涉及其他相关人员，个人行为会受到相关联系人的监督。可见，失信行

---

① 何德功：《感受日本诚信文化》，《经济参考报》2013年8月23日。
② 曹元芳：《发达国家社会信用体系建设经验与我国近远期模式选择》，《现代财经》2006年第6期。

为监管之严格。

3. 路径依赖

在日本，诚信体系影响人口有序管理的路径主要包括以下两个方面（见图2）。

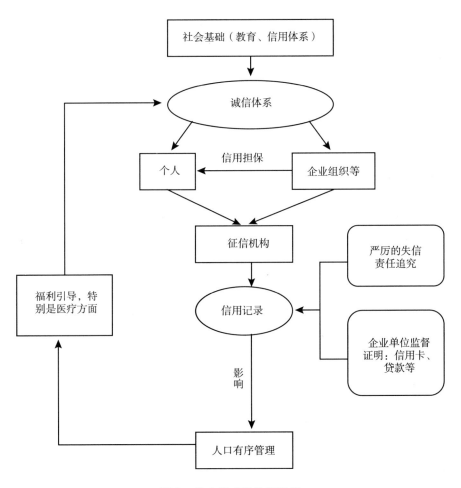

图2　日本模式的作用路径

第一，通过个人所在企业单位提供的组织担保，确保人口诚信的组织约束。例如，信用卡申请或者购房贷款与企业联系紧密，均需个人所在企业单位提供组织担保。个人申请信用卡或者购房贷款，审查很严。要真实填写自己的工作单位、收入、单位和个人电话、银行存款等。银行打电话向单位求证相关情况，如发现不实，就会拒发信用卡。一旦有被拒的纪录，由于日本所有银行信息联网，那么在几年内都不会有一家银行发放信用卡①。可见，个人在企业中的诚信情况影响其在与银行相关经济领域的活动。不仅如此，个人在企业中的情况可以被行业共享，个人如果在一个企业中出现失信行为，那么他至少在一个领域内被排斥，没有企业雇用他。社会对失信行为深恶痛绝，没有人同情"撒谎者"，一旦个人失信行为公开，那么他在社会上将无法正常生活。因此，征信企业的存在和发展使得日本形成了自企业到个人重视诚信的氛围和理念。

第二，政府福利的合理引导，确保人口诚信记录的真实性。良好的诚信基础和政府的福利引导，使得日本居民发生迁移时主动地进行登记并且信息是真实可靠的。

（三）德国模式：以中央银行为主导

1. 模式概述

德国模式是在中央银行为主导的诚信体系下推进人口有序管理工作。在信用管理上，采用公共管理模式②，信用评估机构是中央银行的附属机构或者在中央银行的管理之下，通过中央银行，记载个人的诚信记录，并在诚信约束方面，形成健全的个人诚信监督机制，引导个人规范自身行为。

2. 核心要素

（1）社会基础：诚信功能强大。

在德国，良好的个人信用档案是个人的第二身份证③，信用记录事关一个人的生存。因此，德国人平时严格要求自己，很注意约束自己的诚信行为，使得自己有一个良好的诚信记录。借债不还、考试作弊、触犯法律、乘车逃票、交通肇事等个人诚信问题，都无一遗漏地记录在案，在全国每一个计算机终端上都可以查到。政府机构和公司在招聘人才时，首先要审查应聘者的个人诚信记录，如果诚信记录不好，实行"一票否决"。

---

① 何德功：《感受日本诚信文化》，《经济参考报》2013 年 8 月 23 日。
② 曹元芳：《发达国家社会信用体系建设经验与我国近远期模式选择》，《现代财经》2006 年第 6 期。
③ 肖猛虎：《借鉴国外诚信建设经验推动我国诚信建设》，《广西金融研究》2005 年第 4 期。

在德国，想要申请一些大银行的信用卡并非易事，银行通常会对申请人当前以及未来的财务状况进行严格评估，因此，申请信用卡被拒的情况时有发生，而对于符合条件的申请者来说，最快一两周就能拿到银行寄来的信用卡。通常来说，人们刚拿到信用卡的时候，其透支额度不会达到最大限度，有些银行甚至在发放信用卡的时候给予持卡人的透支额度只有 100 欧元。随着持卡人消费还款次数的上升，透支额度也会逐渐上升达到最高限度，这也体现出了银行对客户良好信用记录的重视。

（2）信息载体：信用保障机构与中央银行。

德国的个人诚信可以直接被查询。德国在 1927 年，就建立了一套完整的信用保障体系。1927 年在柏林成立的德国信用保障机构（SCHUFA）是一家德国全民信用数据存储与公示的机构。和美国三足鼎立的信用保障体系不同，SCHUFA 是德国唯一一家信用评鉴与保护机构，截至 2010 年底，SCHUFA 的数据库里拥有 6620 万自然人以及 150 万法人的信用记录，也就是说德国全国 3/4 人口的信用都有据可查。

SCHUFA 信用保障体系有完善的法律保障，它采用 0 ~ 100 的评分制度，分数越高信誉度越高。其中，个人信用数据每季度更新一次，企业信用数据每天更新。在德国，SCHUFA 信用保障体系的信用数据对于个人和企事业单位都完全公开，人们可以随时在网上或者打电话查询。每天 SCHUFA 会接到大约 27 万次的信誉查询请求，91% 的询问都会得到所需的信息记录。[①] 在德国办银行卡、租房、买车、买房，全都要参考个人信用分数。

银行也是查询信用记录的重要机构，这种信用记录是通过个人信用卡使用建立的。德国法律规定，德国公民可以拿着自己的身份证和他人身份证的复印件，到银行去查看他人的信用记录，看他是否有逾期付费、欠债不还等不良记录。就连租房子、借钱等，对方也要查看信用记录，之后再决定租房或借钱给他人。

（3）管理机制：个人信用监督制度健全。

个人信用可以通过一系列有效的数据、事实和行为来标明。个人可以自由

---

① 柴静：《德国：诚信是社会"通行证"》，《光明日报》2013 年 4 月 17 日。

流动，但每个人拥有一份资信公司做出的信用报告，任何银行、公司或业务对象都可以付费查询这份报告。有过不良的民事记录，甚至刑事记录的，如诈骗、空头支票、欠款不还、破产等，在贷款、上保险和求职时，都比信用记录良好的人困难得多，要多付利息或负担更高的保险费率。比如说，开汽车由于个人原因出了事故，以后保险公司就要提高费率。[①]

人们的行为不仅在信贷消费方面受到监督，即使在日常生活中，这种监督也无处不在。德国所有的市内公共交通车辆内均没有固定的售票员，公勤人员只是不定期地进行抽查。如果逃票被查到，就会成为个人的信用污点。因此，市民非常重视自己的信用，在这样的社会中，制度约束着个人保持诚信。

3. 路径依赖

德国对人口流动是不加限制的，人们可以自由地从一个地方迁往另一个地方，但在德国民事登记制度将人口出生、死亡、迁移等信息登记看作重要的人口管理内容。民事登记制度是多部门联合更新数据的制度。当个人的某项信息发生变更，一个部门的信息更新可以被其他的部门所分享，而诚信信息是个人信息的重要组成部分。

德国模式中诚信通过两方面影响人口管理：第一，在诚信信息方面，诚信信息更新快捷且方便查询和使用，为人口有序管理提供了信息基础；第二，在人口流动方面，诚信记录通过对求职、贷款、租房以及择偶方面的影响间接作用于人口有序管理。德国建立的完善的诚信监督机制，促进了个人对诚信的重视以及诚信水平的提高，诚信成为社会普遍追求的价值，甚至在择偶的时候诚信也是一条极其重要的指标，双方会在银行或 SCHUFA 查询信用记录或个人信用分数。此外，诚信记录是迁入地接受迁入者的重要衡量指标。求职、租房、申请信用卡以及当地政府的社会福利服务都要评估个人的诚信记录（见图3）。

---

① 《德国个人信用体系的建立及应用情况》，http：//www. pbccrc. org. cn/zhengxinxuetang_ 304. html。

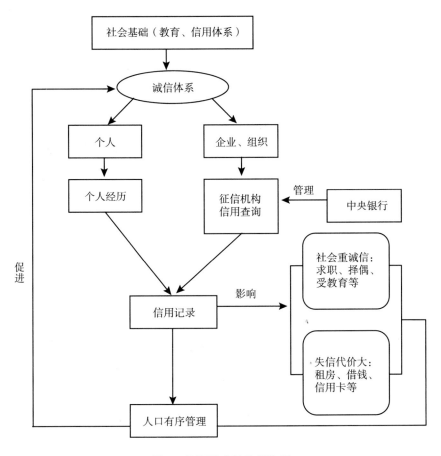

图 3　德国模式的作用路径

三　国外经验对中国的启示

通过对国外发达国家人口有序管理的诚信基础研究，我们可以从社会氛围、诚信理念、信用基础、制度引导等多个方面得到诸多启示。

（一）注重诚信教育，建立人口有序管理的社会意识

诚信教育应系统化、操作化。把抽象的诚信概念细化为系统的具体指标和具体的行为规范，学校、家庭、社会、大众传媒等都应积极参与到关于诚信的教育当中，从而提升公民诚信意识，为人口有序管理的运行提供一个可信可靠的社会环境。

（二）健全诚信记录体系，建立人口有序管理的信息基础

诚信记录在人口有序管理中意义重大，量化的、可被查询的诚信记录是对人口进行管理和服务的重要评估基础。中国目前诚信的记录体系尚不健全，个人诚信行为记录仍不全面，除了银行系统之外，其他领域的应用相对不太成熟，因此，诚信记录在人口管理中的作用尚未有成熟的植根基础。未来，中国诚信体系一方面要加大信用卡消费对人口管理的影响，另一方面要加强具有身份识别功能的相关凭证对个人生活领域诚信行为的记录，从而规范人口管理行为。

（三）健全诚信奖惩机制，建立人口有序管理的利益导向

西方发达国家利益引导为主、奖惩并存的诚信机制，为我国的人口有序管理提供了重要借鉴。未来中国的人口服务管理系统可以通过求职、自己及子女受教育、租房以及贷款等社会利益，引导理性人的诚信行为，从而确保人们在接受社会福利和社会服务的同时，主动接受人口管理。

参考文献

杜放、郑红梅：《美国流动人口管理及对我的启示》，《特区经济》2006 年第 8 期。

接栋正：《发达国家人口管理办法对我国的启示与思考》，《人口与经济》2008 年第 4 期。

廖永刚：《德国社会信用体系建设对我国的启示》，《青海金融》2009 年第 4 期。

李建平、石淑华：《试析"诚信"与"信用"的联系与区别》，《东南学术》2004 年第 1 期。

B.16

香港同乡会在移民社会融入中的
角色、特点及其借鉴

冯晓英*

摘　要:

本文以香港同乡会为研究对象,通过实地考察和对以香港福建同乡会为代表的十余家社团组织的负责人,以及不同职业、不同社会背景、在港工作生活的内地移民的专访,梳理出香港同乡会发展的历史脉络、特征以及在移民社会融入中的作用,从创新社会治理体系的角度,提出了北京可以学习借鉴的建议。

关键词:

香港同乡会　发展脉络　特征与作用　北京学习与借鉴

创新社会治理体制是党的十八届三中全会提出的明确任务,激发社会组织活力是其重要的实现途径。移民的社会融入是一个移民国家或者移民城市都会面临的问题,也是社会治理体系建设的重要组成部分。北京和香港都是具有移民性质的国际大都市,移民主要来自内地,而且来源省份广泛。众所周知,香港的社会组织在移民社会融入方面发挥着举足轻重的作用,那么,以族群①为代表的香港同乡会在族群社会融入中承担着什么样的角色,有什么经验可以供北京学习借鉴? 2013 年 7 月我们赴香港专访了以香港福建同乡会为代表的十

---

* 冯晓英,北京市社会科学院社会学所研究员,主要研究领域为社会治理、人口管理城乡统筹。
① 指按居住地对人群分类:如海外华人、湖南人、台湾人,北京人则多以出生地、居住地或祖籍地对人群归类,引自百度百科。

余家社团组织，与具有不同职业、不同社会背景的 30 多名在港工作生活的内地移民做了深入访谈，从中发现了一些很值得北京学习借鉴的地方。

一　香港同乡会概述

1. 同乡会的概念

同乡是一个移民文化的概念。同乡会又称"老乡会"（英文 Townsmen Association），是指同乡之间为联络、交流、互助而自由组建的非营利、不结盟的独立性民间团体。其作用是同乡聚会，沟通感情；同乡交友，搭建朋友之间的人脉关系平台；促进同乡间的商务交流与合作。

2. 香港同乡会的变迁

宗亲观念深植的中华民族，同乡亲情往往是异乡客的精神慰藉。香港 1841 年开埠时，本地居民只有 5650 人，而开埠 172 年后的 2013 年中，香港人口已达 718.4 万人，其中半数左右是外来移民，仅 1997 年 7 月至 2009 年底，就有超过 62 万内地居民移居香港。香港回归祖国之前，一般同乡会都称"旅港 XX（原籍地）同乡会"，如"旅港福建同乡会"、"旅港海南同乡会"，或者"XX（原籍地）旅港同乡会"，如"宁波旅港同乡会"、"江西旅港同乡会"。在香港同乡会近百年的发展历程中，它们为同乡济扶危，解孤悬异地之苦，助学兴商，服务当地，发挥了积极的作用。香港回归祖国之后，香港的同乡会虽然仍以地域区分，但并不仅以小圈子的形式存在，它们通过联谊、运动会、回乡捐助等形式，在帮助新移民融入香港社会的同时，也承担了与家乡共繁荣的社会责任。与一般以职业、社会身份为标志组成的社团组织不同，香港同乡会的创始人大多是中华人民共和国成立前逃难到香港的老一辈，他们在港奋斗生存扎根，现在的会员大都已经是在港的二代、三代。因此，对很多新移民而言，在同乡会可以接触到上一辈的老人家，他们在社会上经过勤劳奋斗大部分已有所建树，年轻人可以从他们的故事里感受时代轨迹[①]，获取人生经验。

[①]　谢宇野、张文慧：《加入同乡会是新移民融入香港最快的途径，它测试出你的社会属性和交际能力》，《南方都市报》2013 年 1 月 24 日第 SA36 版。

今天的香港同乡会有三个显著特征：一是积极吸引年轻同乡，组建"青年军"。如宁波同乡会中设有由宁波到香港来读书的人组成的青年军，该社团通过多种形式在社交礼仪和职业选择上给青年学生或刚踏入社会的年轻人以更多的指引。二是每个同乡会都是一个小社会，通过活动为新移民社会融入搭建一个广阔的平台。香港虽然总面积只有 1070 平方公里，是全球人口最密集的地区之一，但是极度的繁华与满眼青山绿水之间的距离并不遥远，由于行山、踩单车、游船河这类户外阳光型的活动比较健康，很受年轻人欢迎，已经成为同乡会给内地来港学生、社会新人搭建相互认识、沟通交流平台的一种很好的组织方式。还有一些从爱好特长出发设计的活动，例如组织参观展览，打网球、高尔夫球和摄影等活动，在拓展移民社会视野的同时，也提高了他们的社交技能和融入速度。三是通过与内地开展互动活动，回馈家乡。近年来，香港同乡会通过组织会员回乡考察，为家乡介绍香港的政治和社会现状，提供经济、招商资讯，以及直接投资兴办工商企业等形式回馈家乡已经成为一种社会风尚。

新型同乡会的成长，对香港移民的社会融入发挥着重要作用，新移民通过同乡会，了解本地的基本情况及安家找工的资讯，同时遇到问题也先是求助于同乡会，借助同乡力量及人脉关系网，解一时之急，这种乡亲乡情文化无疑是一种无形的财富，其作用也往往超越主流社会的服务资源，尤其是情感交流，更有不可替代的地位。

二 香港福建同乡会的组织特征和作用

福建人移居香港的历史源远流长，据说最早可以追溯至南宋。有资料显示[①]，香港开埠前，福建移民多以东南亚，特别是菲律宾为移民地，在祖籍和移民地往返过程中形成了三个习惯，一是孩童在 0～12 岁时在内地长大，12～16 岁时被带往菲律宾，在菲律宾读书成长后回国娶妻，直至生下孩子后再返回菲律宾。二是福建的菲律宾华侨在返回福建时多取道香港，先观察一下内地

---

① 李培德：《香港的福建商会和福建商人网络》，《中国社会经济史研究》2009 年第 1 期。

情况，再决定返乡行程。三是由于滞港的福建人只会在港短暂逗留，因此他们都不认为有马上融入当地社会的需要。因此，香港通常成为闽籍移民的"中转地"而非永久居留地。鸦片战争后，香港割让予英国，成为对外开放的自由贸易港，其在中外贸易中的重要角色开始显现，来港经商的福建人也逐渐增多。进入 20 世纪 30 年代，香港的福建人口估计有十万人。抗日战争爆发，金门、厦门、福州、长乐、连江、福清相继沦陷，大批福建人南下香港避难，香港的福建人口猛增。现今香港大约有 160 万原籍福建移民和福建华侨（东南亚、新加坡以及欧美等），约占香港总人口的 1/5 ~ 1/6[①]，是人口规模仅次于广东的第二大以祖籍地为标签的族群。

1. 香港福建社团发展简史

香港福建社团素来爱国爱港爱乡，以注重团结、守望相助、刻苦耐劳、勇于拼搏的精神著称。

香港最早的福建人社团榕庐会所成立于 1893 年，初为福建海员提供短暂住宿之用，于港岛称为三山别墅，于九龙称为闽庐会所，其后两者扩大合并为榕庐会所。进入 20 世纪，香港的福建社团逐渐增多，较知名的有：成立于 1917 年的旅港福建商会和成立于 1925 年的旅港福建体育会。20 世纪 30 年代，随着国内局势动荡，大批福建同乡涌港避难，别具规模的同乡会组织出现，例如 1937 年成立的福州十邑旅港同乡会（前身为三山馨社）和 1939 年成立的旅港福建同乡会[②]。由旅港福建商会于 1951 年创办的福建中学、1993 年由厦门旅港人士组成的香港厦门联谊会总会在香港也有很高的知名度。

1997 年香港回归前夕，为了更好地团结和凝聚香港闽籍社团和乡亲，以良好的整体形象积极参与香港的社会事务，共同推进香港顺利回归和保持香港繁荣发展，由旅港福建商会、香港福建同乡会、旅港福建体育会、福州十邑旅港同乡会和香港厦门联谊会总会五大社团倡议，以"联络乡谊、团结各界人士，积极参与香港事务"为宗旨，于 1997 年 5 月 8 日成立了具有广泛代表性、涵盖所有闽籍社团的"香港福建社团联会"。目前，香港 210 余家闽籍社团全

---

① "香港人口"，http：//zh. wikipedia. org。
② 柯伯诚：《香港闽籍社团发展简史》，福建旅港商会《旅港福建商会八十周年纪念特刊》，1997，第 243 ~ 245 页。

部加入社团联会成为团体会员。香港福建社团联会成立十几年来，积聚了一大批香港各界闽籍有识之士，已经发展成为香港最具活力和影响力的爱国爱港社团组织之一。2013 年 11 月 9 日，香港福建社团联会第九届会董就职，新任主席吴良好表示，将团结百万闽籍乡亲，积极参与香港社会事务，为保持香港的繁荣稳定、实现"中国梦"，积聚更多更强的正能量。

2. 香港福建同乡会的基本情况

本文所指的香港福建同乡会，不是仅指名为"香港福建同乡会"的一家闽籍社团组织。从广义的概念上讲，凡是在香港以闽籍取名的社团组织都可以涵盖其中，无论是以"商会""联谊会""体育会""宗亲会""研究会""校友会""促进会""交流协会"等形式出现，还是直接以"同乡会"称谓，因为其成员都是闽籍乡亲，都具有同乡聚会，沟通感情；同乡交友，搭建朋友之间的人脉关系平台；促进同乡间的商务交流与合作的同乡会功能，因此，都属于同乡会范畴。如果从狭义的概念上讲，香港福建社团中带有"同乡会"称谓的社团也因其原籍地域不同，其数量在香港福建社团中占有较大比重。除了成立于 1939 年的香港福建同乡会之外，还有诸如香港漳州同乡会、香港泉州市同乡总会、香港晋江同乡会、香港晋江青华同乡会、香港泉州罗溪同乡会，等等。虽然从行政地域划分的层级上说，既有直接取名香港福建同乡会的，也有挂以地级市、县级市、乡镇名称的同乡会，甚至还有村级同乡会，但是不同层级的同乡会之间彼此合作，并没有隶属关系，而且不少同乡会的负责人同时也是其他闽籍社团组织的负责人，个人会员同时加入多个闽籍社团的情况也不在少数。

在香港福建同乡会组织中历史最悠久、影响力最大的当属"香港福建同乡会"，现有会员 3 万多人。该会因为支援抗战救国而成立，在号召爱国救亡、筹款募捐等方面功绩显赫、贡献良多。香港福建同乡会成立 74 年来，一贯坚持和发扬爱国爱港爱乡的光荣传统，秉承"联络乡谊，共谋福利，为旅港乡亲服务"的办会宗旨，针对每个时期乡亲的需要，提供迫切实际的帮助和服务，深得乡亲的认同和赞许①。20 世纪五六十年代开设"小卖部"，为乡

---

① 香港福建同乡会编委会：《光辉岁月：香港福建同乡会成立七十周年纪念（1939～2009）》，2009。

亲提供便宜的生活必需品；组织乡亲之眷属、子弟学习文化，扫盲识字；开办"医疗诊所"提供医疗服务；开展文娱活动，组织会员回乡观光，为香港及海外乡亲回国工作、学习、探亲出具通行证明等事务；70年代起，开办车船、机票代办服务，更加注重儿童、妇女、长者的生活，举办各种各样规模形式不同的活动，近十几年来，每年都组织为数百人的会员郊外旅游。关心社会，坐言起行是香港福建同乡会的一贯作风，联系政府、联络群众，起到上传下达、疏通民意的桥梁作用。为积极动员乡亲参与社会事务及维护权益，1993年成立了隶属该会的"关注同乡权益委员会"，全方位开展了面对社会政治民生问题的工作，为会员争取了更多的福利和权益，深受同乡和街坊的赞同和支持。特别是九七香港回归祖国前后，同乡会积极参加基本法草委、香港特别行政区预委、筹委及港事顾问等各项工作。在临时区议会、立法会的选举过程中，动员乡贤才俊报名参选，组织助选团开展助选活动，在保持香港稳定繁荣、平衡过渡方面做了大量富有成效的工作，发挥了积极作用。与此同时，香港福建同乡会在沟通两地、共谋发展、赈灾扶贫方面更是全力以赴。一方面是穿针引线、鼓励乡亲回乡投资，为家乡经济建设出谋划策，在交流频次、广度、规模和内容上都有很大突破；另一方面，是与祖国情牵一线，在国家有难、同胞有难之时，及时集腋成裘，伸出关怀和支援之手，累计赈灾扶贫实例数不胜数。例如，为赈济汶川大地震捐输港币120万元、捐建福建安溪玉湖香港福建同乡会希望小学，等等。香港福建同乡会作为香港历史最悠久的爱国同乡社团之一，已经成为福建同乡会的一面旗帜。

3. 香港福建同乡会的特点

闽籍同胞作为香港第二大族群，之所以能够团结协作、守望相助，在香港经济社会生活中占有重要的地位，与福建同乡会的作用密切相关。回望香港福建同乡会近百年的发展史，我们可以总结出几个重要特征。

（1）爱国爱港爱乡。

香港调研期间，在与我们专访的每一个对象进行深度交流时，每每都为他们赤诚的爱国爱港爱乡之心所打动。这种情愫是与早期闽籍同胞背井离乡的社会背景有关的。

福建素有"八山一水一分田"之称，福建80%的人口分布在零星的沿海平原和河谷盆地，耕地不足、生产生活恶劣，以及人口的过剩导致明朝中后期福建部分居民移居海外寻求生存与发展，东南亚成为福建移民的首选之地。几百年过去了，他们的后代虽然远离家乡，却在中国文化传统下长大，中国的文化和传统对他们的影响也越来越深。由于背井离乡，同乡会在海外华人中具有举足轻重的作用。菲律宾华人只占全国人口的1.5%，由于人数不算多，大家都喜欢参加宗亲会、同乡会这些社团组织，增加凝聚力。香港开埠后，越来越多的闽籍乡亲从南洋或者国内移居香港，这种传统也传承下来。香港福建同乡会创始人之一的胡文虎，原籍福建龙岩市永定县下洋镇中川村，是抗战前后在国内家喻户晓、东南亚声名显赫的华侨巨子、爱国华侨领袖。胡文虎1882年生于缅甸仰光，1892年被送回福建老家，接受中国传统的文化教育，四年后，胡文虎重返仰光，随父亲学中医，并协助料理药铺店务。1923年，由于业务发展，胡文虎将永安堂总行迁到新加坡，1932年又把总行从新加坡迁到香港。胡文虎发迹后积极倡导"以天下之财，供天下之用"，捐资行善，悬壶济贫、广赈博施，特别是在抗日战争时期，他热心抗日救亡，筹建家园，备受国人、政府器重。卢沟桥事变后，胡文虎除捐助大批药品、物资外，又出钱组织华侨救护队，直接回国参加抢救伤兵工作，先后义捐（包括认购"抗日救国公债"）总数超过300万元，而旅港福建同乡会也正是在支援抗战救国的背景下，由胡文虎、郑玉书、庄成宗、林霭民等海外诸位先贤倡议，于1939年2月25日在香港成立的。香港福建社团联会的创会主席黄光汉先生是一位生在菲律宾，长在香港和广州的菲律宾华侨。其父黄长水是著名的爱国侨领，在中华人民共和国成立时已在中央和广东担任要职。黄光汉先生秉承父业，继承闽籍华侨爱国爱乡的传统，不仅在筹建香港福建社团联会初期承担起凝聚香港闽籍社团和乡亲，以良好的整体形象积极参与香港的社会事务，共同推进香港顺利回归和保持香港繁荣发展的重任，而且20世纪80年代起接任香港福建中学校监直至2007年病逝，是香港社会中广受尊敬的爱国侨领和知名企业家，特别在侨界和闽籍乡亲中享有盛誉。还有一些20世纪70~80年代从福建移居香港的福建同乡会领袖，包括我们专访的香港福建同乡会秘书长、香港国民教育促进会主席姜玉堆先生，香港福建同乡会永远会长、香港北角居民协会会长黄毅辉先生，香港福建社团联会常务董事、香港连江联谊会荣誉会长赵华明先生，以及旅港福建商会副理事长、黄光汉先生的爱妻、现任福建中学校监的黄周娟娟女士，都因他们的成长与祖国密切相连，言谈话语中无时无刻不在表达着对祖国、香港和家乡的亲情。香港福建同乡会正是在这些爱国爱港爱乡的领袖们身体力行的引领下，才会通过包括联络乡谊、扶贫济困、积极参与香港事务、回馈故里、赈灾扶贫等多种方式，凝聚人心，体现出香港闽籍同胞团结协作、守望相助的爱国爱港爱乡情怀。

（2）从"寓居"到"扎根"，同乡会传承发展。

香港回归祖国后，闽籍乡亲从旅居香港的匆匆过客成为特区的主人，福建同乡会见证了它的变迁。1980年使用了41年的旅港福建同乡会将"旅港"二字去掉改称香港福建同乡会，就表现出同乡会要实行本地化的决心。一代代闽籍移民随着香港社会的变迁，大多数已经融入了本地社会。在香港享有盛誉的福建中学过去只用普通话和福建话授课，2011年开始在中一取消中文部，改设"双语班"，以中英（普通话和英语）双语授课，2013年开始在中一取消双语授课，全面以英语授课。

伴随着闽籍移民"扎根"香港，福建同乡会也代代相传，香港福建同乡会已经跨入第二十二届门槛，香港福建社团联会也已经举办了第九届会董就职典礼。一些同乡会元老的子女也秉承父业，积极投身于福建社团的工作。例如黄光汉、黄周娟娟之子一个在香港侨界社团联会任秘书长，一个在福建社团联会和中华总商会任职。姜玉堆之子则在香港福建同乡会做秘书。这些年轻人都具有良好的教育背景，他们的加入，为同乡会与时俱进地发展提供了很大的空间。

（3）企业家履行社会责任。

与国内社会组织的负责人大都是专职社会工作者不同，香港的同乡会，包括各类社团的主席、秘书长、理事、监事、司库等重要职务大多由在社会上有影响力的企业家兼任。他们凭借在职场的成功所积累的财富和人脉回馈社会、回馈乡亲，实现着人生价值。以有近百年历史的旅港福建商会为例，作为一个香港历史悠久、享有良好声誉的商会，除了促进闽籍同胞工商实业以及各项专业发展之外，还致力于兴办学校，提高、推进和赞助文化教育体育艺术以及其他公益事业以造福社会。典型的事例是本着"关怀同胞、作育英才"的办学宗旨，旅港福建商会于 1951 年在西环创办福建中学。62 年来，福建中学由初期以解决闽籍子弟因语言障碍及本地学位不足，大多无法入读本地学校的困境，校舍设备简陋、地方狭小，到今天已经发展成为拥有多元办学途径、设备先进、有口皆碑，面向全港招生（福建学生只占 10%）的四所学校，无论是学业成绩（学校连续多年会考及高考的各科合格率在 92% 以上，远高于全港），还是学校声誉，均得到社会人士的认同和肯定。

（4）政府信任与搭建平台。

香港回归祖国之后，中央政府、福建省委、香港特别行政区政府都对香港福建同乡会给予了很大支持。一方面是高度信任香港同乡会。全国人大代表和政协委员中都有香港闽籍社团负责人的身影，福建省政协港澳委员和特邀委员中也有多名香港闽籍社团的负责人。香港特别行政区政府对福建同乡会的支持，除了出席闽籍重要社团活动之外，还表现在对社团负责人的表彰上。例如，2003 年 7 月，香港特别行政区政府行政长官董建华颁授香港中银国际控股有限公司副董事长、香港福建社团联会第五届执行主席林广兆予银紫荆星章，以表彰他团结扶持香港工商界，促进港澳台与内地的经贸合作，以及为香港社会福利事业所做出的贡献。另一方面是搭建香港闽籍社团与内地的合作平台。作为闽籍同胞的"娘家"，福建省委通过海外联谊会，加强与闽籍华侨华人重点人士的联系，建立了闽籍海外社团、留学人员、新移民、新生代代表人士资料库，通过举办"港澳重点闽籍社团负责人研修班"和"港澳闽籍中青年代表人士研修班"，有意识地培养一批有才干、有活力、有奉献精神的香港闽籍中青年社团领袖，确保华人资源的可持续发展。同时，发挥沿海重点乡（镇）、村乡亲在香港人数较多的优势，推动沿海重点乡（镇）、村成立新的基层同乡会，使香港闽籍社团从 2007 年的 130 个增加到目前的 210 余个。海外联谊会还以"请进来，走出去"的方式，会同省有关涉外部门、团体邀请接待了来自香港的多个参访团，积极为闽籍同胞投资兴业服务。同时协助省有关部门赴香港开展福建省文化产业招商推介活动，参与举办 2013 年福建（香港）文化精品展览交易会，推进福建科学发展跨越发展重点项目推介会，为推动闽港之间的经济文化交流合作营造有利的外部环境。

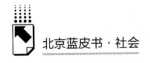

三 启示与借鉴

中华人民共和国成立之前，在京外省人士为联络乡谊而创建的京城会馆、同乡会的功能主要是沟通家乡与京师之间的联系，接待来京出差的地方官员及进京赶考的家乡学子，维护家乡人民在京的合法权益等。中华人民共和国成立后国内的同乡会和同乡会馆先后自生自灭，北京也不例外。近年国内的同乡会组织开始复苏，在京以同乡会为名的外省籍民间组织尚处于萌芽阶段，无论是规模，还是影响力都与北京近千万的流动人口需求存在巨大差距。

客观地说，北京同乡会发展的政治环境和社会环境都不同于香港，短期内也难以形成香港同乡会服务乡亲，凝集人心，共谋发展的局面。但是透过香港同乡会的经验，我们还是可以找出一些突破口，为在京工作和生活的流动人口提供一个社会融入的接口。

1. 转变观念，支持同乡会组织发展

北京有近1000万来自全国各地的流动人口，按照数量大小排位前八的省份是：河北省、河南省、山东省、安徽省、黑龙江省、四川省、湖北省和山西省，占全市流动人口总量的71.1%，其中多数流动人口需要社会支持与帮助。以往学者在分析流动人口籍贯时，多是从地缘、血缘的角度关注他们进京的渠道，政府则从社会稳定的角度不希望形成地缘社会，而忽视了同乡会在联络乡谊、服务乡亲、缓解社会矛盾与冲突等方面的正功能。如前所述，乡亲乡情文化是一种无形的财富，其作用往往能够超越主流社会的服务资源，尤其是情感交流，更有不可替代的地位。如果能够因势利导，支持和鼓励有才干、有活力、有奉献精神的领袖式人物通过组建同乡会，为父老乡亲服务，其效果会远远好于传统的人口管理模式，特别是在以地缘聚居的流动人口集中住地，相比简单的居住地管理模式，发挥同乡会的作用也可以收到事半功倍的效果。

2. 创新社会治理体系，构筑政府与同乡会之间的合作平台

转变传统的社会管理思路，变控制为引导。借鉴香港福建同乡会的经验，以信任为基础，政府应主动搭建与同乡会之间的合作平台。一方面要通过青年会、流动人口自组织、新居民之家联盟等途径，有意识地挖掘和培养一批有社

会责任感的同乡会领袖，为同乡会的发展打好基础；另一方面应加强与流出地政府的密切配合，以服务乡亲和回馈家乡为纽带，将流动人口的工作、生活和家乡建设结合起来，使有能力留在京城的流动人口在发展自己的同时，回馈家乡；为准备在京积聚经验后返乡的同胞提供日后的发展机会。

3. 积极发挥企业家在流动人口社会融入中的作用

国际经验和香港经验都证明了企业家在社会事务中具有举足轻重的作用。北京人才济济，也是省籍精英的荟萃之地。可以通过各种联谊活动，将流动人口的需求通报他们，甚至可以做一些服务对接。应通过名誉授予、税前扣除等方式鼓励企业家投身社会事业，先从服务乡亲做起。

B.17

北京市城乡一体化进程中乡镇
统筹发展方式研究

北京市农研中心乡镇统筹研究课题组*

摘　要：

北京已经确立率先形成城乡一体化新格局的发展战略。在当前建设世界城市的背景下，促进农村城镇化是一项重要任务。近年来，一些乡镇发挥基层首创精神，采用乡镇统筹的方式推进城乡一体化进程。乡镇统筹是城乡统筹的重要内容。作为集体土地利用的一种新方式，乡镇统筹主要是在充分保障尊重农民集体资产所有权和收益权的前提下，采取市场手段，通过土地股份联社等统筹平台，建立乡镇域内的集体土地利益平衡机制，消除规划影响，逐步缩小各村利益差距，实现乡镇域集体土地的集约利用，促进农村城镇化、农民市民化和城乡一体化。

关键词：

城乡一体化　乡镇　统筹　集体土地

一　乡镇统筹是促进城乡一体化的有效手段

乡镇统筹通过以乡镇级为主体，建立有效机制，实现各村利益平衡，促进

---

* 课题组负责人：郭光磊，北京市农村经济研究中心书记、主任；季虹，现任北京市农村经济研究中心城乡发展处处长。执笔人：贺潇，中国农业大学农业经济管理专业博士生，现就职于农业部经济管理总站合作社处；王丽红，农业经济管理专业博士，现就职于北京市农村经济研究中心城乡发展处。

城乡规划落实，有助于发展产业，提高集体经济水平，更能有效提升城市化质量，促进城乡一体化新格局的形成。

（一）城乡规划难以落实阻碍了城乡一体化进程

目前，城乡规划通常以乡镇为单位进行编制，根据产业用地集中连片原则，其分布难免造成村庄之间的土地性质出现差异，如有些村庄全部为绿化用地，有些村庄则全为产业用地。比如，大兴区西红门镇新的镇域规划保留了部分村庄的集体建设用地，而要将其他村庄拆除工业大院腾退的土地部分全部进行绿化。近年来城市化速度加快，产业用地的价格迅速上升，导致拥有较多产业用地的村庄与其他村庄间利益差异迅速拉大，造成严重不均衡。各村为积极争取规划建设用地指标，村村点火、户户冒烟，用地过度粗放、分散，乡镇规划难以落实，城市化发展无序，尤其是城乡接合部，更容易呈现出混乱落后、杂乱无章的面貌，城乡一体化进程受到严重阻碍。

（二）乡镇统筹能够促进规划落实推动城乡一体化

乡镇统筹是平衡各村利益、落实规划的保障。西红门镇由镇级统筹、集体联营的集体土地集约利用新模式，就是卓有成效的探索。通过提高农村集体经济的组织化程度，以土地使用权入股为切入点，构建全镇统筹的集体经济收益分配新机制。土地使用权入股作价只考虑区位与现有租金水平，不考虑规划土地性质的方式，消除了规划方案的影响，均衡了村庄利益关系，保障了规划的顺利实施，促进了城乡一体化发展。

（三）乡镇统筹与以往乡镇集体经济有本质不同

乡镇统筹是在承认和尊重各村农民集体的土地所有权和收益权的基础上开展的，实质是平衡乡镇范围内各村庄利益关系，促进乡镇规划的实施。村集体经济组织与土地经营公司并不存在行政隶属，而是在市场经济体制下平等的市场主体关系。这是基于现有规划体系和发展需求之间冲突的一种创新，是手段而不是目的。这是建立在集体土地村级所有的基础上的，与人民公社时期不尊

重农民财产权，用行政手段"一平二调"将村集体土地所有权收归乡镇，而建立起来的乡镇集体经济有根本区别。对乡镇进行统筹要在充分尊重法律的基础上开展。

（四）乡镇统筹有进一步推广的空间

北京市城镇化的潜力在农村，尤其是小城镇和新型农村社区。建设小城镇，需要统筹平衡、集约高效地利用建设用地。新型农村社区建设也有几个村庄合并的情况，需要乡镇政府协调关系。现有的42个重点镇、12个新型农村社区试点、未建成的绿化隔离地区以及亟须改造的城乡接合部，都可以采用乡镇统筹的方式推进建设。统筹不仅作用于集体建设用地方面，对农业用地也同样适用，并将有助于农业产业化的推进。

二 当前乡镇统筹几种主要模式

乡镇政府既是实施本区域规划的主体，也是落实上级规划的主体。近年来，部分乡镇充分发挥其最接近农民的基层政府的优势，采取措施统筹规划集体土地及其他农村集体利益，取得了较好效果。

（一）土地统筹

土地统筹主要是以集体土地的所有权和经营收益权为基础，建立土地股份合作公司或土地股份合作联社，以此为平台在本乡镇域内多个村或整个乡镇开展集约利用集体建设用地。

1. 以土地股份合作公司统筹

该模式的核心是建立土地股份合作公司，各村以村集体土地使用权益入股，出资比例多方协商确定，并以分红的形式获取土地发展收益。大兴区西红门镇是其中的典型代表。西红门镇于2012年建立了集体土地经营管理股份公司。各村以村集体土地使用权入股，出资比例依据各村社土地入股面积，即工业大院占地面积确定，参与公司的经营与管理。股份公司负责拆除和项目建设，并对入股的集体土地、资金统筹运营、统一规划，做好经营管理计划，保证集体资产增值，农民收益不变。公司同时设置土地股和资金股，以土地股为主。核算股份时，先综合现有租金和区域位置、确权面积等因素折算地价。以现有土地每亩年均租金水平为标准，按亩进行折价定股，然后以每 5 万元为 1 股。股份确定后，可以转让，但不得撤资退股，原则上 20 年不增不减。其他任何社会资本不得入股股份公司。这种以乡镇政府为主导组建和管理的镇级股份公司，具有操作简便、便于协调各村关系的优势。但股份公司与村集体经济组织之间是资产关系，乡镇政府与村实质上存在一定程度的行政隶属关系。从历史来看，这种关系对土地权益的实现有所影响。如果操作不当可能会导致资产统筹、土地统筹转向权力统筹。

2. 以土地股份合作联社统筹

该模式是建立在集体土地权益的基础上，土地股份合作联社的主体仍是农民和集体经济组织。朝阳区崔各庄乡是以土地股份合作联社统筹的典型。由于崔各庄乡各村规划用地和产业用地面积存在差异，各村集体经济发展不平衡，崔各庄乡以联社的方式，统一规划利用村集体土地，并对土地补偿款进行统筹使用。崔各庄乡资源资产股份合作联社成立于 2009 年，联社注册总资本 100 万元，设定原始股总股本 100 万股，每股面值 1 元。辖区内所有的村经济合作社作为团体社员，以集体土地使用权入股，按照各村土地面积占全乡土地面积份额确定持股比例，据此确定各村出资额及分红和其他形式利益的分配。组成联社不改变农村集体土地所有权，如要开发某地块，联社通过与地块所在村集体经济组织签订土地承包合同取得使用权，并按不低于该地块原来的租金标准和递增幅度向该集体经济组织支付租金。联社统筹运营分别属于各团体社员所有的集体土地，统一协调全乡集体土地被征用占用的补偿事宜，统筹管理土地补偿费，并协调乡集体下属的各相关经营单位争取各类经营项目。在收益分配过程中，采取统筹分配和定向分配相结合的方式。联社开发利用某一地块所得收益，首先向土地所有权单位定向支付用地成本，同时，土地增值收益按照各团体社员持股比例分配到各股份经济合作社，股份合作社再按照社员持股比例最终分配给社员。采取土地股份合作联社的形式的优点是尊重了农民的主体地位，保障了农民对集体土地的收益权。

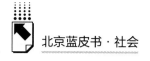

（二）项目统筹

项目统筹本质上也是对各村集体土地的统筹，特点是以项目为依托，采取股权合作等多种手段，实现项目范围内各村利益的平衡，促进规划项目的落地。这种方式，主要适用于大型项目建设时涉及的几个村庄之间的联合与协调，是一种较小范围内的统筹平衡。丰台区卢沟桥乡 C9 项目采取了项目统筹的方式。丰台区卢沟桥乡以丽泽金融商务区核心区高端配套项目为载体，将涉及项目的几个村打造成利益共同体，加快了项目落地。具体做法是，首先将处于东部丽泽核心地带的原 C9 地块 14.39 公顷绿地指标，与西部郭庄子、大瓦窑两个村部分产业用地、市政道路用地约 16.1 公顷进行置换，并使这两个村以实物、货币补偿等方式受益。其次是在政府的推动下，由集体经济实力雄厚又有地产开发经验的三路居村、东管头村按照 6:4 出资比例，出资成立了北京金石联合置地房地产开发有限公司，获取 C9 公建项目二级开发权。最后项目建成后，由项目用地所属村（西局、六里桥、周庄子三个行政村及北京卢沟桥中都投资有限公司）与三路居、东管头共 6 家乡属单位组成的股份制公司共享，并实施统一物业管理和整体持有运营，确保集体经济组织的利益。这种以项目统筹的方式，不但尊重了农民的主体作用，而且充分利用了市场调节利益分配的机制。但前提是要有大项目带动，只有当大型项目建设涉及几个村庄之间的联合与协调时，才有实施的基础，并且一般只涉及镇域内几个村庄的统筹，因此，范围相对小一些。

（三）全面统筹

有些地区乡镇除了针对土地开展乡镇统筹之外，对集体资产也采取了乡镇统筹方式。朝阳区南磨房乡通过较大力度的管理体制改革，变集体经济三级所有为乡一级所有，建立了一整套管理体制，开展了乡级专业化经营。1992 年南磨房打破了三级管理体制，实施乡级统一核算。将集体经济原有的"三级所有"架构转换为"一级所有"，实行专业化经营，从而打破了村与村的界限。在机构设置上，乡作为一级地方政府保留，土地仍归集体所有，下辖 4 个村委会，以前分散在各个大队、生产队的企业，按照行业类别进行整合，形成工业、建筑、运输、商业四大公司，实行乡级独立核算。这种方式统筹力度较大，但适用地区较局限，主要适用于采用乡级核算的乡镇。

三 乡镇统筹实践取得的成效

乡镇统筹实践尊重了农民的主体地位，充分发挥了市场在资源配置中的主导作用，促进了农村地区经济发展与社会建设，在推进城乡一体化进程方面取得了一些成效。

（一）促进了规划落实

乡镇统筹有效落实了既定规划目标。比如西红门镇原有的规划绿地由于工业大院占地，违法非法建设较多，未能实现绿化建设。在镇级统筹集体土地后，12000余亩的绿化任务将由镇政府采取多种保障措施确保完成，并同时跟进绿化设施和一级开发、建设郊野公园等，预计将很好地实现规划目标。乡镇统筹还在现有规划的基础上，优化设计落实项目。卢沟桥乡规划是以村为单位设计的，各村域都有一定面积的教育用地。通过乡镇协调，优化规划，进行有效调整，将部分村庄的教育用地在村域内部置换到村庄交叉边角地，将相邻三个村庄的小块面积拼成大块面积，建设高质量的教育基础设施。

（二）加快了产业升级

乡镇统筹优化了镇域内的产业布局，实现了产业结构升级，通过产业用地的乡镇统筹，促进了小、散、低的产业向高端产业转型，拓展了首都经济的发展空间。来广营乡充分发挥产业集聚效应，打造了汽车板块和建材市场板块，红星美凯龙和奥迪培训学校等项目陆续开展。2011年，来广营乡实现经济总收入92.9亿元，一、二、三产业比例为0.2∶32.3∶67.5。在第三产业中，以汽车销售、建材连锁超市、购物超市为主要内容的批发零售业占绝对的主导，批发零售业2011年实现经济总收入、利润和税金分别占全乡指标的65%、40%和49%。

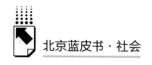

（三）进一步推动了集体经济发展和农民增收

乡镇统筹促进了集体经济发展和农民收入增长。来广营乡仅红星美凯龙项目就为乡村两级集体经济带来每年 4000 万的租金，并以每两年 5% 的比例持续递增。南磨房乡取消了村级集体经济组织，由乡级经济组织安置农民。2011年，该乡农民年均收入 3.65 万元，农民上楼人均住房面积 50 余平方米，生活水平位居朝阳区前列。海淀区东升乡乡级统筹自办科技园区以来，集体经济快速发展，2010 年度劳均分配达 4 万余元，而且以每年 10% 左右的速度递增。

四　乡镇统筹面临的困难和问题

乡镇统筹是个系统工程，涉及各方面情况较为复杂，遇到困难在所难免。并且，作为在实践中不断创新的具有开拓意义的探索，不完善之处仍然较多。

（一）改变现有利益格局难度较大

乡镇统筹面临最大的挑战就是要对已形成的利益格局进行调整。在长期的发展过程中，建设用地的比例和份额不均等的分配格局已经形成。要实施统筹，均衡各村利益，就需要以前占比较大的村庄做出一定牺牲，打乱已有利益格局重新分配，难度很大。并且，在不同历史时期形成了很多违规建筑，尤其是在城乡接合部。这类建筑聚居了大量外来人口和低端产业，已经构成了统筹利用的主要障碍之一，拆除难度较大。

（二）规划与区域发展存在一定冲突

现行规划与区域发展的不匹配，导致乡镇统筹难以完全发挥作用。有些规划侧重于某一方面，未能通盘考虑该区域的发展，造成地区发展不均衡等。部分乡镇还没有规划，朝阳区黑庄户乡就没有长期的、完整的、全面的乡域发展规划，发展定位不清，方向不明，也没有同周边环境的总体发展相结合，这使黑庄户乡的区位优势和土地环境、人文资源无法得到全面的挖掘和有效的利用。

（三）面临较强的政策约束

当前乡镇统筹的政策环境尚不完善。乡镇统筹集约利用集体资源资产面临着较多的政策和法律约束。首先现行土地政策对于集体建设土地利用的限制较多较严。西红门镇镇级统筹方式中采取的"房地分离"就遇到政策完全空白的情况。一些重要的体制创新，比如土地利用、集体资产管理体制等，都处于各地试点阶段，未有国家层面统一的政策出台。这就对乡镇干部提出了更高的理论要求。在这样的环境下，既要推进制度创新、实现乡镇统筹，又要明确认清统筹的发展方向，不违背政策和历史趋势。

（四）统筹机制仍需完善

乡镇统筹现有的几种模式都需要进一步完善。土地统筹的两种形式涉及更便于在市场经济中运营和更能尊重及体现农民对集体资产和土地的所有权和经营收益权。项目统筹涉及乡镇内部几个村庄，范围较小。全面统筹力度虽大，但适用乡镇较少，难以大范围推广。

股份设置也需要进一步研究。现有模式基本都设置股份，多以土地为基础，部分乡镇还设立了资金股。一方面要肯定资金股作为融资方式有利于维持平台运转，另一方面也需要警惕在土地虚拟作价与资金同时入股的情况下，造成资金购买土地的实质。以发展眼光来看，土地将不断升值，基于土地的股份将被不断稀释，有可能对农民土地权益造成损害。同时，设置土地股时，要制定出符合各方面利益需求的方案，也有一定难度。

五　促进完善乡镇统筹的政策建议

目前，乡镇统筹实践已取得一些成效，为进一步加大其在城乡一体化进程中的作用，要继续完善相关做法。据此，我们提出几点建议。

（一）推进土地政策体系创新

1. 总结各地集体建设用地改革创新经验

关于农村集体建设用地的问题，国家已经指出了改革的方向，包括北京在内的很多地方也已经开展了改革。实践证明，在借鉴各地经验的基础上，结合自身实际大胆探索，是可以走出一条既符合国家政策、又能因地制宜解决问题的路子的。破解城乡结合部发展难题，改革创新是根本，核心是城乡建设用地的统筹、土地使用政策的相对一体化。土地制度改革挑战很大，探索研究体制机制创新，完善农村集体建设用地利用制度，突破发展瓶颈，是推进城乡接合部发展的必然选择。

2. 围绕土地承包经营权的资本化展开乡镇统筹

建立允许农民集体建设用地进入市场的法律法规，鼓励集体建设用地以多种形式进入市场。要赋予集体建设用地完整的财产权利，可抵押、可转让。在规划控制和用途管制的前提下，要探索农民集体土地直接进入建设用地市场的政策，使农民能以土地的方式共享城市化、工业化的成果。

3. 应切实有效地发挥作用

第一，要依据现有政策完成对集体建设用地的确权发证工作。并结合发证工作，进一步界定集体建设用地的地上物产权。第二，妥善处理好集体建设用地使用权与地上物产权的关系，确保农民土地权益有保障。第三，推进集体建设用地使用权流转，可纳入集体建设用地流转试点。合作联社可以此获取土地使用权，再有需出租经营的，按照集体土地再流转管理。第四，打破"村自为政"的格局，采取多种乡镇统筹手段实现建设用地在镇域范围内的优化统筹配置。

（二）要适当调整规划适应统筹需求

规划作为城镇建设基础和指导城镇改造发展的具体行动方案，重要性不言而喻。但同时，规划本身也需要不断地创新，才能适应外部环境不断变化发展的需求，才能充分体现规划的前瞻性和灵活性。首先要全面统筹规划。涉及村镇的规划较多，如各乡镇镇域规划、村庄体系规划等。要确保规划之间的衔接，并能以整体发展为考量，全面统筹规划，为乡镇统筹打下良好的基础。其次要适时调整规划。对于与当前外部环境已经不相适应的规划，应及时调整，避免出现规划刚性导致的发展瓶颈。

（三）乡镇统筹离不开农民的主体作用

乡镇统筹要在充分处理好乡镇政府与农村集体的关系上展开。一方面乡镇政府的作用不可或缺。作为牵头单位，为各村建立联社，联社委托资产经营公司等协调各方面关系，监督各环节合法合规运行。另一方面，要充分尊重农民的主体地位。尽管土地纳入了乡镇统筹，但这些土地仍然为农民而不是乡镇所有。乡镇可以而且应当对土地股份公司或者联合社的经营管理发挥指导作用，但其还是应当在各村股东代表组成的董事会的领导下开展工作。重大决策要在董事会表决通过，并由乡镇政府审批。要建立监事会进行监管。

（四）因地制宜完善乡镇统筹机制

1. 完善土地股份合作联社为载体的乡镇统筹模式

为避免公司制管理集体资产存在的法律、政策风险，可考虑成立土地股份合作联社。第一，合作社不改变农村集体所有的性质，管理农村集体土地于法有据。第二，农民对合作社的形式已比较熟悉，有建立联社的基础。第三，合作联社是资本化、股份化土地，实现乡镇统筹的平台，并不是简单地将土地作为交易品种。

建立合作联社，同样可采用土地虚拟作价的方式折算股份，并综合考虑入股面积、现有租金水平、区域位置等因素。即各村农民以集体土地使用权入股成立本村土地股份合作分社，即土地的股份化。在此基础上，成立土地股份合作联社。

2. 探索以土地资产化为基础的乡镇统筹模式

探索以土地资产化、凭证化为基础实施乡镇统筹。将指标化的集体资产统一委托给专业的资产管理公司经营，以提高集体资产运营效益。该模式可结合土地股份合作联社进行。相关乡镇统筹框架如图1所示。

由政府和经管部门组织相关领域专家，对市场上声誉好、品牌知名度高、公司实力强且愿意从事农村集体资产相关业务并承担相应责任与义务的国有大型信托公司进行初步遴选，最终由土地股份合作联社选择出最为合适的信托公司。信托公司获取收益后，直接分配给村集体与农户。各村应以物业或集体土地面积确定集体股权。村集体内部依据按份共有的原则设置收益权单位。由经管站监督，向村民发放由经管部门统一印制的受益凭证，为收益分配依据。同时确定受益凭证作为村民的财产权利，可以继承。在此基础上可探索内置金融

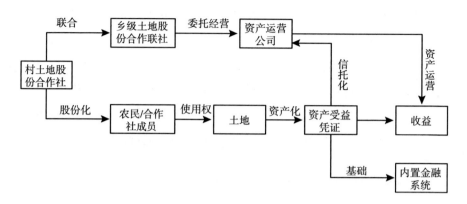

图1 乡镇统筹的制度框架与实施路径

体系。鉴于集体土地难以抵押和直接交易，为满足农民的贷款需要，可以培育村集体内部的抵押和交易市场。农民以此为抵押物，可向土地合作社获得短期贷款，或者由土地合作社作保，可内部交易或抵押。

参考文献

郭光磊等：《城乡统筹发展的改革思维——北京市农村经济研究中心2011年研究报告》，中国农业出版社，2012。

郭光磊等：《北京新型城镇化问题研究》，中国社会科学出版社，2013。

郭光磊等：《城乡发展一体化：探索与创新——2012年北京市农村经济发展报告》，中国农业出版社，2013。

冀县卿、钱忠好：《农地股份合作社农地产权结构创新——基于江苏渌洋湖土地股份合作社的案例研究》，《农业经济问题》2010年第5期。

肖妍、程培塍：《农村土地股份合作社运行特征、成效和潜在问题——以上林村土地股份合作社作为例》，《农村经济》2012年第7期。

张红宇、刘玫、王晖：《农村土地使用制度变迁：阶段性、多样性与政策调整》，《农业经济问题》2002年第2期。

张文茂等：《城镇化与社会转型——北京郊区农村经济社会结构转型研究》，燕山出版社，2010。

关于顺义区农转非工作的调研报告

市委农工委研究室

摘　要:

农业户口转为非农业户口是农民转变为市民、享受农村城镇化改革成果的根本途径之一。本文以顺义区农转非工作为切入点,分析了当前顺义区城乡一体化进程中,加快推进城乡居民户籍一体化进程的主要政策、主要措施、取得成效以及下一步工作思路,为北京市及各区县推进农转非工作,打破城乡户籍制度的二元结构提供借鉴和参考。

关键词:

顺义区　户籍　农转非　城乡一体化　政策

近年来,顺义区按照城乡一体化的方向,适应城镇化和工业化新形势下农民转变就业和生活方式等的实际需要,本着"加强宣传引导、尊重农民意愿、分类分步推进"的原则,积极完善农转非政策,探索农转非途径,加快农转非步伐,取得了积极进展,仅2007~2009年就有35948名农民转为城镇居民;今年计划全部完成2009年以前批复但尚未完成的征地转非指标,并推进二三产业就业农民转非工作,全年力争新增非农人口4万人,使越来越多的农民"工作在园区、居住在城区、生活在社区"。

一　加快农转非的主要政策

顺义是农业大区,农业户籍人口占全区户籍人口的45%。近年来,顺义区按照国家户籍管理政策的规定,执行好高等学校及中等职业学校学生农转非、投靠转非等传统的农转非政策，并按市有关规定，开辟了小城镇、卫星城相关人员农转非等政策渠道。为使更多农民享受到城镇化的成果，顺义区还根据国家及市里相关精神，加大了征地拆迁转非、新生儿登记入非，以及二三产业稳定就业农民转非等工作的力度。

1. 认真执行常规的农转非政策

主要有两个方面。一是大中专学生农转非。长期以来，大中专学校升学农转非曾是农家子弟"跳出农门"的主要渠道。近年来，随着教育水平的提高和有关院校招生数量的扩大，大中专学生农转非仍是农转非的重要途径。二是符合规定条件的本市农业户籍人员，可以办理小城镇、卫星城农转非，或投靠农转非。2009 年，顺义区依据市公安局《关于印发户口审批工作规范的通知》（京公人管字〔2006〕716 号）中，关于高等学校及中等职业学校农业户口学生转为非农业户口的相关规定，以及本市小城镇、卫星城办理农转非及本市农业户口人员办理投靠农转非的相关规定，及时为符合条件的人员办理手续，共办理大中专学生农转非 2371 人，小城镇、卫星城转非 384 人。

2. 加大征地农转非力度

按照《北京市建设征地补偿安置办法》（市政府第 148 号令以下简称《办法》）的规定，我市实行"逢征必转"的征地农转非政策，即"征用农民集体所有土地的，相应的农村村民应当同时转为非农业户口"。随着城市用地规模的扩大，征地农转非已成为顺义区农转非的主要途径。据统计，2007～2009年顺义区共有 18904 人通过征地实现农转非，占全部农转非人数的 52.6%。在实施《办法》的过程中，顺义区根据本地实际，在以下两个关键环节上进行了政策创新，从而加快了征地转非工作的进度。

一是解决好落实转非人员名单的问题。由于征地农转非的指标是按照"人地比"原则确定的，即村集体被征用的土地占本村全部土地的多少比例，该村就有多少比例的农村人口转非，因而只要村集体的土地不是全部征用，都存在一个确定转非安置人员具体名单的问题。为解决这个影响转非的关键问题，顺义区在深入调研的基础上，2006 年就出台了《关于确定建设征地农转非人员的意见》，基本原则是转非指标首先在农户间均衡分配；其余的零星指标（或总的转非指标较少不足以均衡分配时），则通过农户公认的公开、公平的程序落实到农户。这种办法较好地协调了农户间的利益关系，也比较符合农民当前的认知水平，实施较为顺利。截至2009年底，全区非整建制征地转非涉及16个镇86个村，其中劳动力4769名，已经完成2006名转非劳动力补偿安置工作，其余指标计划近期内全部完成。

二是加大整建制转非的力度。近年来，在机场东扩及新城建设中，顺义区一些村庄的土地被全部或大部分征收。顺义区抓住机遇，顺势在这些地方开展了整建制农转非。对于一些没有全部征地的村，顺义区也积极创造条件争取整建制农转非。如仁和镇吴家营等5个村共批准征地转非指标4277个，由于还有部分土地没有征用，按照相关政策不能全部农转非。顺义区积极向市相关部门协调申请，报请市政府另外增加911个转非指标，实现了整建制转非安置。整建制转非不仅解决了零散转非所引发的"一村两制"的问题，还克服了零散转非时难以确定转非人员名单的问题，大大加快了农转非和城市化的步伐。近几年来，顺义抓住一系列重大项目建设的契机，累计整建制拆迁46个村，转非6万余人，其中2007~2009年，全区整建制拆迁村庄39个，涉及劳动力26043人，现已完成21个村13422名转非劳动力补偿安置工作，还有18个村正在办理相关手续。今年，顺义区决定在完成历史遗留征地转非指标的同时，今后新拆迁村庄要按照"逢征必转"的原则，坚决做到"批复一个，转非一个"。

3. 鼓励农村新生儿登记入非

根据市公安局2003年出台的《关于印发为本市部分农业人口转为非农业人口实施方案的通知》（京公人管字〔2003〕231号），"小孩父母均为本市农业户口或小孩母亲为农业户口，父亲为非农业户口的，2003年1月1日以后出生的小孩，可在其父亲或者母亲户口所在地自愿登记为非农业户口"。为推进城乡一体化进程，顺义区从2004年开始，鼓励符合入非条件家庭的新生儿登记为非农业户口，并逐步在全区范围内推行。

依据顺义区《关于推进农村新生儿入非农业户口工作的意见》，许多乡镇也制定了优惠政策。如南法信镇2004年出台的《关于农民新生儿入非农业户口的优惠政策》，除了给予1500元现金奖励、享受农村新型合作医疗保险补贴、免新生儿三年托费等优惠政策外，还对入非新生儿父母进行农村社会养老保险5%的额外补贴。北石槽镇2007年规定，对符合条件的入非新生儿每人每月奖励50元，为已入非农业户口的新生儿支付每人每年50元的意外伤害保险或幼儿互助金费用，为新生儿本人及其父母缴纳每人每年40元的新型农村合作医疗费用，直至年满十八周岁，还为新生儿父母增加每月10元的独生子女奖励费，同时特别规定，凡办理非农业户口的新生儿，各村村委会要让其享受该村农业户口村民的各项待遇至参加工作。这些措施有力地促进了新生儿登记入非。据统计，2007～2009年间共有3885名农村新生儿登记为非农业户籍，占农村新生儿户籍登记的绝大多数。

4. 积极探索非农产业稳定就业的农民转非

上述途径并不能完全满足农民转非的需要。据统计，目前顺义区城乡劳动力非农就业率达到91%，但城镇户籍人口占总户籍人口的比重只有46.1%。就农村劳动力来看，目前顺义区农村劳动力在非农产业就业的有13.75万人，非农就业率达到88.3%，其中非农就业三年以上的9.6万人，占非农产业就业农村劳动力总数的70.1%。这些人虽然在城镇有比较稳定的工作，但由于户籍属性的原因，在社会保险等方面尚不能享受与非农业户籍职工同等的待遇，因而并没有完全融入城镇，影响了城乡一体化进程。

《国务院关于解决农民工问题的若干意见》，把"尊重和维护农民工的合法权益，消除对农民进城务工的歧视性规定和体制性障碍，使他们和城市职工享有同等的权利和义务"，作为做好农民工工作的基本原则，并提出"深化户籍管理制度改革"，逐步解决长期在城市就业和居住农民工的户籍问题。2010年《中共北京市委、市政府关于集中力量统筹城乡，集中资源聚焦三农，全面推进城乡一体化进程的若干意见》（京发〔2010〕4号）也提出，"城乡结合部、新城、小城镇等城镇化进程较快的地区和建设征地涉及的乡村，要及时做好农转居工作，转居人员纳入相应的社会保障体系，提高保障水平。"顺义区根据国家和市里的相关精神，在多次深入调研的基础上，决定从2013年起，推进二三产业稳定就业的农村劳动力转非工作，目前正在研究相关政策。

二 促进农转非工作的主要做法

1. 领导重视

顺义区坚持把农转非作为推进城镇化和城乡一体化的重要途径。区委、区政府主要领导同志就此深入调研，多次召开专题会听取农转非工作的汇报并研究解决其中的重要问题。召开了全区农转非工作动员大会，安排部署相关工作。为做好农转非安置工作，还专门成立了由区主管领导负责的农转非安置领导小组办公室，将任务分解到相关单位，并纳入考核体系，建立定期通报制度，通过简报形式按旬、按月对各乡镇、企业及相关部门工作进度情况予以通报。

2. 明确各地区各部门的责任

区各部门充分发挥职能，各镇村按区里的部署落实农转非的具体任务。区国土局根据征地情况，测算分配农转非名额，督促征地单位及时缴纳征地补偿款。区公安局成立了由主管局长任组长，人口管理处处长任副组长，五个小城镇地区、四个卫星城地区及三个拆迁重点地区派出所所长任成员的转非工作领导小组，根据镇村上报的转非方案，及时做好户籍变更工作。区劳动保障局成立了由局长任组长的征地转非安置工作领导小组，并专门成立了建设征地拆迁转非劳动力补偿安置办公室，负责宣传、解答、落实建设征地拆迁转非劳动力补偿安置政策，以及就业补助费核定、社会保险补缴、接收个人档案等工作。区民政局负责超转人员接收及生活补助费发放及医疗费用报销工作。相关部门通过召开部门联席会议，及时研究征地拆迁、转非安置过程遇到的困难和问题，协调会商相关政策及工作方案，向市里争取政策支持，形成了部门联动共促农转非工作的良好机制。

3. 做好宣传发动

充分利用区属电视、广播、报纸等媒体，制作专题节目，以农民喜闻乐见、通俗易懂的方式，宣传农转非的重要意义和各项政策措施，宣传农民与城镇居民在购买保障性住房、社会救助、社会保险等方面存在的差异，让农民充分了解转非的好处。抽调业务骨干，组成政策宣传解释工作组，进村入户进行

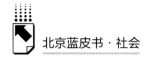

宣传，发放大量的政策宣传资料，做到"人人皆知、户户不落"。组织相关人员进行农转非安置工作培训，使每个工作人员明确法规、熟悉政策、掌握流程。

4. 切实保障农转非人员的利益

通过劳动与社会保障部门免费开展技能培训、完善就业服务体系、搭建就业平台、拓展就业渠道、奖励用人单位招录等措施，促进征地转非人员就业；按照规定，为转非人员缴纳社会保险费用，使其加入城镇职工社会保障体系，享受城镇居民同等待遇。民政部门负责接收超转人员，发放生活补助费和报销医疗费用。按照使农民成为有集体资产的市民的方针，为保证农转非人员的财产权，政策规定农转非人员在土地承包期内的土地经营权不变，集体资产所有权、原宅基地使用权不变。征地拆迁时，可以享受与农业户籍人员同等标准的优惠购房权。

三　几点启示

1. 农转非是推进城乡一体化的重要途径

自《中共中央关于一九八四年农村工作的通知》起，农转非的政策逐渐放宽。近些年来，深化户籍管理制度改革、加快推进城乡一体化，越来越引起重视。2006 年发布的《中华人民共和国国民经济和社会发展第十一个五年规划纲要》提出，"对在城市已有稳定职业和住所的进城务工人员，要创造条件使之逐步转为城市居民，依法享有当地居民应有的权利，承担应尽的义务；对因城市建设承包地被征用、完全失去土地的农村人口，要转为城市居民，城市政府要负责提供就业援助、技能培训、失业保险和最低生活保障等。"今年的中央一号文件又提出，"深化户籍制度改革，加快落实放宽中小城市、小城镇特别是县城和中心镇落户条件的政策，促进符合条件的农业转移人口在城镇落户并享有与当地城镇居民同等的权益。"市委、市政府对户籍制度改革也非常重视，《中共北京市委关于率先形成城乡经济社会发展一体化新格局的意见》中，就提出"鼓励有条件的地区加快农转非步伐，积极探索建立城乡统一的户口登记制度"，今年的全市农村工作会议及市委、市政府的相关文件，又都提出了加快农转非进度的要求。

工业化和城镇化是经济社会发展的必然趋势。在这个过程中，大量农民已经并将继续向非农产业和城镇转移。由于户籍属性的限制，农业户籍的劳动力即使已进入城镇或从事非农产业，不再是传统意义上的农民，仍然不能享受到与非农业户籍人员同等的待遇。尽管近年来国家加大了统筹城乡的力度，打破城乡二元结构已经成为社会共识，但由于各方面条件的限制，城乡一体化的完全实现还需要一个较长的过程，因而在面向城镇居民的经济社会政策向农民延伸、逐步实现统一的市民待遇的同时，仍需要将符合条件人员的农业户籍转变为非农业户籍。这不仅可以适应并促进农民生产方式、生活方式和思想观念的转变，增进他们各方面的利益，帮助他们真正融入城镇，还有利于加强城镇建设和管理，加速工业化和城镇化的进程。对于农村地区来说，加快农转非可以逐步改善农村的人口资源状况，有利于促进农业的规模经营，增加仍在务农的农村人口的收入。因此，加快农转非的进度，对于贯彻落实中央和市委、市政府的决策，加快形成城乡经济社会发展一体化的新格局，具有重要意义。

2. 领导重视是加快农转非工作的关键

农转非工作是复杂的系统工程，涉及范围广，政策性强，很多问题需要各地方和部门共同解决，需要在充分认识农转非意义的基础上，加大工作推动的力度。顺义区的经验在于区政府高度重视农转非工作，加大了政策和人力、财力上的支持力度，最终形成了区属职能部门和各镇村工作合力。从各地情况看，凡是领导重视的地方，工作进展就比较顺利；即使存在不同的认识，也比较容易统一思想；即使遇到某些政策上的难题，也能够协调出解决的办法。因此，统一思想、提高认识，加强领导、着力推动，对于农转非工作是非常必要的。

3. 政策创新是加快农转非工作的核心

农转非实际上是从农村体制向城镇体制的重大转变，很多政策需要在实践中不断探索完善。市委、市政府关于农转非工作的大政方针是明确的，政策框架是清晰的。由于各地情况不同，在依法合规的前提下，结合各自的情况，细化政策并开展创新，是农转非工作顺利进行的基本保证，也是加快农转非工作的核心问题。顺义区正是在确定征地转非人员名单以及整建制转非等方面创新了政策，才破解了征地转非工作中的难题。实践证明，这方面既有很大的现实需要，也有很大的发挥空间，政策环境是宽松的。只要在加强调研、吃透上级政策掌握自身实际的基础上，创新并完善相关政策，很多影响农转非工作的问题是可以迎刃而解的。

4. 保护和增进农民利益是农转非工作的根本

由于目前仍有一些经济社会政策与户籍属性挂钩，对于农民来说，农转非不是户籍性质的简单改变，而往往意味着某些待遇的实际差别。利益的比较是影响农民对转非态度的关键因素。顺义区按照城乡一体化必须"见物见人"的理念，把保护和增进农民利益作为农转非工作的出发点和落脚点，不仅没有在集体资产等方面损害转非人员的权益，还在就业和社会保障等方面构建了长效机制，并在其他方面采取了鼓励措施，维护了转非人员的权益，从而形成了转非的拉力，让农民在权衡利弊后自愿选择转非。实践证明，只要坚持以人为本的原则，制定并完善相关政策，农民转非的积极性是高的。

城市热点问题篇

City Issues

B.19

北京市居民用水行为调查报告[*]

赵卫华　邱鸿博^{**}

摘　要：

北京是个严重缺水的城市，居民节约用水对城市经济社会可持续发展非常重要。本文主要根据抽样调查数据对北京市城市居民的用水行为、对水价的认识、节水意识及节水空间进行了描述分析，并对北京市推动居民节约用水提出了政策建议。

关键词：

北京　居民用水行为　节约用水

水资源短缺对北京的经济社会发展具有长期的影响。长期以来，对城市居

---

* 本文是北京市自然科学基金项目"基于社会阶层分化的北京城市居民水消费分析"（9122001）的阶段性研究成果。

** 赵卫华，北京工业大学人文学院社会学系副教授，主要研究领域为社会结构、消费社会学和农村医疗；邱鸿博，北京工业大学社会学系硕士研究生。

民用水的研究主要集中在城市规划、水利、建筑等领域，用水研究主要关注总量变化及人均变化，很少关注人们的用水行为对用水量的影响。本研究的目的即在于通过调研，了解人的用水行为，促进人们对水短缺的认知，树立节水意识。

一 背景及数据情况

我国的人均占有水资源量仅有 2240 立方米，不足世界人均占有水量的1/4，在世界银行连续统计的 153 个国家中居第 88 位。而北京又是中国最缺水的城市之一。北京市人均水资源占有量不足 200 立方米，仅为全国人均的 1/10，世界人均的 1/40，属于重度缺水地区。[①] 北京可利用地表水量的90%来自密云水库和官厅水库两大水库，但是两大水库来水量都在大幅度减少。目前密云水库成为北京市生活供水的唯一地表水源。

北京平原区地下水位也在持续下降。2004 年与 1960 年相比，平原区地下水位下降 15.45 米，年储量减少 80.8 亿立方米；与 1980 年相比，地下水位下降 11.58 米，储量减少 60.06 亿立方米。20 世纪 80 年代以来地下水位平均每年下降约 0.48 米。

作为一个有 2000 多万人聚居的大城市，水资源匮乏是北京经济社会发展的短板。北京在不断调整产业结构，工业用水和农业用水在不断压缩，但是第三产业及生活等其他用水却不断增长，目前，市政自来水供水中，北京居民家庭用水已经达到了总用水量的 49% 以上。[②] 因此，节约用水，树立节水意识，对于每一个北京市居民来说应该成为一种生活习惯和生活方式。

本次调查是由北京联合大学和北京工业大学的本科生及部分研究生完成的。本调查采用配额抽样的方式抽取样本。为了保证问卷的代表性，在抽样中对家庭结构和家庭中的调查对象进行了控制。要求每个学生调查自己熟悉的数个家庭，在家庭的选取上，适当根据家庭人口学特征进行配额，如家庭结构控制，每个人

[①] 廖强、张士锋、陈俊旭：《北京市水资源短缺风险等级评价与预测》，《资源科学》2013 年第 1 期。

[②] 北京市统计局：《北京统计年鉴 2013》，http://www.bjstats.gov.cn/nj/main/2013 - tjnj/content/X167_ 0906.xls。

在家庭的选取上，要兼顾成员为老家人的、核心家庭的、独身家庭，家庭中调查对象的控制，即在一个家庭中，调查对象不能都是一类人，家庭中的老年人、中年人、年轻人、男性、女性也有控制。按照这种方法，共获得问卷976份。问卷初步分析看，本次调查的家庭平均人口是2.89人，家庭人口最少1人，最多6人。调查对象的平均年龄是35岁，其中最大的86岁，最小13岁。其中男性49.4%，女性50.6%。调查对象中受教育程度分布为初中及以下为9.5%，高中及中职23.7%，大专13.9%，本科47.7%，研究生及以上5.1%。

本次调查居民居住分布比较广泛，从二环内到五环外都有，从居住类型看，18.3%的是平房，45.5%是无电梯单元楼房，33.4%是带电梯公寓，1.7%是别墅，还有地下室等其他居住类型占1%。住房面积最小的6平方米，最大的400平方米，户均住房93.6平方米，人均住房面积36.7平方米。

二　北京市居民用水行为基本状况

调查显示，家庭平均每月用水是8.6吨，人均用水3.2吨，74%左右的家庭每个月用水在10吨以下（见表1）。家庭平均每周拖地4次、洗衣服3次。从个人的用水习惯来看，调查对象平均每天饮水2升，洗脸2.2次，平均每周洗澡4次。

不同收入组家庭的用水量差异显著（p = 0.000）。年收入在5万元以下的家庭用水量在4吨及以下的为39.2%，而到了5万~10万元组，用水量在4吨以下的占比为30.6%，而用水量在6吨以上的占比明显比5万元及以下组

表1　家庭每月用水量（N = 976）

单位：%

	频率	占比	累计占比
4 吨及以下	281	28.8	28.8
4 吨~6(含)吨	192	19.7	48.5
6 吨~10(含)吨	246	25.2	73.7
10 吨以上	257	26.3	100.0
合　计	976	100.0	

高。从表 2 中可以看到，收入越高，10 吨以上用水量所占比例明显越来越大。20 万元以上收入组当中，用水 10 吨以上的家庭占到了 40.6%。这说明在北京市，收入越高，越倾向于消费更多的水资源（见表 2）。

表 2 不同年收入家庭用水情况（N = 976）

单位：%

	5 万元及以下	5 万~10（含）万元	11 万~15（含）万元	16 万~20（含）万元	20 万元以上
4 吨及以下	39.2	30.6	24.8	24.2	24.8
4 吨~6（含）吨	22.8	19.2	21.8	16.1	17.0
6 吨~10（含）吨	21.5	28.2	30.7	22.6	17.6
10 吨以上	16.5	22.0	22.7	37.1	40.6
合 计	100.0	100.0	100.0	100.0	100.0

从北京市居民家庭用水设施来看，94.9% 的家庭有洗衣机，86.4% 的家庭有淋浴器，57.2% 的家庭有抽水马桶，59.1% 的家庭有饮水机，8.5% 的家庭有洗碗机，1.3% 的家庭有游泳池，9.3% 的家庭有花园或者菜园。

在家庭用水项目中，主要是清洗衣物、洗澡、洗菜做饭、饮水以及清洁用水。调查显示，居民家庭用水所占比重最大的项目是清洗衣物，其次是洗澡，再者是洗菜、做饭。随着人们生活水平的提高和健康饮水观念的增强，饮用水健康逐渐成为城市居民的一个基本需求，本次调查显示，42% 的家庭喝自家烧的自来水，33.9% 的家庭喝桶装矿泉水或山泉水，有 15% 的家庭喝过滤净化过的自来水（见表 3）。

表 3 您家一般选择哪种饮用水

单位：%

饮用水种类	频率	占比	累计占比
桶装蒸馏水	88	9.1	9.1
桶装矿泉水或山泉水	327	33.9	43.0
过滤净化水龙头的饮用水	145	15.0	58.0
自家烧的自来水	406	42.0	100.0
合 计	966	100.0	

对于清洗衣物，除少数家庭主要在洗衣店洗衣之外，约95%的家庭主要在家里洗衣。家庭洗衣以洗衣机洗为主，70%的家庭以机洗为主或者完全用机洗，还有30%的人以手洗为主或者完全手洗衣物。对于洗衣机洗衣后的水，59%的居民家庭是直接放掉，而41%的家庭会留下来拖地或者冲马桶（见表4）。

表4　您家洗衣机洗衣后的水一般怎么处理

单位：%

	频率	占比	累计占比
直接放掉	569	59.0	59.0
留起来拖地或者冲马桶	396	41.0	100.0
合　计	965	100.0	

北京居民洗澡以淋浴为主，87.1%家庭完全淋浴或者以淋浴为主。只有12.2%的家庭以缸浴为主或者完全用浴缸。假设有浴缸，仍有90%的人会出于节水或者节时的目的而选择淋浴，选择缸浴的只有10.4%（见表5）。

表5　您家里通常采用的洗澡方式

单位：%

选项	频率	占比	累计占比
完全用浴缸	30	3.1	3.1
以浴缸为主	88	9.1	12.2
完全沐浴	596	61.6	73.8
以沐浴为主	247	25.5	99.4
其他	6	0.6	100.0
合　计	967	100.0	

淋浴时使用浴液时，约61.5%的人会关掉花洒，但是也有近38.5%的人不关花洒或者有时关花洒（见表6）。

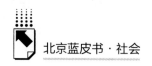

表6　您沐浴涂沐浴液是否关掉花洒

单位：%

选项	频率	占比	累计占比
是	594	61.5	61.5
有时关	291	30.1	91.6
不关	81	8.4	100.0
合　计	966	100.0	

洗碗这样的事看似很小，也关乎节水。就调查来看，约45%的家庭洗碗时采取不间断地冲洗的方式，55%的家庭则不采取流水冲洗的方式洗碗。洗脸/洗手时，88%多的人都能够随时关闭水龙头（见表7）。

表7　洗碗、洗脸、洗手是否不间断冲

单位：%

选项	洗碗是不是不间断地冲洗	洗脸/洗手是不是随时关闭水龙头
是	45.2	88.3
否	54.8	11.7
合　计	100	100

在外面看到水龙头不关时，大约67%的人总是主动关闭水龙头，大约28.4%的人有时会关，但是也有极少部分人不会关（见表8）。

表8　您在外面见到水龙头开着会不会主动上去关

单位：%

选项	频率	占比	累计占比
总是主动关	650	67.2	67.2
有时关	275	28.4	95.7
很少关	32	3.3	99.0
不会关	10	1.0	100.0
合　计	967	100.0	

三 北京市居民对水价的态度

对于很多家庭成员来说，每月用多少水似乎并不清楚，不同的缴费方式，影响到人们对于水费的认知。在调查中，很多使用智能卡买水的家庭多是这样。本次调查中，水费的缴纳方式有多种，其中银行直接扣款的占24.3%，抄水表人员上门收款的占30.8%，亲自去银行缴纳的占28.5%，网上缴纳的占8.1%，其他方式有8.2%。60%的人并不会仔细查看每月用水的情况，只有40%的人会看每月用水的情况。

很多研究表明，水价是影响居民用水的重要因素①，北京现在的水价是4元/吨，按照家庭平均每月用水8.6吨左右的量来衡量，家庭每月水费34元多。这个钱看起来不多，不到家庭月均消费的1%，但是由于居民收入的不均衡性，仍然有约42%的人认为北京的水价很高或者较高，52.6%的人认为一般，认为较低和很低的比例合计只有5.5%。这说明居民对于水价还是非常敏感的（见表9）。

表9 您认为现在的水价如何

单位：%

选项	频率	占比	累计占比
很高	86	8.9	8.9
较高	319	33.0	41.8
一般	509	52.6	94.4
较低	40	4.1	98.6
很低	14	1.4	100.0
合 计	968	100.0	

由于水资源短缺，北京这几年一直在酝酿水资源价格改革，提高、实行阶梯水价等，以促进居民节水用水。对于阶梯水价，本次调查显示，58.2%的人

---

① 王雨、马忠玉、刘子刚：《城市水价上涨对居民用水的影响分析——以银川市为例》，《生态经济》2008年第11期。

认为应该实行阶梯水价，24.5%的人则认为不应该实行，表示无所谓的人占17.4%，这说明，阶梯水价对于大多数人是可以接受的（见表10）。

表10 您觉得是否应该实行阶梯水价

单位：%

选项	频数	占比	累计占比
应该	563	58.2	58.2
不应该	237	24.5	82.6
无所谓	168	17.4	100.0
合　计	968	100.0	

调查显示，如果提高水价，约有62%的家庭会考虑减少用水，但是也有约17%的家庭表示不会考虑减少用水量，还有约22%的家庭表示不一定会减少用水。

决定家庭用水量的因素很多，从调查来看，生活方式是最重要的影响因素，其次是家庭经济条件和水价，再者是对北京水资源的认识和节水宣传。水价只是其中的一个因素，只有33.2%的人表示决定因素是水价，34.7%的人表示决定因素是家庭经济条件，而70.6%的人表示是生活方式，还有23.2%的人选择了对北京水资源的认识，10.3%的人选择了节水宣传（见表11）。

表11 您认为家庭用水量决定因素（限选两项）*

单位：%

选项	选择		样本量占比（%）
	频数	占比（%）	
水价	319	19.2	33.2
家庭的经济条件	333	20.0	34.7
生活方式	678	40.7	70.6
对北京水资源的认识	223	13.4	23.2
节水宣传	99	5.9	10.3
其他	13	0.8	1.4
合　计	1665	100.0	—

*选择栏百分比为与回答频次相比，样本量占比为与样本相比，因为多选，故合计超过100%。

四　北京市居民的节水意识

水像空气一样是我们的生活必需品。但是经济条件、居住模式、家庭结构、生活方式以及个人认知等都可以影响人们对水的态度以及用水的行为。

1. 北京市居民对北京水资源的认知

北京严重缺水，但是公众对水短缺的认识还是有一定偏差的。调查显示，在调查对象中，认为北京严重缺水的只有30.3%，认为比较缺水的比例是43.1%，但是还有7.7%的人认为北京不缺水或者不清楚（见表12）。

表12　您认为北京是否缺水

单位：%

选项	频率	占比	累计占比
严重缺水	293	30.3	30.3
比较缺水	417	43.1	73.4
有点缺水	183	18.9	92.3
不缺水	44	4.6	96.9
不清楚	30	3.1	100.0

当前，各地水污染非常严重，最新公布的数据表明，城市水质普遍比较差，能够达到优质的很少，北京的水质从全国来看还是好的，但是即便如此，与居民对健康水的需求还是有一段距离，就调查来看，只有21.8%的人认为北京的水质很好或比较好，42.5%的人认为一般，还有35.7%的人认为"不太好"或者"很不好"。对于北京的水资源状况，25.4%的人表示"非常担心"，31.6%的人表示"比较担心"，但是也有约10%的人表示"完全不担心"或者"没有想过"（见表13）。

表13　您对北京的水资源状况是否担忧

单位：%

选项	频率	占比	累计占比
非常担心	246	25.4	25.4
比较担心	306	31.6	57.1
有点担心	317	32.8	89.9
完全不担心	31	3.2	93.1
没有想过	67	6.9	100.0

2. 北京市居民对节水的态度

北京市居民的节水意识还是要好于其他城市，本次调查显示，56%的人认为节水很有必要，40.2%的人认为有必要，认为没有多大必要的比例只有3.4%。

水费是影响人们用水的一个重要因素，73.8%的人并不认同"水费很便宜"的说法，对于提高水费和节水奖励两种激励方式，提高水费可以促使更多的人节约用水，如约70%的人同意"如果提高水费，我会考虑节约用水"。虽然随着生活方式的改变，人们更加注重个人卫生，洗澡、洗手、洗衣等更勤了，但是节水和生活方式并不具有不可调和的矛盾，58.8%的人并不同意"我觉得节约用水很难，生活习惯不好改"这样的说法，约70%的人不同意"我觉得生活习惯不好改，即使有奖励，也很难改变用水习惯"这样的说法，所以水价及其他奖励节水的措施对培养人们的节水意识是非常重要的。

但是人们的节水意识并不完全是经济取向或者自我取向的，高达77.1%的人并不同意"用多少水是我自己的事，反正用多少水交多少水费"这样的说法。这说明，水作为一种公共资源是有广泛共识的，用水行为是一种社会行为，节约用水是有广泛的社会基础的（见表14）。

北京市居民对水的态度还是很鲜明的，如71%的人认为使用清洁水冲厕所是一种浪费，26%的认为"不浪费"。只要有合适的措施，家庭节水还是有很大空间的，从调查来看，在洗衣、洗澡、做饭、饮水等各方面都还有节约的余地。如约43%的人认为家庭清洗衣物方面可以节约用水，约26%的人认为家庭洗澡可以节约用水，14.6%的人认为洗菜做饭可以节水等（见表15）。

表 14　居民用水的态度

单位：%

选项	同意	不同意
用多少水是我自己的事，反正用多少水交多少水费	22.9	77.1
我不知道水多少元一吨，反正应该很便宜	26.2	73.8
如果提高水费，我会考虑节约一点用水	69.5	30.5
如果节水有奖励，我会考虑节约用水	65.6	34.4
我觉得节约用水很难，生活习惯不好改	41.2	58.8
我觉得生活习惯不好改，即使有奖励，也很难改变用水习惯	30.5	69.5

表 15　您觉得根据你家的现在情况，哪些方面还可以节约用水

单位：%

选项	频率	占比	累计占比
清洗衣服	409	42.5	42.5
洗澡	248	25.8	68.3
洗菜、做饭	140	14.6	82.8
家庭饮水	30	3.1	86.0
其他生活用水	135	14.0	100.0
合　计	962	100.0	

　　节水是有共识的，但是落实到行动还需要社会政策的干预，从调查来看，对于如何促进公众节水，还是有不同看法的，对于"你觉得哪些措施对实际节约用水有用"的问题，从调查对象的回答看，经济措施仍然是主要的，如15.7%的人认为可以普遍提高水价，44%的人认为实行累进水价，还有约20%的人认为可以对用水少于规定标准的实行奖励，还有约20%的人认为通过节水宣传来促进节水用水（见表 16）。

表 16　您觉得哪些措施对实际节约用水有用

单位：%

选项	频率	占比	累计占比
普遍提高水价	145	15.7	15.7
实行累进水价（用得越多越贵）	407	44.0	59.6
节水宣传	183	19.8	79.4
对用水少于规定标准的进行奖励	183	19.8	99.1
其他	8	0.9	100.0
合　计	926	100.0	

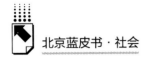

五 关于推动居民节水的政策建议

北京是个水资源匮乏的城市，随着人口不断膨胀，居民用水的压力也越来越大，节约用水是每一个市民的义务。本次调查表明，北京市居民用水方式是多元的。在节水方面，有些人已经形成了良好的节水意识，在日常生活中奉行节水的理念，一水多用，节约用水，但是很多人虽然有节水的意识，但是在用水方式上并没有很好地践行节水的理念，还有一部分人既无节水意识，更没有节水的行为。根据本次调查结果，对于北京市节约用水提出以下建议。

1. 适当提高居民用水基本价格，尽快试行阶梯水价

当前北京市居民用水收费标准是 2009 年 12 月 22 日调整的，居民终端用水价格为 4.0 元/立方米。近年来，随着北京市居民生活水平的不断提高，居民用水量也在不断增加。作为一种最重要的资源，其价格却不能反映其短缺的现实，一些家庭意识不到节约用水的价值，这是很多居民过度用水的重要原因。水价是影响家庭用水量的重要因素，从调查结果来看，北京高收入家庭的用水量明显高于低收入家庭。因此，有必要通过提高水价来促进居民节约用水，同时，实施阶梯水价，根据人口数量和用量设计不同的阶梯，对超出基本用量的部分进一步提高价格，对用水量较多的家庭实行补偿性收费。

2. 完善目前的节水宣传教育

北京市的节水教育宣传力度还是挺大的。调查显示，73.4% 的人知道有节水宣传活动，但也有约 25% 的人不知道节水宣传活动。而且，目前节水宣传活动的效果还不够理想，如调查显示，只有不到 40% 的人认为节水宣传对自己的用水影响很大或者较大，约 56% 的人表示节水宣传对自己用水影响一般或者较小，还有 4.6% 的人表示没有影响。所以目前节水宣传的效果还有待加强，在宣传中应该采用更具说服力的宣传模式（见表17）。

表17 您觉得目前的节水宣传对您用水影响怎么样

单位：%

选项	频率	占比	累计占比
影响很大	143	14.8	14.8
影响较大	240	24.8	39.6
影响一般	394	40.7	80.3
影响较小	146	15.1	95.4
没有影响	45	4.6	100.0
合 计	968	100.0	

就培养良好的节水意识而言，节水宣传能够起到一定作用，但是不可忽视其他的渠道。对于哪种渠道培养节水意识的效果更好，调查显示，约54%的人认为身边人的相互影响更好，其次约有17%的人认为学校教育更好，以下依次是电视报纸网络等媒体宣传（约15%）、社区宣传（约14%）等（见表18）。

表18 您觉得哪种渠道对培养节水意识效果更好

单位：%

选项	频率	占比	累计占比
身边人的相互影响	497	53.6	53.6
学校教育	156	16.8	70.4
社区宣传	125	13.5	83.8
电视报纸网络	137	14.8	98.6
其他	13	1.4	100.0
合 计	928	100.0	—

因此，培养节水意识应该从日常做起，充分发挥人际影响的作用，从居民生活的每个环节入手，用生动直观的方式告诉人们应该怎样节水。例如从日常中的洗菜、洗脸、洗衣服等过程中告诉大家怎样做能够节约多少水。

此外，北京市目前有家政从业人员40万人左右。他们大多来自农村，由于生活习惯的影响，节水意识不强，但是他们承担了北京四十万家庭的家务，他们也是节水环节中重要的一环。本次调查显示，在有过雇用保姆经验的家庭中，45%多的人认为保姆用水量大或者很大。因此，对家政服务人员应加强节

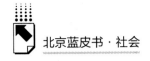

水培训，培养他们的节水意识。

节约用水是现代文明生活规范之一，节水教育应该从娃娃抓起，在中小学生活与道德规范课程中应该用更大篇幅的内容介绍节约用水，培养青少年的节水意识，通过青少年影响成年人。

3. 改善居民节水方式

加强技术研发，改进节水器具，使家庭节水更加方便。在调查中，谈到家庭节水方式，很多人认为虽然知道水二次利用（如洗衣后的水冲马桶）有必要，但是因为麻烦导致很多人并没有付诸行动。

4. 适应电子支付新形势，增强用水情况通知功能

随着银行和网络电子支付功能的不断发展，各种生活消费电子缴费现象也越来越流行开来。但是，电子缴费方便居民的同时，也让大家越来越弱化了自己对消费数量和价格的感知。在此次调查中，将近32%的家庭水费缴纳由银行代扣或者网上缴纳。我们发现这些家庭往往对于自己每月水消费情况不了解，很多人甚至不知道水价是多少。因此为了达到节水效果，应该采用手机短信、电子邮箱、信箱投递等方式，将每月的水消费具体情况明确地告诉给居民，让用水较多的居民对用水量有更强的感知。

参考文献

邢秀凤：《城市居民用水需求弹性实证分析》，《商场现代化》2007年第6期。

《北京市居民水价每立方米上调0.3元》，http：//news. xinhuanet. com/fortune/2009 - 12/21/content_ 12684038. htm。

媒体如何当好食品安全的"瞭望者"

段梅红*

摘　要:

民以食为天，食以安为先。食品安全是关系到千千万万消费者身心
健康和合法权益的民生问题，也是新闻媒体关注的焦点问题。近年
来，许多具有社会影响的食品安全事件都是由媒体最先披露出来的。
本文在肯定媒体尽责和主动作为的基础上，通过具体案例，深入分
析和反思了媒体在报道中存在的诸多问题，并呼吁媒体人以"科学
精神"担当起"瞭望者"的重任，把正确的有价值的信息"告知"
公众，从而体现出媒体应有的公信力和责任感。同时，本文根据自
身的工作体会，对未来的食品安全工作提出了希望和建议。

关键词:

媒体　食品安全　信息　科学精神　告知

美国大众报刊的标志性人物约瑟夫·普利策有句名言:"一个国家是一条
航行在大海上的船，新闻记者就是船头的瞭望者。他要在一望无际的海面上观
察一切，审视海上的不测风云和浅滩暗礁，及时发出警告。"民以食为天，食
以安为先，食品安全问题就是新闻媒体的一个"瞭望"焦点。

食品安全是一个很大的概念，这一领域有很多值得研究的东西。作为一名
媒体人，我想从记者的角度谈谈新闻媒体在报道食品安全方面的一些认识，以
及工作中的一些体会和看法。

---

* 段梅红，编辑、营养师，中国消费者杂志社编辑部副主任，中国营养学会会员，主要从事食品
营养与健康方面的研究与报道。

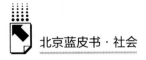

一 媒体的"守望意识"是一种社会进步

近几年，具有较大社会影响的食品安全事件都是媒体最先披露出来的。2006年，食品安全问题第一次被写入总理的政府工作报告。我以为，全社会对食品问题的关注是当今社会背景的必然。

首先，随着社会生产力的进步，经济的迅速发展，人民的物质生活不断丰富，消费者的健康意识逐渐提高，吃的问题已经从吃饱、吃好上升到今天的吃得安全。与此同时，消费者的消费意识、维权意识也在不断提高。

其次，当今世界经济全球化、贸易一体化，食品安全问题常常会成为"地球人"的共同利益。比如2005年席卷中国市场的"苏丹红"最早是起于英国，而中国啤酒当年在日韩的滞销也是受了"甲醛风波"的影响。加入WTO后，我们的食品安全及其他相关标准不断与国际市场发生碰撞，这更容易提高消费者的关注度，同时也使得媒体的报道越来越深入。

在近些年的食品安全问题上，媒体发挥了很好的监督作用。中国人民大学新闻学院副院长、舆论研究所教授喻国明曾这样评价："国人对食品安全的日益关注就是源于媒体的开放、尽责和主动作为。媒体更具有'守望意识'，总体来说是一种社会进步。"①

新闻媒体是舆论监督的一种特殊形式，它具有一般监督的共性，也具有自己公开、迅捷、广泛的特殊性，它所具有的教育作用能直接影响到公众的价值观和行为方式。

2008年，《东方早报》关于"三鹿奶粉三聚氰胺"的报道，引发了食品免检制度的作废及一批失职官员的下台，保护了消费者的健康权益。在审讯中，法庭出示了原三鹿副总经理的证词，显示企业负责人曾要求其通过投放广告的方式阻止媒体的报道。这从另一层面表明了媒体监督的力量。

---

① 徐楠：《回看洋品牌危机 食品安全需要良性互动舆论场》，《南方周末》2005年8月4日。

二 "瞭望"中的反思

不可否认，媒体的积极介入在保护消费者合法权益方面做出了贡献。但也必须承认，媒体在实际的新闻采编行动中也确实存在许多问题，值得总结和反思。

（一）有时过于追求轰动效应，背离新闻真实

媒体追求轰动效应是不难理解的，但如果背离了新闻的生命——真实，那么"轰动"就容易出现问题，甚至导致报道内容完全失实。

比如2006年7月海南西瓜被注红药水的事件。当时，广州某报发表了一篇题为《广州市面出现注水西瓜，被注红药水根本不能吃》的报道。起因是该报记者听说有市民投诉，怀疑西瓜被注入了红药水。在未对消息来源进行核实的情况下便刊发了报道。这个子虚乌有的事件最终导致瓜农损失3000万元。

后来，海南西瓜协会的工作人员和记者一起做了西瓜注红药水的实验。注射50毫升的红药水用时超过3分钟，以当地每斤西瓜0.4元计算，50毫升的红药水所增加的价值是0.08元，而购买50毫升红药水则至少需要0.5元。而且注入红药水的针孔部位会发黑，切开后一个半小时后就会变质。其实，造假的最终目的就是要以最低的成本换取最大的利润，所以，单从造假成本上就能分析出这是一条假新闻。

2007年北京电视媒体爆出的"纸箱馅包子"曾令全国消费者瞠目，这也是一条彻头彻尾、自编自导的假新闻。其实，要把"纸箱子"变成"馅"本身已不容易，何况做包子还要考虑口味。在一次"全国科普日"的活动上，中国农业大学的朱毅教授带领学生用了一天的时间，做了各种不同的"纸馅包子"。结果，每一个品尝的人都能判断出包子"不对味儿"。①

今天，社会舆论监督已成为越来越重要的制约力量，在一系列的食品安全事件中，包括媒体监督在内的社会舆论监督功不可没。但是，这种监督必须要能接受并经得住检验才会有说服力和持续力量。遗憾的是，2010年的婴幼儿

---

① 郭建光：《只要有食品安全事件出现，我会第一时间发声》，中工网，2013年5月22日。

奶粉致性早熟、知名饮料含汞、2011 年的豆浆机使用工业润滑油等一系列轰动新闻，最后都被证明是假的，甚至有的是商业对手的抹黑手段，但因戳到了公众痛点，所以媒体的报道成了"放大器"。

（二）某些问题被夸大，点的打击变成了面的打击

有些食品安全报道中所指出的食品问题的确存在，但问题的严重程度或问题存在的范围被夸大和扩大了。"太仓肉松"就是一个典型案例。

2003 年，电视媒体在报道太仓肉松时直接引用了对不法生产者的采访。据这位不法生产者称，太仓肉松都是用半成品肉松制成的，有 1/3 都是向他购买的。媒体没有向相关部门求证这 1/3，结果这 1/3 就成了一个相对确切的信息，而消费者又无从了解那剩下的 2/3，于是只能把全部"太仓肉松"都赶下餐桌。

"金华火腿"的命运也是如此。尽管质检部门拿出了"金华市火腿合格率达 90% 以上"的结果，但也无力回天。于是，一地一事的负面效果被不断放大，"太仓肉松"等于问题肉松，金华火腿等于问题火腿，一个地区的所有同类产品均被株连，甚至连累了整个行业。

（三）某些概念被混淆，导致信息不确切

当媒体报道有事实基础时，如果某些概念被混淆，就容易导致在具体的报道或后续的追踪报道中，使涉及的食品安全问题发生性质上的改变。

2005 年 7 月，某报刊发了一篇《一个啤酒工作者的来信》，同时刊发了《啤酒业早该禁用甲醛》的报道，引用了中国酿酒工业协会啤酒分会一位负责人的观点："就产量的比例来看，95% 的国产啤酒都加了甲醛。"该报道不断被转载："企业明知可能致癌却因成本原因继续采用，绝大多数消费者对此毫不知情。"随着报道的增多，"95% 啤酒加甲醛"的概念被逐渐强化，消费者谈啤色变，国外也因此抵制中国啤酒。

后来，国家质检总局等部门在京联合召开"关于啤酒甲醛问题情况说明会"，指出啤酒生产过程中使用甲醛不是秘密，使用甲醛工艺也不是违标违规问题；国产品牌啤酒与国外品牌啤酒的甲醛含量并无差异。

很多食品一旦出现安全方面的问题，一些媒体往往冠以"毒"之名，比如毒奶粉、毒韭菜。其实，"食品包含有害物质"与"食品有毒"完全是两码事。还有时下被媒体和消费者广泛关注的食品添加剂问题也是如此。食品添加剂和"非食用物质"或"非法添加物"是完全不同的概念，但在一些报道中，二者被混为一谈。关键概念的混淆使得很多消费者认为：食品添加剂是可怕的，是不安全的。同时，概念的混淆也会误导消费者对消费产生不切实际的认识，比如：凡是食品就应该是 100% 的安全，食品只要含有有害物质就是不安全的。

（四）草率论断，误导舆论

最典型的例子当属 2013 年 7 月喧闹北京全城的"冰块比马桶水脏"的新闻。当时，央视记者在北京崇文门的肯德基、真功夫和麦当劳三家快餐店取回了可食用冰块进行抽样检测，结果发现，肯德基崇文门店、真功夫崇文门店的冰块菌落数量不仅高于国家标准，而且高于马桶水数倍。

肮脏的马桶和入口的冰块放在一起无疑会赚足眼球，但媒体恰在此处犯了一个错误：将"菌落数量"与"脏"画上了等号。

"菌"或者"细菌"并不是一个完全褒义或完全贬义的称谓，它是生物的主要类群之一，其中既有我们应该远离的致病菌，也有我们需要亲近的有益菌。像我们常喝的酸奶中就有对人体健康发挥重要作用的双歧杆菌。被媒体拿去检测的冰块虽然菌落数量超标，但大肠杆菌、金黄色葡萄球菌、沙门氏菌这样的致病菌并没有超标，而且均符合国家标准。换句话说，如果致病菌没有超标，那就意味着在超标的菌落数量中有可能是有益菌"超标"了。所以，"冰块比马桶水脏"是一个草率结论。

三　以科学精神当好"瞭望者"

曾有一项调查显示，在出现食品安全问题后，64.2% 的人表示"最相信媒体报道"。[①] 如果说报道、揭示是媒体的"瞭望"之职，那么我以为，媒体

---

① 付子昂：《由一则"民调"引发的思考》，《中国医药报》2007 年第 50 期。

还需担当起告知之责，它也应是"瞭望"的重要内容，因为知识就是力量，但还要取决于其传播的深度与广度。所以，一个有公信力的媒体，一个有责任感的媒体人，必须本着认真严谨的负责态度，以科学精神当好这个"瞭望者"。

如何当好这个"瞭望者"，我认为应做好两方面的工作。

（一）尽可能全面客观，告知量效关系，不追求片面信息

媒体的首要功能是提供信息，这种提供应该是致力于消除消费者心中的某些不确定性。因此对尚不确定的信息，媒体必须要分析、辩证。我觉得，记者的社会责任感首先就体现在提供信息的全面客观上。

关于牛奶能致癌的信息很长时间见诸网络和报端，其中被当成佐证而经常引用的案例就是美国著名营养学家坎贝尔先生的实验。坎贝尔先生的实验证实牛奶中的蛋白质是一种促癌剂，其中酪蛋白具有较强的促癌效果。其实，坎贝尔先生在实验中把酪蛋白作为大白鼠饲料中的唯一蛋白，其数量更远远超过人的摄入量，这种膳食方式在人类膳食中几乎是不可能出现的。这个实验研究证明，以美国为代表的西方国家的膳食结构的不合理性是导致很多疾病高发的罪魁。应该说，这对中国人的饮食结构提出了很好的警示，但由于信息传递的不完全，人们只记住了"牛奶"和"癌症"。

在食品安全问题上，片面信息最易导致对"量效关系"的忽略，这也是目前公众认识食品安全问题最欠缺的地方。比如，三聚氰胺事件后，媒体的后续报道中，三聚氰胺成为风暴，但鸡蛋中的三聚氰胺含量极少，儿童一天吃12个、成人一天吃114个才可能影响健康这样的"量效"信息被忽略了，[①] 这很容易引起消费者的误解和恐慌。

我认为，公众的"食品安全焦虑症"也缘于对"安全性"和"安全感"的混淆。"安全性"是指合格的产品，而"安全感"则更多的是心理上的一种感受。我们可以说某某快餐食品是垃圾食品，但从法律意义上讲它是合格产

---

① 李松涛：《专家：成年人一天吃114个三胺蛋才对身体有影响》，《中国青年报》2008年10月30日。

品。食品卫生学认为，"毒物"即"剂量"。如果没有"剂量"二字作为前提，世界上也就不会有"毒物"这个概念。撇开"量"的问题谈安全并得出结论是错误的，也是幼稚的。因此，"检出"并不意味"违规"，"含有"亦不代表"超标"；风险 = 危害 + 剂量，风险 ≠ 危害 + 后果，这才是对食品安全的科学认识。但因为某些媒体没有把这种"量效关系"作为报道重点，导致公众错误地认为"只要检出就意味着对身体有伤害"。

（二）加强学习，提高科学素养，以专业的态度去质疑和分析

质疑是记者的职业特点，但质疑不是盲目地怀疑一切。首先，首先要秉承科学精神，理解与掌握某些能够判断真伪的真理性原则。比如，科学结论是建立在实证的基础上得出的，是建立在长时间、大范围、广泛人群的基础上综合各种因素并被反复论证为正确后得出的成熟结论，它注重并有群体专家的研究证据支撑结果。有了这样的认识，我们就可以树立这样的理念：科学上很难轻易地出现一个颠覆性的结论，不会因为主流观点没有新意就盲从地相信和宣传另类观点。掌握了这样的原则，就不会轻易地被一个所谓的颠覆或另类所左右，不会在权威机构和专家尚未有定论之前就妄下结论，更不会急着向没有专业识别能力的大众去推销。

几年前，一个推销排毒套餐的专家曾走红媒体，其颠覆性理论就是"一天一个鸡蛋，后果就是心脏病"、"牛奶是给小牛喝的，不是给人喝的"。这些与传统营养观截然相反的观念，对媒体捕捉新闻极具诱惑。人类食用鸡蛋、牛奶已上千年了，而且没有大样本、对照人群、多次反复等符合统计学要求的实证，即便媒体记者不了解牛奶鸡蛋的具体营养，仅凭对"科学结论"与"实证"的认知，便可得出初步判断。虽然该事件并非食品安全事件，但媒体可以从中获取借鉴。

其次，食品安全是一个非常专业的知识领域，报道这一领域的记者应该尽可能多地掌握一些专业知识。

2011 年 2 月，北京某媒体关于"可燃面条"的新闻曾轰动一时。其实，不仅面条能被点燃，米饭、面包、饼干都能点燃，因为这些食物的主要成分是淀粉和蛋白质，它们所含有的糖、脂肪、纤维等都具有可燃性，

否则面粉厂就不会有"严禁烟火"的警示语了。其实,这些并不是很高深的知识。

最后,如反式脂肪酸。如果记者多了解一些有关脂肪的知识,就会知道反式脂肪酸是食品营养问题,而不是食品安全问题,这样可能就不会有某些媒体评价反式脂肪酸是塑料、蜡烛甚至是 DDT 这样的结论了。

在食品安全问题上,很多消费者——也包括不少媒体——都把与食品相关的问题划入食品安全问题的范围内。事实上,食品安全事件(准确地说应该是食品安全事故),是指食物中毒、食源性疾病、食品污染等源于食品、对人体健康有危害或者可能有危害的事故。2011 年 4 月发生在上海的"染色馒头"事件就是这样一个案例。"染色馒头"是用食品添加剂柠檬黄来生产假玉米面馒头,从颜色上看像是玉米馒头,但其实没有玉米。柠檬黄是一种可以安全使用的食品添加剂,但按照我国规定,柠檬黄可以用在汽水中,却不能用在馒头中。这是一个非常明确的欺诈行为,但许多媒体报道却把它定性为食品安全事件。

纠正一个错误比犯一个错误要难得多,因此学习至关重要。虽然记者不是专家,但我们可以向专家请教,可以通过多种渠道学习,努力让自己成为一名"信息翻译",在质疑与批判的同时,把专业信息通俗易懂地传递给读者,把食品安全的本质还原给公众。

四　几点体会和希望

真实是新闻的生命,我们坚决反对假新闻,但媒体和记者毕竟不是质量监督检测部门,不是食品行业的专家,而公众又对媒体有很高的期望值,事实上媒体担起了很沉重的担子:不仅是事件的披露者,也是问题的揭露者,还常常是解决问题的推进者。而相对于消费者的迫切要求,权威部门的结果公布往往滞后,如果政府管理部门和当事企业的应对也迟滞的话,媒体的声音必然首当其冲,由此可能会引起的企业或行业的损失,媒体又往往成为最后的被归咎者。这让媒体和记者不得不处于很尴尬的地位。对此,我想谈谈几点体会和希望。

（一）行政作为值得期待

不难发现，为数不少的食品安全事件都是由媒体或消费者最先爆出的，然后引发社会关注，政府行政部门跟进查处打击。其实，相对于这样的做法，老百姓更希望多一些"未雨绸缪"。这就是市场监管。

法律法规是监管的第一要素。曾有业内人士指出，我国食品安全的问题"最根本的原因还出在法律的规定上"。① 2009 年出台的《食品安全法》强调由"卫生"向"安全"转变的监管理念，确立了食品安全风险监测、问题产品召回、民事赔偿优先等制度。2013 年国务院已将《食品安全法》修订纳入修法计划，国家食品药品监督管理总局成立，对食品生产、食品流通、餐饮服务环节实施统筹监管，从而终结了多年来饱受诟病的多头监管模式。这是中国食品安全监管史上的重大进步。

许多媒体在报道食品安全问题时，常常会首先提到标准问题。的确，监管不能没有标准做参照。但我国各类与食品有关的"安全标准"竟多达 5000个，"一种食品，多个标准"给执法带来困难，也给媒体报道带来困惑。但可喜的是，从 2013 年 6 月 1 日起，新修订的食品安全国家标准——《食品中污染物限量》正式实施，统一的"国标"将为监管过程中实现执法必严、违法必究提供保障，为所有关心食品安全问题的人们带来信心，当然也令媒体充满期待。

（二）让制度约束企业诚信

食品市场、食品安全是十分庞大复杂的，只靠监管是不可能完成的。"食"字是由"人"字和"良"字组成的，食品就是人用良心生产出来的。从这个意义上说，企业才是真正的食品安全"第一责任人"，也是最重要的安全源头。此外，食品安全事件频出的一个重要原因就是违法者的违法成本太低了。因此，对待失信企业，纯粹的道德指责是远远不够的。我国必须要建立健全一个让失信者付出惨重代价、让守信者获得社会尊重的机制。而褒奖和彰显

---

① 李秋萌：《多头管理被指成食品安全漏洞》，《京华时报》2013 年 2 月 25 日。

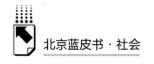

诚信者，曝光并鞭挞失信者，不仅是媒体的责任，也是公众希望通过媒体了解的重要内容。

（三）科学层面要勇于发声

在报道食品安全问题时，个别媒体对专家的专业观点进行了不专业的报道，甚至曲解了专家的意思，造成公众误解，这带来了不少专家不愿接受采访，担心惹火烧身。而另外，专家们又大都对"眼球效益"不满。其实，越是如此，我们就越是需要科学家的声音。我相信绝大多数媒体人都希望在食品安全事件发生时，食品领域的专家们能勇敢地承担起科技工作者的责任，面对媒体积极发声，用科学的真实给食品安全做科学定位。同时，相关的行业协会和学术团体也可以在舆论与专业上给予这些专家以道义上的支持，使他们可以最大限度地将有价值的信息传递给媒体，而媒体所具有的教育作用又能够直接影响到公众的价值观和行为方式，从而形成良性互动，使公众获得真知。

例如，在2013年9月23日有媒体爆出多家知名企业用"瞎果"榨汁的消息，随后多家媒体跟进，社会反响强烈。当晚，国家食药监局便开展调查，企业也马上开始自查，中国农业大学、国家食品安全风险评估中心的多位专家也撰写博文，告知消费者"瞎果"并非"烂果"等知识，一些媒体也及时报道了国家食药监局和企业的检查结果。9月27日，《人民日报》以《涉嫌使用瞎果加工果汁企业经查果汁未检出棒曲霉素》为题进行报道，仅4天时间此事便基本平息。

所以，科学认知食品安全，不仅需要政府、企业、科技界承担起自己的责任，新闻媒体的"瞭望"之责更是义不容辞！

B.21
北京市网吧行业发展问题与对策研究

魏巍 章洋*

摘 要：

北京市网吧行业从数量、规模、注册资金等数据看，呈现出停滞、萎缩状态。原因是移动互联网、智能手机迅猛发展起来，导致对网吧行业的严重冲击。网吧行业监管存在黑网吧屡禁不止的问题，干扰了正规网吧正常的经营秩序。网吧行业要获得新的发展，就要抓住文化部等四部局开放单体网吧审批和放开总量控制的有利政策，打破网吧市场准入的限制，制定新的网吧发展布局规划，放开网吧市场。同时，要推动网吧行业转型升级，获得可持续发展的能力。

关键词：

北京 网吧行业 停滞 萎缩 转型升级

引 言

网吧是互联网上网服务营业性场所的简称。社会公众利用网吧内的计算机及上网接入设备等进行上网活动，网吧经营者通过收取使用费或提供其他增值服务获得收入。1994年9月1日，世界第一家网吧——Cyberia，在英国伦敦西区诞生后，网吧在世界各地风靡开来。

1996年秋，"奋高"开办了北京第一家网吧，北京的网吧与世界同步发

---

* 魏巍，北京市社会科学院副研究员，主要从事产业经济学研究；章洋，北京互联网上网服务营业场所协会秘书长，主要从事网络经济研究。

展，成为我国网吧产业的发源地之一，走过了 17 年的发展历程。网吧作为互联网的应用终端，成为社会公众的娱乐休闲、信息交流平台，直接影响了人们的行为和观念；对互联网普及、网络文化培育、消除城乡数字鸿沟，对国家信息化的发展，都起到了推动作用，是经济文化领域里的重要产业。

北京的网吧以政府的监管视角看，分为非严格管制和严格管制两个时期。非严格管制期（1996 年 11 月～2002 年 5 月）。在这一时期，"要想发、开网吧"，各类的民营资本纷纷投入网吧行业，投资回报率高、回收期短，显示出民营经济的巨大活力和创造力。政府没有设置市场准入门槛，网吧无序发展，终于导致市场经济弊端的火山喷发。

严格管制期（2002 年 6 月至今）。2002 年 6 月 16 日（星期六）凌晨 2：40 分，在北京学院路 20 号无证经营的蓝极速网吧内，两名未成年人恶意纵火，导致 12 人受伤、25 人死亡，造成了恶劣影响。自此，网吧产业进入了严格管制期。严格监管以《互联网上网服务营业场所管理条例》（国务院令第 363 号）为标志，文化、公安、工商等部门单独或联合印发了二十几份政府文件管理网吧，设置了严格的市场准入与退出、经营管理违规处罚等规定。文化部主管审批、监管未成年人①不得进入网吧，公安负责信息网络安全、治安及消防安全，工商负责登记注册、营业执照的管理和黑网吧查处。网吧管理形成了以文化部门为主体，公安、工商部门协同管理的监管体系。北京网吧的经营状况和政府管理的各项举措对全国的网吧都有着很强的示范效应。

一 北京网吧经营状况

1. 发展数量

北京的网吧经历了非严管的高速发展和严管的平稳发展两个时期。"蓝极速网吧事件"后，各种各类小散差乱、证照不齐的网吧有几千家被取缔，严管整顿后，网吧有序发展，近年的发展数量，见表 1。

---

① 《中华人民共和国未成年人保护法》第二条：本法所称未成年人是指未满十八周岁的公民。全国人大七届 21 次会议通过《中华人民共和国未成年人保护法》，http：//www.china.com.cn/policy/txt/2006－12/30/content_7582808_3.htm。

表1 北京市网吧发展状况表

单位：家

年份	2005	2006	2007	2008	2009	2011	2013
网吧数量	942	1075	1195	1338	1546	1507	1135

从表1看，北京市的网吧数量从2005年到2009年4年来是稳步发展的，[1]平均每年增加151家，年均增长率9.8%，增长速度是比较快的。到了2011年，网吧数量开始下降到了1507家[2]，较2009年减少了39家，到2013年，降到1135家（北京网吧协会数据），从2009年到2013年的4年间，年均减少了103家。

2. 分布状况

截至2013年北京市网吧分布状况，见表2。

表2 北京市网吧分布状况表

单位：家

区县	全市	东城	西城	朝阳	海淀	丰台
网吧数量	1135	69	73	210	192	121
区　　县	石景山	房山	门头沟	昌平	通州	密云
网吧数量	41	34	8	87	108	17
区　　县	大兴	顺义	怀柔	延庆	平谷	燕山
网吧数量	91	31	20	12	18	3

从表2看，北京市的网吧主要集中在朝海丰石和东西城，占总量的62%；郊区集中在通州、大兴和昌平区，占总量的25%。网吧数量区域分布不均衡，近郊区多、远郊区少。

3. 行业规模

截至2013年底，北京市网吧直接从业人员6300人，较2009年的8975人减少了2675人；注册资金为6.6亿元，较2000年的9.1亿元减少了2.5亿

---

① 北京市互联网宣传办公室、北京市社会科学院：《首都网络文化发展报告（2009~2010）》，人民出版社，2010。

② 文化部文化市场司：《2011中国文化市场报告》，人民出版社，2012。

元；计算机终端数量为 15.7 万台，较 2009 年的 21.3 万台，减少了 5.6 万台。网吧规模：大型网吧（计算机终端数量在 201 台以上）占总量的 21%；中型网吧（101~200 台）占总量的 42%；小型网吧（100 台以下）占总量的 37%；规模还是以中小型为主。

网吧收入尚未列入政府部门统计范畴，没有准确数据。我们以文化部《2011 中国网吧市场年度报告》的全国调查数据为依据，报告指出[①]："2011 年，我国网吧行业已经全面进入微利时代。其中，年净收入在 10 万元以内的网吧已占全国网吧总数的 59.2%；年净收入在 10 万~30 万元网吧占比由 2010 年的 28.6% 减至 2011 年的 18.0%；2011 年亏损的网吧占比为 9.6%。"我们以此标准推算 2013 年的网吧净收入：（1135 × 59.2% × 10 万元）+（1135 × 18.0% × 15 万元）= 9783.7 万元，近 1 亿元。各网吧年均净收入 8.62 万元。这一数据与我们访谈的数据基本吻合。

4. 经营形式

北京的网吧采取了单体和连锁经营两种形式。连锁网吧 487 家，占网吧总数的 42%。主要连锁企业是千龙网都 269 家、瑞得在线 129 家和零度聚阵 89 家。文化部自 2003 年开始推行网吧连锁经营政策，要求到 2015 年集团化、规模化、专业化、品牌化的网吧达到 80% 以上，逐步消除单体网吧；以达到监管水平、连锁比例、服务质量和行业形象提升的目的。新增网吧必须以连锁的形式拿到网吧的营业牌照。

文化部政策的初衷是好的。但目标与现实尚有距离。北京的网吧难以形成连锁经营，原因是以投资经营模式为主的网吧连锁的限制因素很多，比如资金担保、抵押和贷款路径不成熟，加上网吧行业税率高、盈利水平低，金融资本不愿投入网吧行业；以特许加盟形式的连锁，无法实现"财务统一"；直营形式的连锁，由于投资大、投资回收周期长，经营成本高，人员流动性大，直营形式推进艰难。

5. 存在问题

网吧数量、从业人数、注册资金、计算机终端数量指标反映出了网吧在走

---

① 文化部文化市场司：《2011 中国文化市场报告》，人民出版社，2012。

下坡路，这和全国网吧萎缩形势一致。

文化部发布的《2011 年中国网吧市场年度报告》指出①："2011 年网吧市场规模同比 2010 年下降了 19.7%，为 619.050 亿元人民币。在网吧上网的网民占网民总数的 27.9%，较 2010 年下降 7.8%，下降比例明显。2011 年，中国网吧市场规模为 619 亿元，同比 2010 年下降 19.7%。"

2013 年 5 月 31 日，中国网吧行业协会发布的《2012 年中国网吧市场年度报告》指出："截至 2012 年底，在网吧上网的网民为 1.26 亿，较 2011 年下降 5.5%，延续了 2011 年的负增长趋势。全国网吧数量 13.6 万家，较 2011 年减少 6.9%；收入 537 亿元，同比下降 13.2%，降幅相较 2011 年有所放缓。"

网吧衰退的主要原因是移动互联网及智能手机迅猛发展、平板电脑大量应用导致网吧用户大量流失。

2013 年 7 月，《中国互联网络发展状况统计报告》显示②："截至 2013 年 6 月底，我国手机网民规模达 4.64 亿，较 2012 年底增加约 4379 万人，网民中使用手机上网人群占比由 74.5% 提升至 78.5%。中国手机网民已经形成庞大规模，并保持快速发展的态势。此轮增长得益于 3G 的普及、无线网络的发展（包括公用和私有 Wifi 的发展）和手机应用的创新。3G 的快速普及和无线网络的覆盖为手机上网奠定了用户基础和网络基础，在促使更多用户便捷上网的同时，也提升了各项上网体验，尤其是对各类大流量数据应用的使用。"

以往许多用户特别是流动人口群体需要到网吧才能实现的需求，比如获取信息、IM 通信交友等，现在通过手机、平板电脑等移动终端就可以获取。电脑终端和家庭宽带更大范围发展，使网民到网吧的上网需求大幅度减少，直接导致了网吧收入锐减。一位网吧经理说③："网吧行业的成本在增加，上网收入却在减少，利润也因此大幅下降。10 年前一台电脑每天可以挣 20 元，现在一台电脑一天的利润能达到六七元就算不错了。"网吧经营的高成本、高税率、低利润，致使行业内的大企业退出，小企业退化。大多数单体网吧为了躲

---

① 文化部文化市场司：《2011 中国文化市场报告》，人民出版社，2012，第 1~2 页。
② 中国互联网信息中心：《中国互联网络发展状况统计报告》，http://www.cnnic.net.cn/index.htm。
③ 郭人旗：《网吧行业从朝阳到夕阳》，《中国文化报》2013 年 2 月 18 日。

避高额税收，注册性质为个体工商户，无必要的财务制度，致使行业外的大额资本持有者不能获得明确的网吧行业营收状况，无法投入资金，也导致了行业走下坡路。

企业税赋过重也是问题之一。2003 年财政部、国家税务总局印发《关于营业税若干政策问题的通知》（财税〔2003〕16 号）规定：单位和个人开办"网吧"取得的营业收入，按"娱乐业"税目（20%的税率）征收营业税。网吧还要按照营业收入的 3%缴纳文化事业建设费，缴纳 7%的城建税、2%的教育费附加费；仅营业税、城建税、教育费附加、文化事业建设费四项税费就达 25%；再加上核定征收企业所得税，总体税赋高达 35%。

二　北京网吧的政府监管状况

1. 监管状况

网吧是一种特殊的以信息传播介质（互联网）为经营手段的信息传播的终端应用企业。鉴于市场的自发性、盲目性导致网吧的负面效益溢出，因此政府需要监管网吧，包括禁止接纳未成年人进入（导致网瘾、耽误学业）；取缔黑网吧以防止安全隐患和传播不良信息。

北京市政府监管网吧采取了长效管理和专项治理相结合的办法，核心是"两条线"。一是"红线"（禁止线），禁止网吧接纳未成年人。二是"绿线"（安全线），保证网吧依照安全规范经营。

"红线"，《北京市网吧接纳未成年人处罚量化标准》规定：对累计 3 次接纳或者一次接纳 8 人以上的未成年人进入的网吧吊销其《网络文化经营许可证》。处罚规定遏制住了未成年人进入网吧的现象。

"绿线"是要保证网吧安全规范经营。包括安装身份认证系统、计算机通信设施防灾减灾系统，网吧信息安全、消防和治安安全的监管，涵盖了安全领域各个环节。这些措施避免了重大恶性安全和治安案件的发生。

长效管理。一是文化、工商、公安和文化市场执法总队采取综合执法和联合巡查。二是实行属地管理，权责统一，重心下移。区县两级政府的网吧管理，落实到乡镇、街道办事处、基层派出所和工商所。

专项治理。近年开展了"暑期网吧专项整治行动""黑网吧查处专项整治行动"。市文化执法总队统计①，2012 年执法人员共取缔"黑网吧"437 家。北京市网吧协会提供的数据，公安系统 2013 年查处黑网吧 164 家。

2. 存在问题

政府监管网吧总体形势尚好，但网吧接纳未成年人现象仍存在，表现在上网登记环节上造假，为其进入提供方便。

黑网吧问题严峻，更多地出现在城乡接合部、流动人口聚集区。2013 年 7 月 1 日②，昌平区文委执法队联合区公安、工商分局，对北七家镇南七家庄村两家"黑网吧"采取打击行动。2013 年大部分区县都有黑网吧被查处。黑网吧屡禁不止的原因：一是在城乡接合部和远郊区县，在大量流动人口聚居区，对网吧市场有需求。二是网吧的准入门槛高，需要注册资金 50 万元以上，计算机终端不少于 80 台，单机使用面积不得少于 2.5 平方米，守法经营成本高，而违法经营成本低。

三 北京市网吧行业发展对策研究

1. 面临的机遇

机遇之一，是公安部、工业和信息化部、文化部和国家工商行政管理总局于 2013 年 10 月 14 日印发的《关于开展无照经营网吧整治工作的通知》（以下简称《通知》），开放了单体网吧的审批政策。

《通知》指出："一是适当放宽总量，改进网吧区域布局和准入政策。二是要更好地发挥市场机制的积极作用，及时调整和公布本地区网吧总量与布局规划。总量和布局规划不再报文化部备案。三是各省可根据地区和城乡差异，在确保场所每台计算机占地面积不少于 2 平方米的前提下，分别设立网吧台数标准，依法开展单体网吧审批，对符合设立条件的无照经营网吧会同有关部门在 2013 年 11 月底前进行合理消化。"

---

① 王晟：《去年取缔黑网吧 437 家》，《京华时报》2013 年 1 月 30 日。
② 昌平区：《联手出重拳 整治黑网吧》，http://www.bjwhzf.gov.cn/qxgzg/t20130710_279850.htm。

上述要点对于开放网吧审批市场具有重要意义。第一，由于放宽了总量，发挥市场机制的作用，这就意味着网吧的多少和在哪里布局，主要看市场需求。第二，网吧总量布局规划，不再报文化部审批，这就意味着网吧数量需要多少的权力下放到地方。第三，开放了单体网吧的审批。这意味着新增网吧不一定必须是连锁网吧，单体网吧也可以发展了，取消了连锁带来的种种限制。第四，在单台计算机占地面积不少于2平方米的前提下，各地可以根据城乡差别，设立网吧台数标准。这就意味着单体网吧，不一定非要80台以上才能建立。在农村乡镇和村的区域，如果有需求几十台甚至十几台就可以建一个正规的网吧。这就不需要非常大的投资。

北京的网吧市场是随着中心城区的人口外迁，中心城区网吧的不景气而卫星城镇对网吧的需求旺盛。《通知》的印发，就为城乡接合部和远郊区的网吧发展提供了机遇。

机遇之二，是国务院于2013年8月8日印发了《关于促进信息消费扩大内需的若干意见》（国发〔2013〕32号），这对积极探索、促进互联网上网服务业态的多样化，推动网吧行业转型升级，使网吧成为适合不同受众群体，在文化消费中起积极引领作用的社区信息服务平台和多功能文化休闲场所，起到了重要的推动作用。

2. 对策建议

（1）政府支持网吧行业继续发展。

在网吧行业衰退和走下坡路的时候，政策改善是有助于这个行业继续发展的。傅才武认为[①]："网吧具有连接个人与社会、传统与现代的超凡能力，在现代信息传播、资讯普及方面具有传统媒体无法比拟的优势。"。这一论述恰如其分地说明了网吧在人民的社会生活和我国的信息现代化进程中发挥着独特的功能和重要作用。

网吧是网络信息和网络文化传播的重要途径，是文化创意产业的应用平台。发展网吧产业有利于加快我国信息化、现代化建设的步伐；促进国内不同

---

① 傅才武：《网吧作为网络文化载体的形态、特征和功能》，《华中师范大学学报》2007年第1期。

地区、不同领域、不同群体的信息技术应用水平和网络普及程度；使城乡、区域和行业的差距进一步缩小。

（2）应考虑新的北京市网吧的总体布局,明确市场准入与退出标准。

目前,北京市网吧总量布局规划主要以人口聚集指标为依据,每万人常住人口设置一个网吧,这就导致了网吧分布的不均,主要集中在东西城和朝海丰石地区,而远郊区、城乡接合部、流动人口聚集区的网吧设置就很少。新的网吧规划布局,应由各区县自主完成,市文化局只是协调区县相交的利益冲突地区的突出规划矛盾。

新的网吧规划布局应考虑以下因素：一是在黑网吧屡禁不止和频发地区；二是外来流动人口有上网需求的地区；三是要满足中小企业的创业投资需求；四是要满足就业需求。

此外,新的网吧规划布局还要考虑城乡接合部、远郊区（县）的具体情况,制定网吧市场准入的新标准。例如,不能采用市区的"计算机终端不得少于80台,单机使用面积不得少于2.5平方米"的旧有标准来规划农村地区的正规网吧。新的门槛可以考虑"计算机终端不得少于30台,或者20台甚至更低一些,单机使用面积按照文化部等四部的新的要求不得少于2.0平方米。"

要搞好新的网吧总体布局,可以采用"放宽进入、从严掌握退出"的行业政策。这意味着在不间断网吧牌照的发放,不人为设置封闭的网吧市场的同时,严格监管网吧,凡接纳未成年人进入、在网吧运营过程中存在安全隐患等问题,不及时整改的,取缔经营牌照,勒令退出网吧市场。

（3）大力推进网吧行业转型升级。

传统网吧在迎接互联网新技术挑战的同时,需要创新发展,促进互联网上网服务业态的多样化,推动网吧行业转型升级,使网吧成为适合不同受众群体、在文化消费中起积极引领作用的社区信息服务平台。

网吧行业的转型升级需要开发出多种面向消费者的新型文化电子商务模式,构建网络文化产品和文化生产要素交易平台,降低交易成本,促进网络文化产品流通。同时,转型升级可以将网吧整合为数字内容服务平台,在开发文化数据处理、存储和传输服务、移动文化信息服务、数字娱乐产品等增值业务

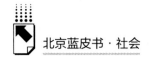

方面下功夫。

转型升级的一个重要途径是将网吧塑造成为远程教育的基地。随着人们对知识、学习、创新和经济发展过程认识的加深，远程教育会越来越受到重视。开发网吧远程教育的功能的前景还是比较广阔的。可以开发和拓展出多元化的服务领域。

网吧行业的转型升级要借助网吧行业协会的渠道。协会在帮助会员企业提高素质、增强创新能力、改善经营管理以及推广新技术方面可以发挥更多的作用。

（4）降低网吧税赋水平。

鉴于北京市网吧行业面临的严峻形势和困境，建议由政府协调有关部门出面降低网吧企业的税赋。将网吧的税种由"娱乐业"调整为"现代服务业"，降低营业税税率标准，可考虑由原来的20%调整为5%。税务部门面对网吧盈利水平连年下降以及收税乏力的实际情况，与其为渊驱鱼，不如放水养鱼，使网吧行业得以休养生息，获得可持续发展的能力。

B.22
对东京整治城市交通拥堵
政策的分析与研究

张 暄*

摘 要：

城市交通作为城市命脉，是保证城市正常运作，完善城市功能的基本手段。在交通拥堵已成为一个世界难题的今天，如何有效治理交通拥堵，减轻汽车尾气对城市环境的污染，以安全性、便捷性和环保性为发展目标，建立可持续发展的城市交通体系，日本东京几十年治理交通拥堵的经验及做法为我们提供了一些有益的借鉴。

关键词：

轨道交通　需求管理　多心型城市

世界许多大城市交通的发展多延续着这样一种发展模式，这就是"私人轿车的发展与普及—道路拥堵—发展公共交通—发展轨道交通"。东京都市交通的发展模式与此有许多相近的地方。不过因其自身条件的限制，东京很早就把轨道交通作为它交通的主体，并由此建立了一条世界上最为发达的轨道交通体系。

一 过硬的东京公共交通网络

1. 密如蛛网、几近饱和的公共交通体系

东京市内交通干线密如蛛网，四通八达。东京城市交通的特点是建有一个

---

* 张暄，北京市社会科学院外国所副研究员，主要从事日本城市问题研究。

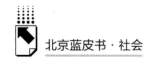

地面、地下、地上立体快速交通网络，即地面道路、地上高架路、市区地下铁道、市郊快速有轨电车相结合形成的立体交通网。健全的公共交通网络建设是东京治理交通拥堵的根本举措。

为了加大轨道交通修建规模，东京都政府借力民间，通过发行债券向民间融资进行轨道交通建设。如今东京轨道交通建设几近饱和，已经基本找不到可供新建的地方了。

东京缓解市内客运交通容量主要靠的是轨道交通。高密度的轨道交通体系，把整个东京覆盖的严严实实。可以说，乘坐轨道交通可以抵达东京的任何一个角落。

东京"给力"的轨道交通系统分流了大量的"上班族"，据统计，目前在东京市民的交通出行总量中，使用轨道交通系统出行的占86%，每天运送旅客2000多万人次，在市中心，早晚高峰期乘坐轨道交通工具的更占到91%，仅有6%的人乘坐小汽车。

轨道交通的发达使东京的堵车高峰期也不同于他国。路面堵车最严重的时候并不在早晚高峰期时段，而是集中在上午11时至下午6时之间，这是由于出租车和私家车出行多集中在这一时间的缘故。

2. 便利快捷的换乘

除了线路多，换乘方便和准时也是东京地铁的一大特点，东京有99%的线路换乘均可在3分钟内完成，有的更是简单到站台对面换乘即可。而且绝大部分无须到室外，加之有电梯连接，保障客流顺畅，基本实现换乘的"无缝连接"。

东京轨道交通便捷还体现在出口数量多，东京一些地铁大站出口多达几十个。许多地铁的出口直通当地的著名设施、大型企业或政府部门，在疏导客流，提升轨道交通的吸引力上效果显著。

轨道交通既经济又准时，无论在时间成本还是经济成本上，轨道交通均高于小汽车出行，这正是东京市民愿意利用轨道交通的一个重要原因。

强大的公共交通网络已成为东京市民绿色出行之首选，在极大缓解高峰期路面交通拥堵状况的同时，也为城市环境的可持续发展提供了保障。

二 从"交通需求管理"的理念出发，自主限制小汽车出行

东京都政府 2000 年颁布的《交通需求管理东京行动计划》，其核心思想就是自主限制小汽车出行，减少汽车的使用次数和频率，促使出行方式的转换。

对待汽车交通，东京的基本政策导向是，既不限购，也不限行，但会通过相关政策致使小汽车持有者尽量别用或少用私家车，"持而不用"私家车也是东京不堵车的奥秘之一。

《交通需求管理东京行动计划》首要目标是恢复现有道路的容量和交通承载能力，重中之重是治理停车。通过对汽车到达目的地的控制，确立正常合理的停车秩序。

1. 高昂的停车费让私家车望而却步

小汽车交通的发展具有双重性，适当发展小汽车有利于构建合理的城市结构和城市经济文化辐射作用的正常发挥。但是过度依靠小汽车交通却对能源供应、环境和交通带来严重威胁。

日本作为世界第二大汽车生产国，汽车价格相对便宜。日本通过征收高额税费政策以期达到小汽车的合理使用。在日本养车需要交纳的税目较多，目前主要有消费税、汽车取得税、汽车重量税、轻型汽车税、燃油税、柴油交易税和石油天然气税等 9 个税目，其中的大部分费用需要由消费者自己承担。

除高额税费外，在日本，如果私人想购买汽车，必须先持有停车位合同，东京的停车位价格都很高，月租金大致在 2 万 ~4 万日元。

东京人很少开车上下班的一个原因就是停车费实在太贵，东京市内各大政府机关、公司几乎没有一家给员工准备免费的"内部车位"。日本人的薪金里一般包括交通费，但这个交通费是严格按照居住点至单位的地铁费用计算出的。如果非要自驾车上下班，政府和公司都不会阻拦，但不菲的停车费必须要个人能够承受才行。

支付令车主心痛的高昂停车费用是东京政府治理交通的又一法宝。在东京市区，路边划有白框的停车位，一个小时收取 300 日元（约合 18 元人民币），

但只限停一小时。如果超时就会被贴条，车主将会收到一张 1.5 万日元（约 870 元人民币）的罚单。在自助式按时收费的停车场，每小时的停车费在 600 日元至 1500 日元不等。这相当于东京普通白领的时薪了。在东京，虽说平均约两个人就有一辆汽车，但高昂的停车费致使东京大多数私家车每年约有 2/3 的时间在自家休眠，由此大大减少了因小汽车交通而导致的环境污染。

通过控制停车位总量、差别化停车收费、征（增）收税费等管理手段与经济手段，从严管理小汽车使用，降低私家车的使用率，引导和鼓励小汽车使用者转向选择公共交通方式也是东京节约能源、减少空气污染的主要措施。

2. 重磅治理乱停车，成效显著

违章乱停车是造成道路拥堵的重要原因之一。由于停车费太贵，东京的乱停车现象一直比较严重，本就两条车道的道路往往变成了单车道，进而加重了拥堵程度。为此，从 2006 年开始，东京政府采取了严厉的处罚措施。除对违章停车的处罚由之前的可临时停车 30 分钟的"缓期执行"改为"立即执行"，对普通轿车违章行为，在重罚 1.5 万日元的基础上，还要扣两分，要知道日本驾照一年满分也就 6 分。与此同时，警视厅还聘用退休的老警察作为民间监督员治理乱停车，重罚之下，使东京的道路畅通了不少。

据东京警视厅公布的最新数据，取缔违章停车政策的施行，使东京主要干道的违章停车现象比以往减少了 81.5%，每 5 公里的行车时间减少了 10.8%，停车场的使用率也增加了 21 个百分点。

三 交通治堵不能忽视人为因素

1. 日本司机良好的素质与修养

日本人良好的驾车习惯无疑在很大程度上对缓解道路的拥堵状况起有重要作用。例如，出主路车辆与辅路直行车辆实行各走一辆的做法，避免了贴身逼抢危险的发生。再者，在主干道上行驶的车辆要下辅路时会很早就变线到慢车道上排队，按顺序行驶虽然行进缓慢，但却保障了其余车道的畅通。

此外，日本人驾车"礼让"精神让人印象深刻，如前车打灯并线，后车会主动让行，绝没有紧踩油门不让的现象。被让的车辆也往往通过闪两下双蹦灯来表示感谢，这一举动对于缓解后车被加塞儿后的不爽心态具有明显"疗效"。

2. 交通安全教育贵在持之以恒

在现代化大城市，如果国民没有养成强烈的遵守交通规则的主观意识，即使有再先进的设施，也无法进行有效的交通管理。东京市民遵守交通规则的自觉性令人感叹。在东京，行人和骑车者规矩地等候在交叉路口，在绿灯亮起前，不会有人冒着生命危险穿越马路，即使在深夜没有车辆来往的道路上，行人不见绿灯也不会过马路。每遇没有设置交通信号装置的路口，汽车驾驶员都会主动减速、停车礼让行人，这似乎成了一种习惯；就是两三人也是自觉排队上车，绝无拥挤抢座现象。

现如今东京城市的道路交通管理已经实现了信号自动化，无紧急情况或者特殊原因，几乎没有警察在街头指挥交通，但在繁忙的道路上，人来车往，却看不到混乱，一切显得那样井然有序。

国民的自觉行动是保持城市交通良好秩序的基本条件，而这种自觉行动又是日本政府多年来孜孜不倦、努力不懈地对国民进行交通安全教育的成果。

在所谓"全民皆照时代"的今天，制度化、组织化是日本交通安全教育的特点，不仅内阁中设有专门管理交通安全的机构，在民间，也有各种各样的公共团体从事交通安全教育，从儿童抓起，贯穿终身，举一反三，不厌其烦，官民携手共同开展交通安全教育的做法很值得我们借鉴。

四　协调道路开挖工程，避免交通拥堵和事故的发生

在东京，道路施工是一件慎之又慎的事情，除非万不得已而为之。政府对地下埋设工程也进行多方协调，反复论证，尽可能避免重复开挖，协调工作由道路管理部门会同警察、有关机构和各公共事业公司组成地方联络协调会。凡遇有地下开挖工程，便由该协调会出面进行协调，防止发生交通和施工上的事故。

为确保道路避免重复开挖，并防止由此可能产生的事故，政府每年拨用财政预算达300多亿日元，开发地下共同沟的事业。为避免重复施工，建设省还大量收集道路整修方面的基础数据，开发地下排管系统的计算机软件（俗称

地下地图），供多方参考使用。同时，为确保交通畅通，防止给市民带来不便，东京的道路开挖工程也多在夜晚进行。对夜间没干完的路段，白天用与柏油路相近的水泥板覆盖，绝不影响白天的道路交通。所以，往往头天晚上灯火通明的道路施工工地，早起一看却踪迹全无。由此可见日本在道路管理、确保交通畅通与环境保护方面所下的功夫。

五　注重细节：通顺小马路，分流主干道车流

如果将一座城市的道路交通网比喻为密布于人体的血管，作为动脉、静脉的主干道的畅通固然十分重要，但作为城市毛细血管的小马路的堵塞也会影响到肌体的健康。让迷宫般的小马路通顺，使其能有效分流主干道拥堵的车流，也是东京缓解交通拥堵的有效方法。

在东京，如果在路口没有看到"此路不通"的标识，就可大胆往里开。即便是仅可通过一辆车的双向通行的小马路，也不会因对方来车而卡在小路中进出不得。这一点恰恰是国内城市建设没有注意到的地方。

在城市主体交通干线建设完成之后，细节的完善就变得尤为重要。东京都厅治安本部专门负责治堵对策的研究人员，每每观察到一条易堵的道路，就会及时研究考查可否在旁边找个地方，弄条支线。东京有330多条经过改造的支线。所以在东京，通常情况下很难看到哪条道路被堵死的现象。当然也有由于经过改造后的支线没能实现岔路分流，又被封回去的案例。这些不断被改造的支线道路，与东京交通系统中的主动脉、静脉结合在一起，构成人体发达的"毛细血管"，为这座大都市交通的畅通提供了保障。

我国大城市的道路建设往往集中在城市主干道上，对支线道路环境的整备不够重视。支线不畅，致使集中在主干道上的大量车辆分流不出去，这也是造成城市交通严重拥堵的一个不容忽视的因素。

六　多心型城市布局：分散、均衡、协调交通压力

经济的高速发展，人口的急剧增加，城市机能高度集中，致使东京都心部

土地价格飞涨、环境恶化，交通变得拥挤混乱。为此，早在20世纪五六十年代，东京就提出以分散、均衡、协调为目的的"多心理论"，并在此指导下，经过近半个世纪的城市建设，分期分批在首都圈内建设了包括新宿、涩谷、池袋等在内的7个副都心，使东京形成了一个多核心的开放式的城市布局。

东京的居民区和商业区沿着辐射状的城市轨道交通线路发展，并在轨道交通枢纽站形成城市副中心。7个副中心基本上都位于环形铁路"山手线"和各种铁路放射线的交会处，充分发挥了交通枢纽的聚集效应。在有效地缓解市中心人口、交通及环境压力的同时，也为东京城市的可持续发展起到了积极的促进作用。

东京副都心对疏散大城市部分功能，减缓市中心人口压力，对东京及周边地区的城市化进程，对地方区域经济的发展，对东京大都市圈的可持续发展无疑具有积极的作用。

从城市空间布局上引导城市从单一中心结构向多中心结构转变的规划，达到了分散核心功能区的目的，是从根源上治理城市交通拥挤的重要举措，对城市交通具有标本兼治的双重效果。

七　运用 ITS 智能交通系统，提升交通效率

在交通网络高度发达，车辆保有率很高的现代都市，寄希望通过不断拓展交通里程来缓解交通压力已不现实。充分利用现有交通、道路等设施，利用先进的科学技术手段，建设智能交通系统，从提高车辆本身的性能、改善道路的服务水平、强化交通信息的服务和利用、提高管理的水平和效率等多方面努力，达到减轻交通污染，提高交通效率，提升交通安全的目的，这是未来交通发展的必然选择。

1. 日本 ITS① 建设的发展历程

自20世纪90年代后期开始，日本 ITS 的规划与实施经历了如下几个阶段。

---

① ITS：Intelligent Transportation System 的缩写，译为智能交通系统或智慧型运输系统。

1994 年，日本道路交通车辆智能化推进协会在警察厅、总务省、经济产业省、交通省的共同努力下成立，并全力推进 ITS 领域技术、产品的开发及推广应用。

1995 年，日本提出了 ITS 未来 30 年的奋斗目标：一是交通事故发生率降低一半，二是消除交通拥堵，三是要将车辆燃料消耗量降低 15%，将大气中二氧化碳的浓度降低 15%，城市区域氮氧化物浓度减少 30%。

1996 年 7 月出台了《ITS 全体构想》，这是一项 ITS 未来 20 年的总体规划，对日本交通界的变革具有积极推动作用。

1999 年 11 月，又出台了作为 ITS 的整体系统框架的《ITS 整体概略设计图》。

2001 年 1 月，在电子信息技术进一步高速发展的促进下，ITS 被列为 e-Japan 战略的重点计划。在此背景下，日本 ITS 部分子系统得以实现并投入运行。

2003 年 7 月，通过对 e-Japan 战略的修正，明确了 ITS 的发展推进实施路线，即以解决堵塞、交通事故、环境恶化等道路交通问题为目的，通过应用最先进的信息通信技术构筑人与道路和车辆一体化系统，推进 ITS。

目前日本已形成了完整的智能交通系统技术体系和产业链，也建有世界上最先进的智能交通应用系统。

2. 日本 ITS 的三大体系

日本 ITS 研究与应用开发工作主要包括以下三个体系：车辆信息与通信系统（VICS）、不停车收费系统（ETC）、先进道路支援系统（AHC）。

（1）车辆信息与通信系统 VICS。

VICS 是一个经由车辆导航系统向驾驶员提供周边交通信息的数字化的通信系统，它以提高道路交通的安全性和通畅性、改善道路环境为目的。VICS 中心①将其编辑和处理过的有关交通堵塞或管制等道路交通信息，以文字、图形、地图等形式，通过安装在路边的信号塔或广播将信息传送到汽车导航器

---

① VICS 中心成立于 1995 年，由警察厅、总务省、国土交通省组成，目前有员工 50 余人；整个中心的办公经费由募捐、赞助会费、技术费组成；其中技术费是汽车厂商赞助，每卖出 1 台带 VICS 车载设备的汽车，赞助 1000 日元。

上，以此为行车者提供信息服务。这些信息包括：①广泛区域的交通拥堵信息和驾驶所需时间；②交通事故、道路施工以及车速、车道的限制信息；③停车场位置和车位空置状况的信息等。日本的 VICS 系统被公认是世界上最成功的出行信息系统之一。

在日本 VICS 系统服务功能是通过车载导航器提供的。凡是购买了带有该系统的导航仪，便可无偿享受 VICS 系统提供的服务，此后无须再交纳其他费用。

从 1996 年 4 月至 2011 年底，VICS 终端设备安装达到 3367 万套。该系统使汽车节约了大约 20%的行驶时间，汽油消耗也减少了 10%，致使每年二氧化碳的排放量减少了 214 万吨，产生了很好的社会效果。

（2）不停车收费的 ETC 建设。

为提高高速道路的通行效率，多年来日本一直在研究如何可以不用停车便能解决付费这一难题。明确大力支持研发 ETC 技术并积极推广应用是从 1993 年 8 月日本政府制定"道路技术五年规划"开始的。1997 年以日本建设省和日本道路公团为中心，有 10 家企业共同参加开发的"不停车自动收付费系统"，开始在付费道路和高速道路上试验。目前，日本已经在全国范围内的所有高速公路收费站点开通了 ETC 系统，ETC 车道的利用率已经达到 86%。

ETC 系统对车辆最高时速限制是 180 公里。每辆车通过收费处可节省时间 5～15 秒钟，节约燃料达 6%～12%，管理费用可以削减 90%。由此可见采用这种系统对缓解交通拥堵效果是相当大的。

（3）先进道路支援系统（AHC）。

在 1996 年日本交通相关部门共同制定的《ITS 全体构想》中，规定了有关先进道路支援系统（AHC）的内容，包括安全驾驶的支援、优化交通管理、提高道路管理的效率、公共交通的支持、步行者支援、紧急车辆的运行支援等内容。

先进道路支援系统（AHC）与车辆信息与通信系统 VICS 及不停车收费的 ETC 建设是紧密联系在一起的。如多种途径收集的交通信息并不仅仅局限于信号灯的控制、交通管制和为交通参与者提供服务，它还被广泛应用于交通政策的制定和调整、道路的建设与改造、安全基础设施的改进、车辆的制造、科技

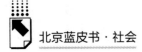

系统功能的完善，为智能交通系统整体的发展和推广应用、为安全而优化的交通环境的建立创造更为有利的条件。

作为 AHC 重要内容的自动驾驶装置的研发，对车辆本身智能化要求很高。一项由日本运输省牵头，九家汽车公司参与开发的先进安全车辆，重点着眼于研发驾驶员打瞌睡时的报警装置、自动刹车装置等，信息通信技术在其中起有关键作用。

发展智能交通系统在解决交通拥堵，保障交通安全，减少环境污染等方面，不失为一种有效手段，它也是未来交通发展的一个必然方向。但日本智能交通系统效率的充分发挥，是建立在健全的轨道交通基础上，以高素质的交通参与者为必要前提的。因此，不断完善道路基础设施建设，建立健全高效率的轨道交通体系，加强对国民交通安全意识的宣传、教育和培养，再结合智能交通系统建设，多管齐下，综合治理，才能使城市交通治堵达到理想的效果。

人文之都·休闲之都·健康之都

缪 青　王琪延*

摘　要：

随着经济的增长和空闲时间的增多，小康中国的一只脚已经踏入了大众休闲社会。不过，置身在拥挤、忙碌以及蓝天日渐减少的大都市，谈论慢生活和休闲已成了"稀缺资源"。中国文化中的闲逸传统相当丰厚，即便是在浮躁年代，对"慢生活"的追寻仍然在成都和北京的社区有迹可循。如果说倡导人文之都也应当是休闲和健康之都的议题，其直接动力是源于对城市病的反思，那么下述趋势让我们看到了能使这些资源再度丰厚起来的动力。首先是那种唯 GDP 是举、不顾环境的发展模式已经走到了尽头。其次是社会发展从温饱到小康，人们关于财富 - 幸福的观念正在发生着深刻变化，人的发展本身就是财富的理念将越加凸显。最后是转变增长方式和重视生态的战略为拓展休闲和健康的议题提供了广阔空间。在深化改革和追求品质发展的新平台上，能否在经济上行的同时既保护环境又有更多的闲暇，能否聪明地利用那份"闲"是对文明的一个考验。

关键词：

休闲　健康城市　人文北京　慢生活　幸福

一　谈论休闲对大都市生活来说已成"稀缺资源"

大约是有感于大都市生活的拥挤、忙碌、压力以及蓝天的日渐减少，一直

---

* 缪青，北京市社会科学院研究员，博士后导师，主要研究领域为社会政策、公共生活参与和社会福利；王琪延，中国人民大学教授、博士生导师，主要研究领域为休闲经济学。

想看到在有识之士和智者的言谈中能够多几分人文之都也应当是休闲和健康之都的议题。一来是因为这类题目在以往有关城市生活的智库讨论中难得一见，二来也是乐见这样的讨论能舒缓一下都市人的心境，在高楼广厦间的奔波之余能够放缓脚步，欣赏一下或确切地说是寻觅一下周边那些令人闲适的景色。

一度也曾想找几个士人智者来聊聊文化与休闲，然而一旦动真格地寻觅却发现并非易事。不仅将都市生活与休闲及健康联系起来的研究者寥寥，而且即便是偶遇，能否在舒缓的氛围中探讨一下那份"闲"也未可知。一次开会碰到一位搞旅游、休闲的学者，和他谈起一些休闲议题以及写稿之事，得到的第一时间回答是"太忙了"。看着交谈时他那行色匆匆的样子，恐怕真的很忙。不过每每想起那个"太忙了"的说辞，又不能不让人对其怎样研究那份"闲"有些疑虑。道理很简单，对于关注休闲和健康的学者来说，如果能对"大隐隐于市"、"采菊东篱下，悠然见南山"的意境有几分悟性，即便再忙行事也可以从容一些。

当下的中国法定假日已达到每年 115 天，这意味着国人每年约有 1/3 的时间可以在假期中度过，开始向发达国家水平趋近。为了弄清城市居民生活时间分配的情况，中国人民大学休闲经济研究中心每 5 年对城市居民生活时间分配进行抽样调查。通过对 2011 和 2006 年的调查数据的比较，结果显示北京人近些年加班加点工作时间呈现下降的趋势。在这里，加班加点工作时间是指工作（或学习，下同）时间超出标准工作时间和周工作时间。北京市居民 2011 年平均周加班加点工作时间为 12 分钟，比五年前的 2006 年的 20 分钟减少 8 分钟。其中工作日加班加点工作时间为 13 分钟，与 2006 年的 22 分钟减少了 9 分钟；休息日的加班加点工作时间为 9 分钟，比 2006 年的 15 分钟减少了 6 分钟。从总的趋势来看，与 2006 年的数据相比，2011 年北京市居民平均周加班加点工作时间、工作日加班加点工作时间和休息日加班加点工作时间都在减少。

加班时间的减少是基于下述两个方面的原因。一是随着我国科学技术的进步、平均学历提高带来的人员素质的提高、人们工作环境的改善，劳动生产率明显提高，以前很多需要加班加点完成的工作，在制度内工作时间便可以完成。二是法律法规的约束。伴随着劳动法的普及，各用人单位安排职工加班，须支付高额的加班工资，用人单位不履行法定义务，员工可以运用法律向用人单位提出辞职以及索要经济补偿金等。

加班时间的减少也反映了中国迈向大众休闲社会的另一面，即人们近些年用于休闲的时间越来越多，这可以从北京市居民其他工作（通常）时间的减少趋势得到印证。在此，其他工作（通学）时间，是指本人在制度规定工作或学习以外，所从事的非本职工作时间。它包括业余从事社会工作、兼职工作以及非专业投资活动等时间。抽样调查的结果表明，北京市居民 2011 年周平均其他工作（通学）时间为 14 分钟，与 2006 年的 18 分钟相比减少了 4 分钟；休息日其他工作（通学）时间为 11 分钟，与 5 年前的 17 分钟相比减少了 6 分钟；工作日其他工作（通学）时间为 15 分钟，比 5 年的 18 分钟减少 3 分钟。

由以上讨论可以看到，与 2006 年的数据相比较，2011 年北京市居民无论是休息日其他工作时间还是工作日其他工作（通学）时间、还是周平均其他工作（通学）时间都在减少，其中休息日其他工作（通学）时间减少的最多。由此看来，北京市居民空闲时间的增多的影响因素主要有两点：一是伴随着经济的快速发展以及收入水平的显著提高，人们不再需要借助较多的业余时间来做各种兼职；二是随着社会的发展，人们普遍地越来越注重自身的全面发展，将更多的时间用于有利于自身发展的休闲活动。

为了更为清晰地反映北京市民休闲活动的变化特点，可以把 2011 年主要休闲活动时间与 1986 年北京市统计局所做的生活时间分配调查数据做个对比（见表 1）。

表 1　北京市民主要休闲活动的时间变化

单位：小时

年份\项目	电视广播报纸杂志	休息	学习研究	体育	游园散步	交往	教育子女	上网	其他
2011	1.53	0.25	0.4	0.09	0.25	0.08	0.03	0.41	0.14
1986	1.37	0.36	0.23	0.09	0.17	0.20	0.11	0.00	0.00
增减	0.16	-0.11	-0.19	0	0.08	-0.12	-0.08	0.41	0.14

与 25 年前北京都市主要休闲活动相比，今天的北京人在交往时间、教育子女时间、学习研究（正规学习除外）时间、休息时间等均有不同程度减少。而看电视、听广播和看报纸杂志的时间增加了 16 分钟，游园散步时间增加 8

分钟。上网一项活动在1986年尚没有，而在2011年日平均上网时间为41分钟。另外其他时间增加14分钟。这些多是过去没有的项目。说明2011年与1986年相比，在休闲时间增长的同时市民休闲活动项目出现了多元化趋势。

透过上述数据，我们看到了随着空闲时间的增多，小康中国的一只脚已经踏入了"普遍有闲的社会"。与此同时还不应忽略，在大都市生活的人似乎对于舒缓、放松所带来的惬意乃至休闲对于个体的完善等等还少有感觉。例如，即便置身在假期，不少人的休闲方式和安排也流于粗放，诸如忙于吃喝的应酬、一窝蜂地奔赴旅游景区、休假大军所到之处只见万头攒动而不见风景，等等。这类放假有时让人感到比工作还累。

大约也正是普遍体验到了粗放式增长的代价以及对快节奏感到疲惫，在近年来有关都市生活的言谈中，下述议题正在越来越多地吸引眼球：绿色GDP、生活质量、慢生活、休闲、养生健康，以及有关健康城市和"你幸福吗"的反思，等等。

那么，这些话语的汇聚又意味着什么呢？是人们试图缓解大都市压力的谈资，还是一些怀旧者包括文人学者对老北京好时光的慨叹，抑或是凸显都市发展和社会生活在未来的一些新变化？

二 追求休闲和健康是人文北京、绿色北京的题中应有之义

改革开放以来，中国都市迈向现代化的快速步伐是举世瞩目的。今天，面对琳琅满目的商品、便捷的服务、满街的轿车以及繁荣的社区，在日益增多的层面上，国人已经找到了置身发达社会的感觉。与此同时，经过30年经济发展的不断提速，北京也成了一座名副其实的"快城"：每天上下班步履匆匆的人流、人们跑步进电梯的紧张节奏、忽略环境的高增长所带来的雾霾频发……与这种对"快"的热衷相呼应的是那种对粗放式增长的迷恋，包括一些学者反复论证中国的发展速度无论如何不能低于8%。

由此可见，上述有关生活品质、养生健康、慢生活以及健康城市和幸福感的讨论，实际上是对快速发展所带来的城市病诸如拥挤浮躁、生态趋差等的纠

偏反应，这些都可以涵盖在人文之都也应当是休闲之都和健康之都的议题下深入讨论，换句话说也即多层面地讨论休闲是人文北京、绿色北京的题中应有之义。

谈论休闲社会，一些论者喜欢援引欧美的例子。例如希腊人通过娱乐和体育发展了文化，发起了奥林匹克运动。古希腊学者亚里士多德把娱乐和休闲誉为哲学、艺术和科学诞生的条件之一。又例如，20世纪50年代"国际休闲协会"成立并于1970年发表了"休闲宪章"，倡导休闲是每个人的权利，社会应该为人们提供合理的劳动时间、正当的有薪休假、旅行条件及相应的休闲设施和场所，等等。

其实论述休闲如果不戴着西方中心的眼镜，不难看到中国文化的休闲传统也相当发达。例如，道家的顺其自然和归隐山水的飘逸情怀，儒家推崇的"六艺"——礼、乐、射、御、书、数——都涵融了娱乐和健身。在闲逸文化的传承中，古人闲散快乐的气韵透过《诗经》、《楚辞》、汉赋、唐诗、宋词、元曲以及明清小品流淌出来。而田园诗人陶渊明笔下的那个世外桃源：芳草鲜美、落英缤纷、良田美池……则把如何享有那份"闲"发挥到了极致，尽管那时的社会远不如今天这么富裕。

得益于中国闲逸文化的传承，即便在这个推崇"快"（包括创业也必须一夜暴富）的浮躁年代，人们对"慢生活"、大众休闲的追求也仍然有迹可循，成都的慢生活即为一例。早起上街，即使在上班高峰时分，看到大街上成都人那不紧不慢的步履着实让人轻松了不少。成都大众化的茶馆文化则是一道亮丽的休闲景观。每当阳光明朗的天气，你都会看到一个个茶桌都围满了人，人们谈天说地，大摆龙门阵。在成都的茶座上一个为客人奉上麦芽糖的小贩至今令人难忘：只见他面带微笑，不慌不忙地切糖、称重、给糖、收钱。没有为了商机的过分客套，有的是一份为了自身手艺在市场上的实现所得到的满足和开心。

又例如，在北京市的西城区，尽管坐拥繁忙的金融街，"文化兴区""安全社区"等大众休闲和健康的活动仍然得到了彰显。社区内的文化活动中心开设了电脑、古筝、钢琴、棋类、书法、国画、摄影、声乐、美容、交谊舞、瑜伽、手工编织等免费培训项目。为了使"文化惠民"活动上档次，西城社区组建了19支精品文化团队，每年排练1500余场，参加公益演出200多场，受益人群两万多人次。此外，社区还多次举办减灾和急救的演练以及健康卫生讲座，提升了居民的素养。①

对于休闲的解读，在素朴的意义上是缓解压力，而在更高的层次上则指向了完善自我和生命的意义，包括对健康城市的向往。据2012国民休闲生活方式的调查，认为休闲目的是改善疲惫的人占25.3%，增进家人情感的占12.4%，锻炼身体的占12.4%，还有部分人认为休闲活动是建立良好的工作、生活关系的一种方式（6.7%），也有不少人认为休闲本身是生活的一部分，没有目的（21.1%）。②

上述有关休闲的解读与近些年兴起的健康城市议题是完全吻合的。新理念认为城市不应是片面追求增长效率的经济实体，而应是能够改善人类健康的理想环境，是一个人类生活、呼吸、成长和愉悦生命的现实空间。不仅如此，健康城市作为城市规划和发展议题，不单纯是一个理论纲领，而且是广泛解决城市化进程中各种问题的方法和途径之一，是致力于改善人居环境和市民的健康的城市发展战略。

无论对休闲和健康持有何种见解，有一点可以肯定，比起30年前急于富起来和看重挣钱的都市人来说，今天的北京人谈论生活质量，休闲、养生、健康城市、妇幼保健和养老服务，看来更能增加他们的幸福感。

三 能否聪明地利用那份"闲"是发达都市的标志

在传统增长的眼界下，"快"是盈利的前提，而挣钱越多意味着幸福指数越高。随着市场经济的快速发展，人们开始有钱了，而在"快"的光鲜之下积累的问题也开始暴露出来：蓝天没有了，清水不见了，人心不纯了……人们日益清楚地意识到单纯的忙碌和挣钱多并不意味着幸福，于是伴随着对蓝天碧水的渴望，国人也开始了"忙碌不应当是一切围绕着金钱和商品为中心""不要使'需要'膨胀为永远无法填满的'欲壑'""不能搞杀鸡取卵式的增长"

---

① 西城妇儿工委：《金融街街道社区"十二五"期间开展文化活动情况汇报》，2013年11月。
② 网易旅游、中国旅游经济研究中心：《2012国民休闲生活方式调查》，http://travel.163.com/12/1101/14/8F7TAKNO000064KHH.html。

等反思，但节奏似乎仍然慢不下来。究其原因，这些反思需要和崇尚品质的生活方式以及新的财富追求结合起来，需要和新的经济增长点结合起来，才能形成新的社会风气。

如果说倡导人文之都也应当是休闲和健康之都的议题，其直接动力是源于对城市病的反思，意味着在迷恋粗放式增长的氛围中讨论休闲和健康势必成为稀缺资源，那么下述趋势让我们看到了能使这些资源再度丰厚起来的深层动力。

首先，那种唯 GDP 是举、不顾资源消耗、不计环境破坏代价的增长模式已经走到了尽头。近年来中国经济发达地区大片雾霾的频繁出现，意味着水体以及土壤被严重污染后，环境继续加速恶化的大气表征。有评论直言不讳地指出，"蓝天成为奢侈品的现实告诉人们，中国将为环境的修复与恢复付出无比巨大的代价，这一代价甚至要远远超过近二三十年 GDP 增长所带来的经济效益。"①

其次，社会发展从温饱到小康，人们关于财富–幸福的观念正在发生着深刻变化。如果说在基本生存需求尚未满足的条件下，人们对于物的尺度的财富，也即物质财富更为看重的话，那么，一旦生存需求得到满足，其他需求例如交往的、安全的和尊重的需求就会凸显出来，与此相关联的有关人的尺度的财富也即精神财富、文化财富便会为人们所看重。社会越是发达，这种人的发展本身就是财富的理念就越加凸显，这就是为什么品质生活——有关慢生活、休闲和健康的议题——开始受到关注的社会原因。

最后，与上述转轨相关联的，中国经济已进入结构性减速和注重扩大内需的阶段，重要的调整包括大力发展三产服务业，制造业的比重趋降，扩大就业、重视生态以及没有水分的增长，等等。该战略转型的实施为在都市生活中拓展休闲之都和健康之都的议题提供了广阔空间。

由以上讨论可以清楚地看到，随着国人的空闲时间越来越多，能否聪明地利用"闲"是对一个文明的考验。我在与友人的讨论中曾多次表达了这样的观点："一直感觉国人的都市生活'太忙了'，而且常常误以为'忙'就是效率。"一项有关都市生活的职场调查显示，有 72.5% 的人表示工作压力已经影响到自己的生活，其中近六成怀疑自己有轻微抑郁症状。

---

① 吴纶卿：《蓝天成为"奢侈品"背后的反思》，《光明日报》2013 年 12 月 10 日。

那么，在经济结构性调整和追求品质发展的新平台上，我们能否在经济上行的同时既保护环境又有更多的闲暇？在迈向大众休闲社会的同时我们能否从城市规划到社会治理的各个方面都以人的健康为考量，促进都市人的健康生活和工作？

例如，据调查中国国民工作日空闲时间仅 3 小时，占全天的 13.15%，远低于经济合作与发展组织 18 个国家 23.9% 的平均值。[①] 那么，在新一轮增长中对休闲和健康的追求能否成为拉动内需和经济上行的增长点？这意味着放假的适度增多不仅不会拖累增长，反而促进增长。由此看来，有关"慢生活"和"健康城市"的话语就不单纯是一种减负，它作为对品质生活的共同承诺应当被纳入城市规划的制定、职能部门的互相配合以及社区的积极参与等环节中去。

前述国民休闲生活方式调查还显示，就公众感知居住地的休闲活动丰富程度而言，认为比较丰富的仅为 17.7%，基本满足需要的为 46.2%，而有 36.1% 的表示不能满足需要。这说明在现阶段我国的休闲供给还不是很丰富，仍然有很大的提升空间。在深化改革的新阶段，能否有效回应上述需求的确是对文明的一个考验。

在迈向普遍有闲社会的过程中，从政府到公众都应当具有人文之都也应当是休闲之都和健康之都的意识，而要做到这一点，推进和普及休闲教育和健康城市的教育是基础性的环节。休闲教育在发达社会已相当广泛。基于社会经济发展阶段以及现代休闲意识需要拓展等因素，中国的休闲教育和健康教育还有很大的提升空间。例如，在大学和研究机构的学科知识体系中，虽然有部分大学设置旅游学院或旅游系、体育运动系，但是鲜有学院能够设置休闲专业。

就休闲和健康教育的目标而言，培养个人的休闲能力以及休闲事业经营能力是十分重要的。个人的休闲能力对于增强生存能力和生活质量极为重要，它涉及下述几个方面：对休闲价值的判断能力，确立个人休闲行为目标的能力，合理运用休闲时间的能力以及选择和评估休闲活动的能力。个人休闲事业经营能力则涉及下述三方面的能力：对休闲社会和休闲经济形态的认识能力，对休

---

① 胡印斌：《提高国民休闲质量须从制度入手》，《光明日报》2013 年 5 月 21 日。

闲产业发展战略的谋划能力，以及休闲产业的管理能力（包括休闲产品的研发、创新和营销能力）。

为了聪明地利用那份"闲"，应当在大学和研究机构设立休闲专业，加强有关休闲经济和健康服务业的研究；加强休闲理论的研究；应当在学校、单位、社会组织、福利机构、社区以及家庭普及休闲和健康知识。同时，各级政府应制定和实施公共休闲教育和健康教育的规划，并且设立专项资金，用于国民的休闲教育和健康教育的规划、实施、改进和绩效评估。

为了聪明地利用那份"闲"，政府应通过制定休闲产业和健康服务业的政策，从国家战略的高度统筹推进休闲产业和健康服务业的发展。例如可以设立有关公共休闲以及健康城市的各种发展基金，加大扶持各类公共性的休闲娱乐设施和健康服务业的建设；再如应当放宽准入条件，鼓励企业、民间资本投入休闲产业和健康服务业的发展。

由以上讨论可以清楚地看到，在新发展平台上讨论慢生活、休闲和健康，决非意味着低效率和懒散做事，而是表达了对优良增长方式和品质生活的期待，表达了人的发展本身就是财富的新理念以及追寻轻松公共生活的思考。当我们能够认识到休闲和健康的多层面功能，认识到它们不仅是一种崇尚品质的优良生活，而且也是拉动内需和可持续经济增长的一种方式，那么寻获优雅的大众休闲，虽不中亦不远矣。

参考文献

马惠娣：《走向人文关怀的休闲经济》，中国经济出版社，2004。

丰子义：《树立新的财富观》，《光明日报》2007 年 10 月 12 日。

缪青：《休闲心态包容风度》，《成都日报》2005 年 12 月 19 日。

任苒：《健康城市建设的新理念及其导向》，《医学与哲学》2012 年第 4A 期。

王琪延：《休闲教育下的人力资本增长》，《光明日报》2008 年 2 月 20 日

王琪延：《休闲经济》，中国人民大学出版社，2005。

熊焰：《慢城模式引发的思考》，《文摘》2011 年第 5 期。

朱铁志：《舒缓，再舒缓一点儿》，《光明日报》2012 年 5 月 11 日。

Abstract

The authors of this book include mainly researchers from the Institute of Sociology, Beijing Academy of Social Sciences, and also experts from government, universities, research institutions and the media.

The book consists of five parts: the general report and four sections addressing social construction and development, social welfare and senior care, social governance and the integrated development of the urban and rural area, and heated city issues. Those reports analyze in depth the status quo, problems and their causes of social development in Beijing, 2013, and propose new ideas and policy suggestions.

In 2013, there is a steady increase of people's living standards and the income of urban and rural residents. The income gap between urban and rural residents, although narrower than the national average, is still wide. The protection of the workers' rights is improved, as the main bodies of technological innovation, small and medium – sized enterprises driven by technology face heavy tax burdens and financing difficulties, and crave for a better policy environment.

In recent years, the development circumstances of the women and children are bettered. Weibo, Wechat and the new mobile media are playing a crucial role in social development and construction of the public space.

In 2013, social welfare witnesses a new era and senior care in communities has reached a consensus. In addition. Two kinds of coordination mechanisms supporting the above visions should also be noticed. Social work practitioners have reached a certain number, but the difficulty graduates face in finding a job should still be overcome. The training of professional talents is the key to the fast development of senior care. Beijing has abundant medical resources and developed public health service system in general, but still faces problems like uneven distribution of medical resources and high medical costs.

An integrated development system between the urban and rural area is improved in Beijing. As a super big city, Beijing should enhance the evaluation and improvement of the general city planning and build a cooperation mechanism to work with districts and counties, and gradually alleviate the gap of the basic public service and infrastructure among districts, through establishing a new population service and management mechanism combining person, household and housing, and innovating the territorial management of public service starting with the residence permit system.

As the integration of countryside and towns is a path toward the integration of the rural and urban area, Beijing should further improve the integration of countryside and towns by promoting the reform of land policies and so on. In terms of innovating population management, the credit system construction abroad and the fellow countrymen associations in Hong Kong which help immigrants to adapt to the local society offer useful experience for Beijing.

In 2013, greater efforts are made in both constructing ecological civilization and building a city of health in Beijing, However, water scarcity, food safety, environmental pollution, and traffic jams are still difficulties the city dwellers face, based up which several authors propose new ideas and solutions such as water conservation, going out like living in a livable city, and that a humanistic city should also be a leisure city.

Contents

B I   General Report

B II   Social Construction and Development

Abstract: Employees in china's capital are the main forces of the city which enhance the scientific development and maintain social harmony. It is highly necessary to do a research on the status of the employees in Beijing, which helps bettering the Party's mass work in the new situation. Based on the data from the seventh survey on the situation of the employees in Beijing in 2012, this paper analyses the new changes and characteristics of the employees since the sixth survey in 2007, the extent that the labor/economic rights, democratic/political rights, cultural rights and social rights of the capital employees have been realized, the employees' state of mind, morality and values, and puts forward some suggestions according to the appeal of the employees and prominent problems in the field of labor relations.

Keywords: Employee; Safeguarding Interests; Labor Relations; Labor Union Organization

B. 3   The Current Situation and Countermeasures for the Development of Women and Children in China's Capital

The women and children working Services committee of Beijing / 049

Abstract: The Beijing Working Committee on Children and Women carried out a mid-term evaluation on "the Twelfth Five-Year Women and Children Plan" in municipal and district (county) level. By monitoring various indicators of the Women and Children Plan and evaluating the implementation of the plan, this paper presents the achievements and problems of the plan and analyses the trends of the development of women and children in order to enhance the realization of the goals set by "the Twelfth Five-year Women and Children Plan" in time, and promote the healthy development of women and children in China's Capital, Beijing.

Keywords: Women and Children of Beijing; Mid-term Evaluation; Current Situation; Problems and Policy Suggestions

B. 4   A Research on the Policy Environment of the Technology-Based Small and Medium-Sized Enterprises (TSMES) In Beijing

Beijing City Federation of industry and Commerce / 060

Abstract: The development of technology-based small and medium-sized

293

enterprises (TSMEs) is of great importance for restructuring the economy in Beijing, enhancing the sound development of private economy, facilitating the development of science and technology, and pushing the transformation of scientific and technological achievements into real productive forces. Continuously improving the policy environment has been a very important aspect in the development of the TSMEs. To improve the relevant policies further, serve the sound development of the TSMEs and create a favorable policy environment for the TSMEs, the research group of Beijing Industrial and Commercial Federation conducted an all-sided investigation into the current situation of the TSMEs, analyzes the real policy environment for the enterprises in a comprehensive way, and put forward some corresponding policy recommendations.

Keywords: Beijing; Technology-based Small and Medium-sized Enterprises (TSMEs); Innovation; Policy Environment; The Countermeasures

B. 5   The Policy Dilemma and the Countermeasures of the Compulsory

Education of Floating Children in Beijing   *Hu Yuping* / 074

Abstract: Based on the evaluation of the compulsory education policy of the floating children in China and the way Beijing carries it out, this article analyzes policy dilemma in population control, education funding and limited educational resources that the government of Beijing, a migration destination city, and points out that the problems of education for the floating children can only be solved with an effective policy system and successful implementation of the policy.

Keywords: Government of a Migration Destination City; Floating Children; Compulsory Education; Policy Dilemma

B. 6   Public Participation and Government Governance in the Era

of New Media   *Huang Chuxin, Wang Shiyu and Qiu Zhili* / 084

Abstract: The development of new media brings great changes to society and people's life style. The rising of the social media represented by micro-blog drives the public participation and improves the government governance. This paper focuses on the characteristics of public participation in social media, and discusses how the government, opinion leaders and citizens should play their important roles respectively in public affairs.

Keywords: New Media; Public Participation; Government Governance; Strategy of Participation

B. 7   2013 −2014: Analysis Report of income distribution
gap in Beijing   *Li Xiaozhuang* / 096

Abstract: The report analyses the latest changes and trend of the income distribution gap of Beijing. Statistics show that, firstly, the income distribution gap between urban and rural residents of different groups is gradually narrowing, but the narrowing range shrinks. Secondly, the narrowing trend of the income distribution gap between urban and rural areas is slow, which maintained above 2 : 1 in the past ten years. Thirdly, the regional income distribution gap forms a gradient structure, which has been stereotyped. Fourthly, the growth speed and the gap of wage between the highest and the lowest industry are widening. The reasons for these problems can be attributed to the following aspects. Firstly, the reform of the income distribution system is biased, that "system inertia" produces a bad effect on Beijing in deepening reform comprehensively. Secondly, the government and the enterprises are the biggest beneficiaries of the income distribution reform considering the income distribution portion shared by residents, government and enterprises. Thirdly, a reasonable and orderly structure of income distribution has not formed yet. Therefore, in order to deepen the reform of income distribution system comprehensively, we must further clear the goals, the principles, the conditions and the breakthroughs of the reform, which will help to narrow the gap, achieve common prosperity and promote social harmony.

Keywords: Income Distribution Gap; Income Distribution System; Narrowing the Gap; Common Prosperity

北京蓝皮书·社会

B Ⅲ   Social Welfare and Senior Care

B. 8   Providing for the Elderly through Social Innovations: Vision of
Community Care for Seniors and its Realization Path

Miao Qing, Li JinJuan / 114

Abstract: Currently, developing community care as a major task of senior
service system has turned out to be a consensus and the task needs to be specified as a
vision. Illuminating elements and structure of multi-functional community care and
analyzing supply and demand structure as well as shortage of services, the article
mainly discusses two coordinative mechanisms underlying the clarified vision. First of
all, it is necessary at community level to improve service process, professional training
and resource integration. Secondly, it is necessary at municipal level to improve the
policy and old-age consumption market as well as to develop service associations,
which enabling interaction among research, planning and training. To a large extent,
providing for the aged as an important part of China Dream will be realized gradually
by social innovations of those care services in community.

Keywords: Aging; Community Care; Resources Integration; Providing for
the Elderly; Social Innovation

B. 9   The Employment Difficulties of Social Work Graduates and

Policy Suggestions
Jiang Haiyan / 132

Abstract: Although the discipline of social work in universities has developed
vigorously in China, it still faces some employment difficulties partly attributed to the
underdevelopment of social work professions and philanthropy in China, which leads
to a lack of newly increased job opportunities for social work majors. Meanwhile,
due to historical reasons, there are some difficulties for the replacement of the original
social work posts in the government, which makes it hard for the social work

graduates to find a job in the government. Furthermore, low salaries of relevant jobs and moderate ability of some graduates are also factors for the employment difficulties. To solve this problem, it is necessary for the government to increase the financial input, provide social work practice with policy support, promote the development of civil organizations, and accelerate the building of the access system of social work professions. In addition, the professional education in social work departments should be strengthened and the quality of social work graduates should be increased.

Keywords: Social Work; Employment Difficulties; Civil Organization; Access System

B. 10   The Current Situation of Professional Personnel Education for

the Old — age Service and the Analysis of Its Countermeasures

Li Hongwu, Zhao Huaxia / 141

Abstract: The training of professionals is a key part of the elderly care system. Combing the teaching practice and the international experience, this paper analyzes the current situation and the existing problems of the training of professionals in elderly care, and argues that the lack of both top — level policy design and optimization of resource is the main cause of the bottleneck in training professionals in elderly care, therefore, it is necessary to build a system in which the social security policy of the government takes a leading role, the resource integration of professional training in universities is a main task, and the increase of the personnel input by enterprises works accordingly. This system in which the government, universities and enterprises work together will help overcome the bottleneck of talent shortage in the development of the cause for the aging population.

Keywords: Aging population; elderly care; personnel training; top —level design

B. 11   The status and reflection of vocational training for

aged-care service   *Li Hongwu, Wang Ting and Yang Ping* / 151

Abstract: It is a consensus that vocational aged care being a mainstream solution to cope with rapid social aging. To ensure a stable and professional service team, and sustainable talent reserves is the key for effective implementation of aged care at homes, in communities, or in institutions. Facing the demanding for aged care talents with the backdrop of social aging, vocational training featuring short term, wide range, quick results and targeting contents, becomes an effective way to solve the talent shortage. Based on analyzing the current actuality and existing problems of vocational training for aged-care service , the article points out that China should build up a multilevel and three-dimensional comprehensive training system on the platforms of communities, aged-care institutions and organizations, based on aged-care service, oriented by vocational demanding, and form a talent training structure combing vocational training and professional education. That will effective solve the talent shortage for age-care service in China.

Keywords: Aged-care Service; Professional Talent; Vocational Training

B. 12　Problem and Countermeasures in Public Service in the

Field of Medical Care　　　　　　　　　　*Li Weidong* / 164

Abstract: Improving the service of the health sector is an important part of social construction. Currently, compared to other places, the overall health care resources in Beijing are relatively abundant and the public health service system is rather developed, but there are still some problems like the uneven distribution of medical resources, high medical costs, difficult access to the medical services in large hospitals, inadequate input of medical resources and the urban-rural differences in health infrastructures, etc. In line with the idea of meeting the people's needs and serving the people, this paper suggests that the direction for the construction of public service in the medical field should be pointed towards the integration of health care system, removal of profit of the public health care institutions, assurance of community health service by the government, urbanization of rural medical and health services and the decentralization of health care resources.

Keywords: Health Care; Medical Resource; Removal of Profit; Integration

B IV Social Management and Integration of Urban and Rural Development

B. 13 An Analysis about the Current Situation, Problems and

Policy Framework for the Separation Population in Beijing

Lu Jiehua, Hu Xiao / 174

Abstract: The number of separation population in Beijing has considerably increased with the development of urbanization. So how to solve the problems caused by separation population has become an important subject as the phenomenon of separation population has aggravated the difficulties of the population and social management in Beijing. This paper not only discusses the principal characteristics of the separation population in Beijing, but also deeply analyses the challenges for the administrative system which serves and manages the separation population in Beijing and their causes. Moreover, this paper tries to give some policy suggestions to solve the problems.

Keywords: Separation Population; Demographic Characteristics; Administrative System; Social Management Innovation

B. 14 A Study on the Current Situation of the Elderly

Floating Population in Beijing　　　　*Cao Tingting* / 186

Abstract: The service and management of the floating population is an important aspect of social management and social construction in Beijing in recent years. Although the proportion of the elderly floating population is not high, it attracts more and more attention as aging becomes a prominent social issue and the trend of family migration is rising. The mainstream media like People's Daily gave reports on the livelihood and mental status of the floating elderly population in Beijing. This paper analyzes the basic situation and living conditions of this social group and the reasons why they migrate to Beijing, and, based on the interview in a community in a

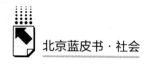
Chaoyang District of Beijing, this paper analyses what the floating population care most and the main difficulties they face. In addition, some policy suggestions are put forward from the theoretical perspective of social support and social identification, etc.

Keywords: Elderly Floating Population; Social Support; Social Security; Service & Management

B. 15   An Exploration on the Credit Basis for the Orderly
Management of the Population in Developed Countries

Yin Deting, *Wang Hui* / 194

Abstract: This paper analyzes the mode characteristics, core elements and path dependence of the credit system construction in developed countries, and sums up the American model, Japanese model and German model. In order to shed light on the problems of credit in the population management in China, this paper discusses the core element of the orderly management in the developed countries, like attaching importance to the credit education, raising the social consciousness of orderly management of population, improving the credit recording system, establishing the information basis of the orderly management of population, bettering the reward and punishment mechanism and building the interest orientation of the orderly management of population.

Keywords: Orderly Management of Population; Credit; Developed Countries; Path Dependence

B. 16   The Roles and Characteristics of the Fellowship Associations
in Hong Kong in the Social Integration of Migrants
and their Successful Experience   *Fen Xiaoying* / 207

Abstract: Focusing on the fellowship associations in Hong Kong, this paper analyzes the history and the features of the fellowship associations in Hong Kong and the role they' ve played in the social integration of the mainland migrants by visiting the offices of those associations and interviewing the heads of more than 10 organizations like Hong Kong Fujian Fellowship Association, and also mainland migrants who have different jobs in Hong Kong and different social origins. By doing so, this paper gives suggestions on what Beijing can learn from the successful experience in terms of the innovation of the social governance system.

Keywords: Fellowship Associations in Hong Kong; History; Features and Roles; Successful Experience for Beijing

B. 17   A Study of the Overall Development of Villages and Towns in the Process of Rural-Urban Integration in Beijing

Beijing NongYan center township research group / 218

Abstract: Beijing has taken a lead in adopting the development strategy for the new pattern of rural-urban integration. In the current backdrop of building the world city, promoting the rural-urban integration is an important task. In recent years, some towns demonstrated grass-root pioneering spirit and chose the coordination of villages and towns as the way to promote the rural-urban integration. Under the condition of fully guaranteeing the assets and earnings of the collective ownership and by resorting to the market rules and the platform of the joint-stock association of land, a new way of using the collective land and achieving the rural-urban integration was taken which aims to build the interest balance mechanism of the collective land, reduce the impact of previous plan of the government, gradually narrow the interest difference among the villages, promote the effective use of the collective land within the township jurisdiction, enhance the urbanization of both rural area and peasants, and facilitate rural-urban integration.

Keywords: Beijing; Rural-urban Integration; Villages and Towns; Overall Development; Collective Land

B. 18   Research Report on the Work of Converting Agricultural Hukou
       to No-Agricultural Hukou in Shunyi District in Beijing

Municipal party committee NongGongWei laboratory / 229

Abstract: Switching from the registered agricultural permanent residence
(Hukou) to the registered non-agricultural permanent residence is one of the basic
solutions for the farmers to transform into citizens and enjoy the reform achievements
of urbanization. This paper takes the conversion of agricultural Hukou to no-
agricultural Hukou as the entry point of analysis, analyzes the main policies, major
measures, and the achievements in accelerating the integration of agricultural and no-
agricultural Hukou, and proposes ideas about the next move, in order to provide
useful experience for other districts in Beijing in facilitating the work of converting
rural Hukou to urban Hukou and changing the dual structure of rural-urban Hukou
system.

Keywords: Shunyi District; Permanent Residence (Hukou); Conversion of
Agricultural Hukou to no-agricultural Hukou; Rural-urban Integration; Policy

B V   City Issues

B. 19   An Research Report on the Behavior of Water
       Consumption of Beijing Residents

Zhao Weihua, Qiu Hongbo / 237

Abstract: Beijing is a metropolis which is seriously short of water resources.
Water conservation is very important for the sustainable development of Beijing.
Based on the sampling survey data, this paper focuses on the water consumption
behavior of the residents, and their attitudes to the water price and water
conservation. At last, some policy suggestions on water conservation are put
forward.

Keywords: Beijing; Water Consumption Behavior of Residents; Water
Conservation

Abstract: Food safety, which is relevant to the health and lawful rights of thousands of consumers, is an important issue regarding the people's livelihood and also a focus of news report. A lot of incidents of food safety were first revealed by the media in recent years. On the basis of acknowledging the fulfillment of the responsibilities and the active response of the media, this paper gives an in-depth analysis and reflection on the existing problems in the media reports through case study, and calls for the media to bear the responsibility as a watchman with the "scientific spirit" and deliver the right and valuable information to the public, so as to manifest the credibility and responsibility which the media should have. Meanwhile, this paper also puts forward some policy suggestions according to author's working experience.

Keywords: Media; Food Safety; Information; Scientific Spirit; Inform

Abstract: The business of the Internet cafe in Beijing is in the status of stagnation and withering according to statistics on the number, scale and the registered capital of the bars. An important reason is that the rapid development of the mobile internet enhances the explosive growth of the smart phones, which makes a serious impact on the business of the Internet bar. The long-standing problem of the recurrence of the illegal internet cafés interferes with the business order of the legal internet cafés. In order to obtain new development, the Internet cafés must make good use of the favorable policy of opening the examination and approval of the individual internet café and removing the restrictions of the total numbers of the cafés made by four ministries including the Ministry of Culture, and it is important to break the limitation on the access to the market and make new planning on the

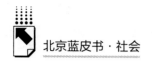
development of the business. Meanwhile, it is necessary to promote the transformation and upgrading of the internet café business to realize the sustainable development.

Keywords: Beijing; Internet Cafe Business; Stagnation; Atrophy; Transformation and Upgrading

B. 22　A Study on the Policy of Solving the Problem of
Traffic Jam in Tokyo　　　　　　　　*Zhang Xuan* / 271

Abstract: Urban Transportation plays a critical role in keeping regular operation and fulfilling the general functions of the city. Today, city traffic jam becomes a big problem worldwide. It is challenging for the city managers to solve the traffic jam in big cities efficiently, reduce the air pollution caused by vehicle exhaust, and establish a safe, convenient, pro-environment and sustainable urban transportation system. The practice of Tokyo in the past decades in dealing with the problem of traffic jam provides us with useful references.

Keywords: Rail Transit; Demand Management; Multi-core City

B. 23　Constructing Humanistic Metropolis Ought to be
Leisure and Healthy　　　　　*Miao Qing, Wang Qiyan* / 281

Abstract: With the economic growth and idle time increase, fairly well-off China has stepped more or less into a mass leisure society. However, in a crowded, busy and blue sky dwindling metropolis, a discussion about slow and leisure life becomes 'scarce resource'. In Chinese history, leisure tradition has been cherished and even in current impetuous era the pursuit for "slow life" still can be founded in communities of cities such as Chengdu and Beijing. Reflecting on the illness of urbanization., the author points out that a discussion on constructing humanistic cities involves the thinking about leisure and health, and the following trends make

the discussion worthy of more attention in the future: first of all, growth mode of emphasizing GDP regardless of environment cost has failed. Secondly, ideology of wealth and happiness is undergoing profound changes and the idea that human development itself is a wealth becomes prominent. Thirdly, changing the mode of growth and giving more emphasis on ecological balance has provided a vast room for the discussion on leisure and healthy issues. In the new platform to deepen reform and pursue higher quality development, it will be a test for a civilization to adopt a culture of leisure, and to protect environment and keep more leisure while maintaining economic growth.

Keywords: Leisure; Healthy City; Humanistic Beijing; Slow Life; Happiness

皮书数据库
中国社会科学院 社会科学文献出版社

首页 数据库检索 学术资源群 我的文献库 皮书全动态 有奖调查 皮书播报 皮书研究 联系我们 读者有购 搜索报告

权威报告 热点资讯 海量资源

当代中国与世界发展的高端智库平台

皮书数据库 www.pishu.com.cn

皮书数据库是专业的人文社会科学综合学术资源总库，以大型连续性图书——皮书系列为基础，整合国内外相关资讯构建而成。该数据库包含七大子库，涵盖两百多个主题，囊括了近十几年间中国与世界经济社会发展报告，覆盖经济、社会、政治、文化、教育、国际问题等多个领域。

皮书数据库以篇章为基本单位，方便用户对皮书内容的阅读需求。用户可进行全文检索，也可对文献题目、内容提要、作者名称、作者单位、关键字等基本信息进行检索，还可对检索到的篇章再作二次筛选，进行在线阅读或下载阅读。智能多维度导航，可使用户根据自己熟知的分类标准进行分类导航筛选，使查找和检索更高效、便捷。

权威的研究报告、独特的调研数据、前沿的热点资讯，皮书数据库已发展成为国内最具影响力的关于中国与世界现实问题研究的成果库和资讯库。

皮书俱乐部会员服务指南

1. 谁能成为皮书俱乐部成员？

- 皮书作者自动成为俱乐部会员
- 购买了皮书产品（纸质皮书、电子书）的个人用户

2. 会员可以享受的增值服务

- 加入皮书俱乐部，免费获赠该纸质图书的电子书
- 免费获赠皮书数据库100元充值卡
- 免费定期获赠皮书电子期刊
- 优先参与各类皮书学术活动
- 优先享受皮书产品的最新优惠

社会科学文献出版社 皮书系列
SOCIAL SCIENCES ACADEMIC PRESS (CHINA)
卡号：3972597575501053
密码：

3. 如何享受增值服务？

（1）加入皮书俱乐部，获赠该书的电子书

第1步 登录我社官网（www.ssap.com.cn），注册账号；

第2步 登录并进入"会员中心"—"皮书俱乐部"，提交加入皮书俱乐部申请；

第3步 审核通过后，自动进入俱乐部服务环节，填写相关购书信息即可自动兑换相应电子书。

（2）免费获赠皮书数据库100元充值卡

100元充值卡只能在皮书数据库中充值和使用

第1步 刮开附赠充值的涂层（左下）；

第2步 登录皮书数据库网站（www.pishu.com.cn），注册账号；

第3步 登录并进入"会员中心"—"在线充值"—"充值卡充值"，充值成功后即可使用。

4. 声明

解释权归社会科学文献出版社所有

皮书俱乐部会员可享受社会科学文献出版社其他相关免费增值服务，有任何疑问，均可与我们联系
联系电话：010-59367227 企业QQ：800045692 邮箱：pishuclub@ssap.cn
欢迎登录社会科学文献出版社官网（www.ssap.com.cn）和中国皮书网（www.pishu.cn）了解更多信息

社会科学文献出版社　　皮书系列

"皮书"起源于十七、十八世纪的英国，主要指官方或社会组织正式发表的重要文件或报告，多以"白皮书"命名。在中国，"皮书"这一概念被社会广泛接受，并被成功运作、发展成为一种全新的出版形态，则源于中国社会科学院社会科学文献出版社。

皮书是对中国与世界发展状况和热点问题进行年度监测，以专业的角度、专家的视野和实证研究方法，针对某一领域或区域现状与发展态势展开分析和预测，具备权威性、前沿性、原创性、实证性、时效性等特点的连续性公开出版物，由一系列权威研究报告组成。皮书系列是社会科学文献出版社编辑出版的蓝皮书、绿皮书、黄皮书等的统称。

皮书系列的作者以中国社会科学院、著名高校、地方社会科学院的研究人员为主，多为国内一流研究机构的权威专家学者，他们的看法和观点代表了学界对中国与世界的现实和未来最高水平的解读与分析。

自20世纪90年代末推出以《经济蓝皮书》为开端的皮书系列以来，社会科学文献出版社至今已累计出版皮书千余部，内容涵盖经济、社会、政法、文化传媒、行业、地方发展、国际形势等领域。皮书系列已成为社会科学文献出版社的著名图书品牌和中国社会科学院的知名学术品牌。

皮书系列在数字出版和国际出版方面成就斐然。皮书数据库被评为"2008~2009年度数字出版知名品牌"；《经济蓝皮书》《社会蓝皮书》等十几种皮书每年还由国外知名学术出版机构出版英文版、俄文版、韩文版和日文版，面向全球发行。

2011年，皮书系列正式列入"十二五"国家重点出版规划项目；2012年，部分重点皮书列入中国社会科学院承担的国家哲学社会科学创新工程项目；2014年，35种院外皮书使用"中国社会科学院创新工程学术出版项目"标识。

法 律 声 明

　　"皮书系列"（含蓝皮书、绿皮书、黄皮书）由社会科学文献出版社最早使用并对外推广，现已成为中国图书市场上流行的品牌，是社会科学文献出版社的品牌图书。社会科学文献出版社拥有该系列图书的专有出版权和网络传播权，其 LOGO（▮）与"经济蓝皮书"、"社会蓝皮书"等皮书名称已在中华人民共和国工商行政管理总局商标局登记注册，社会科学文献出版社合法拥有其商标专用权。

　　未经社会科学文献出版社的授权和许可，任何复制、模仿或以其他方式侵害"皮书系列"和 LOGO（▮）、"经济蓝皮书"、"社会蓝皮书"等皮书名称商标专用权的行为均属于侵权行为，社会科学文献出版社将采取法律手段追究其法律责任，维护合法权益。

　　欢迎社会各界人士对侵犯社会科学文献出版社上述权利的违法行为进行举报。电话：010 - 59367121，电子邮箱：fawubu@ ssap. cn。

社会科学文献出版社